北京文化通志

大运河卷

高福美 著

北京出版集团
北京出版社

图书在版编目（CIP）数据

北京文化通志. 大运河卷 / 高福美著. — 北京：
北京出版社，2024.9. — ISBN 978-7-200-18987-2
Ⅰ．K291
中国国家版本馆CIP数据核字第202438XP08号

北京文化通志·大运河卷
BEIJING WENHUA TONGZHI·DA YUNHE JUAN

高福美　著

*

北 京 出 版 集 团　出版
北 京 出 版 社
（北京北三环中路6号）
邮政编码：100120

网　　址：www.bph.com.cn
北 京 出 版 集 团 总 发 行
新 华 书 店 经 销
北 京 华 联 印 刷 有 限 公 司 印 刷

*

880毫米×1230毫米　　32开本　　10.625印张　　215千字
2024年9月第1版　　2024年9月第1次印刷
ISBN 978-7-200-18987-2
定价：89.00元
如有印装质量问题，由本社负责调换
质量监督电话：010-58572393
编辑部电话：010-58572414；发行部电话：010-58572371

目 录

导　言 / 001

第一章　自然条件 / 004
　　一、自然地理 / 004
　　二、人文环境 / 014

第二章　发展历程 / 022
　　一、众说纷纭——大运河早期历史踪迹 / 023
　　二、百计尝试——辽金时期的运河 / 034
　　三、技术巅峰——元代大都地区运河 / 046
　　四、京师命脉——明清北京运河维护与
　　　　新辟 / 055
　　五、复航憧憬——民国时期北京运河
　　　　计划 / 079
　　六、古运新生——新中国成立至今的运河
　　　　涅槃 / 082

第三章　漕运仓储 / 095

一、漕粮征纳 / 095

二、仓储体系 / 113

第四章　商业市镇 / 135

一、万货别区——元大都 / 135

二、百货云集——明北京 / 139

三、天下总汇——清京师 / 146

四、畿辅襟喉——通州城 / 158

五、京东码头——张家湾 / 168

六、漷县与河西务 / 176

第五章　水利设施 / 183

一、河道遗址 / 183

二、水闸堤坝 / 203

三、桥梁码头 / 217

第六章　景观休闲 / 226

一、通州八景 / 226

二、运河植柳 / 239

三、休闲娱乐 / 243

第七章 运河非遗 / 263
一、主题诗词 / 263
二、曲艺民俗 / 274

第八章 文化内涵 / 287
一、军国大事，漕运为先 / 287
二、四方之土，连为一体 / 295
三、因地制宜，天人合一 / 303
四、兼容并包，多元共生 / 310

参考资料 / 317

导　言

在中国版图上，纵贯南北的京杭大运河，连同其支流长度达三千多公里，堪称世界水利工程史上的奇迹。2017年，习近平总书记考察大运河后指出："大运河是祖先留给我们的宝贵遗产，是流动的文化，要统筹保护好、传承好、利用好。"作为中国古代水利工程技术最伟大的创造之一，大运河的规模之大、历时之久、范围之广、文化内涵之丰富在中国以及世界历史发展进程中均占据着重要地位。作为一条开放的、发展的自然和人文河道，京杭大运河是中华民族活着的、流动的精神家园，业已成为中华民族智慧和精神的重要文化符号。2014年6月22日，在卡塔尔首都多哈召开的第38届世界遗产大会上，大运河项目获准列入世界文化遗产名录，成为中国第46个世界遗产项目。

在中国漫长的历史发展进程中，京杭大运河的开辟和贯通有效推动了中国南北经济的发展、文化传承和社会变迁，在促进中国统一和中西文化交流进程中发挥了重要作用，而大运河的兴衰也成了影响中国历史进程的关键环节之一。中国古代人民对于运河的开凿、疏浚、利用也成为古代社会发展的重要实践，由此造就的地域文化在空间上表现为一条纵贯南北的运河文化带。就自然要素而言，地貌、气候、水文条件制约下的运河主干及其整个流域，是两千多年来人类进行文化创造的空间舞台；从人文主题考察，开凿或改造运河的主要活动、代表人物、水利技术、管理制度、各类遗迹、地方习俗、精神形态等，则是构成运河文化的基本方面。大运河文化是一种庞大的、复合型的文化形态，具有开放性、凝聚性、多样性等特征，不仅在中国历史发展进程中具有重要地位，时至今日更是成为中华优秀传统文化的重要组成部分。

作为元明清三代的都城，北京更是从中受到了极大滋养。北京拥有"左环沧海，右拥太行，北枕居庸，南襟河济"的山川形胜，又有"会通漕运便利，天津又通海运"的优势，被誉为"万世帝王之都"。其间，漕运在保障北京的国都地位上发挥着基础和关键作用，明代称"军国之需皆仰给东南"，因此"国之大事在漕"。元明清三代皆大规模从南方运输漕粮，以保障都城的日用所需。特别是明清时期，每年经由运河北上的漕粮达四百万石以上，大运河也成为"国家命脉攸关"的重要通道。漕运之外，大运河作为南北交通大动脉，也是区域之间调剂余缺、人员往来的重要通道，在维护国家统一、经济发展、社会变革和文化交流中发挥了重要作用。北京从北方军事中心到全国首都的演变过程，对一座城市与一条运河的关系作出了生动的诠释，尽管大运河北京段处在整个运河文化带的最北端，却在运河文化形成发展的历史大剧中谱写了自然与人文交融的华彩乐章。

大运河北京段纵贯千年，横跨七区，不仅见证了北京城的沧桑巨变，更是给当代留下了丰厚的历史遗存，承载着首都城市历史文化发展的珍贵记忆，塑造了首都文脉金名片。2017年发布的《北京城市总体规划（2016年—2035年）》将三条文化带列为北京历史文化名城保护体系的重要内容。近年来，从遗址公园、湿地公园、森林公园到古建筑、古村镇、古技艺，再到博物馆、图书馆、剧院，从大运河沿线的文化遗产到不断涌现的文化设施，大运河文化带呈现出历史与现实交相辉映的建设格局。当今，对运河文化的保护、传承和利用已融入国家战略，千年运河焕发出勃勃生机，必将在首都日新月异的社会经济发展中书写新的伟大篇章。

第一章　自然条件

北京运河文化的形成离不开特定的自然禀赋和历史条件。历史上相对丰沛的水源分布，为北京运河文化的形成奠定了良好的环境基础；国家统一发展进程对于运河的多重需求，则进一步推动了各王朝对河道的疏浚和利用。随着北京从居于边陲的军事重镇逐渐发展成为大一统王朝的政治中心、经济中心和文化中心，与城市发展相适应的运河文化也由孕育逐渐走向成熟，表现为形态逐渐多元，内涵不断丰富，特征日益凸显。

一、自然地理

《管子·水地》记载："地者，万物之本原，诸生之根菀也。……美恶贤不肖、愚俊之所产也。水者，地之血气，如筋脉之通流者也。"[①]一个地区的自然地理条件不仅是城市发展的基础，而且直接影响着该地区的功能定位及规划布

---

① 戴望：《管子校正》，载《诸子集成》，中华书局，2006年，第236页。

局。北京位于华北平原北部，燕山山脉与太行山脉对其形成三面包围之势，东南向海一侧地势平缓，所谓"左环沧海，右拥太行，北枕居庸，南襟河济"[1]，学术界形象地将这片平原称为"北京湾"。从气候上看，北京属于典型的暖温带半湿润半干旱季风大陆性气候。这种气候类型的特点是春季干旱多风，夏季炎热多雨，秋季天高气爽，冬季寒冷干燥。比较特殊的是，因降水季节与年际变化较大，夏季降水量占全年的80%以上，丰水年与枯水年可相差三四倍，严重影响境内河川径流量，因而直接影响着北京地区的河流生成和变动。[2]

（一）北京五大水系

特殊的地理地势、气候特点对区域内河流水系的分布与走向有着巨大影响。北京地区的水系属海河流域，区域内有永定河、北运河、潮白河、拒马河、泃河五大河流。它们均自西北部山地流出，经东部平原后最终汇入渤海，总体上呈自西北向东南流的特点。这些河流在山区的流域面积大、支流多、汇水快，多为常流河。通过山前过渡地带进入平原后，一部分河水渗入地下，储存于地下含水层，另外一部分成为地表泉水的主要来源。而进入平原

---

[1] 于敏中等：《日下旧闻考》，北京古籍出版社，1985年，第77页。
[2] 北京日报出版社：《北京指南》，北京日报出版社，1983年，第8页。

后的河流，因地势平缓，容易淤塞，且在夏季面临汛期，冬、春季则时有干涸，甚至成为季节性河流，因此不太利于地表水资源的储存。

永定河发源于山西宁武县管涔山天池，流经山西、河北、北京、天津等地，是海河北系最大的支流，也是流经北京地区最大的河流。历史上的永定河曾有㶟水、清泉河、桑干河、卢沟河、浑河等名称，代表了不同时期河流状态的变化。清康熙三十七年（1698），卢沟桥以下两岸修筑堤防之后，康熙帝赐名"永定河"，寓意"永远安定"。郦道元《水经注·㶟水》对其河道走向做了描述："㶟水南至马陉山……自南出山，谓之清泉河……又东南径良乡县之北界，历梁山南，高梁水出焉……又东径广阳县故城北……又东北径蓟县故城南。"[1] "先有永定河，后有北京城"。北京地区对永定河的利用很早，早在三国时期就开始在永定河出山口处兴建引水工程，此后经过不断疏浚，到唐代仍在使用。金代北京成为都城后，为了解决运河的水源问题，人们曾试图引入永定河水。但因永定河"冲激震荡，迁徙弗常"[2]，除郭守敬曾成功引水助漕外，其余时间均未能妥善解决这一问题。

北运河为京杭大运河的北段，与南运河相对。北运河

---

[1] 郦道元：《水经注》卷一三《㶟水》。
[2] 《明史》卷八七《河渠志五》。

上游发源于燕山南麓，主要支流有东沙河、北沙河、南沙河，在昌平沙河镇汇流后称温榆河，至通州北关闸以下称北运河。历史上，北运河名称不一。著名历史地理学家谭其骧认为，《山海经》中记载的"湿灉水"就是北运河前身，汉代时又称沽水、沽河，金代称潞水、潞河，清雍正四年（1726）始有北运河之称。北运河上游温榆河，古称灅余水，又有记载为湿余水、温余水。陈桥驿点校《水经注》载："按《汉书·地理志》，上谷郡，军都温榆水，东至路南入沽。……《后汉书·王霸传》云，可从温水漕。"关于温水是灅水还是温榆河，目前学界尚无定论，但北京人民对温榆河的开发和利用则有着悠久历史。由于元明清三代定都北京，北运河在中国漕运史、商品流通史中发挥了重要作用。

潮白河上游分为潮河与白河两大支流：潮河发源于河北省丰宁满族自治县，自密云古北口流入北京；白河发源于河北省沽源县，于延庆白河堡入境。潮、白两河于密云河槽村附近汇合后称潮白河，贯穿北京市东部地区，流经密云、怀柔、顺义、通州，经河北香河、天津宝坻，至北塘入渤海。潮河又称鲍丘水，《水经注》载："鲍丘水从塞外来。南，过渔阳县东。又南，过潞县西。又南，至雍奴县北，屈东，入十海。"[①] 白河又称沽河、沽水，《水经注》

---

① 郦道元：《水经注》卷一四《鲍丘水》。

载:"沽河从塞外来。南,过渔阳狐奴县北。西南,与湿余水合,为沽河。又东南,至雍奴县西,为笥沟。又东南,至泉州县,与清河合。东,入于海。"[1]明代为满足长城沿线驻军粮秣所需,曾利用潮白河将漕粮运到昌平、顺义等地。万历《通粮厅志》记载,当时疏通昌、密二镇的运河,"自潞河溯而上,合清河以抵沙子安济营,自牛栏山而上合潮、白二水以抵密云,二镇便之"[2]。当时如若遇雨水稀少之年,往往导致潮白河水浅,行舟不利,故漕粮则需从通州陆运至密云。

拒马河发源于河北省涞源县太行山东麓,流经紫荆关向北至涞水县西北境,折向东流,至北京市房山区十渡入境,经十渡、六渡、张坊,在张坊镇西出山,到铁锁崖分成南北二支。其中,北支称北拒马河,于大石窝镇附近出市境,在河北省涿州东茨村与大石河、小清河汇流南折流至白沟镇,称白沟河;南支称南拒马河,自张坊镇向南,在河北省易县北河店汇入易水,至白沟镇与白沟河汇合,始称大清河。拒马河北京段河床比降较大,水流迅速,水量充沛,含沙量低,因此有"清河"之称。大石河就是历史上著名的琉璃河,流经今天的琉璃河镇董家林、黄土坡一带,一般认为这里是西周初年召公奭的始封地,也是燕

---

[1] 郦道元:《水经注》卷一四《沽河》。
[2] 周之翰:《通粮厅志》卷一二《备考志》。

国最初的都城所在地。虽然拒马河对北京运河的发展作用较为有限，但历史上曾为京城西部地区一条重要的通行河道。元人傅若金作有《拒马河》一诗："落日苍茫里，秋风慷慨多。燕云余古色，易水尚寒波。岸绝船通马，沙交路入河。行人悲旧事，含愤说荆轲。"①

洵河发源于河北省兴隆县黄崖关北，向南流经蓟县北部罗庄子西折至下营、泥河村流入北京市平谷境，经海子水库，沿途汇入土门河、黄松峪石河、金鸡河等，在马坊东南出市境，经河北省三河市进入天津市宝坻区，在天津市九王庄与州河汇合后称蓟运河，南流汇入渤海。"洵河"之名最早见于《古本竹书纪年》："齐师及燕师战于洵水，齐师遁。"②《水经注》："鲍丘水自雍奴县故城西北，旧分笥沟水东出。今笥沟水断，众川东注，混成一渎，东径其县北，又东与洵河合，水出右北平无终县西山白杨谷。西北流，径平谷县，屈西南流，独乐水入焉。"③利用洵河开通北京以东地区的航道，也有着非常悠久的历史。东汉末年曹操开凿平虏、泉州两渠，就曾利用洵河河道。《三国志》记载："公将征之，凿渠，自呼沲（即滹沱水）入泒水，名平虏渠。又从洵河口凿入潞河，名泉州渠，以通海。"④"平

---

① 杨匡和：《傅与砺诗集校注》，云南大学出版社，2015年，第167页。
② 方诗铭等：《古本竹书纪年辑证》，上海古籍出版社，2005年，第129页。
③ 郦道元：《水经注》卷一四《鲍丘水》。
④ 《三国志》卷一四《魏书·武帝纪》。

谷八景"之一有"洵河晚渡",形象地描绘了洵河运输的繁忙景象:"洵水流今古,扁舟晚渡开。鸟冲烟霭灭,人带夕阳来。车马通幽蓟,樵耕跨草莱。片帆新月上,森森隔征埃。"①

(二)北京小平原古河道分布

历史上,北京地区的河流在地质运动的影响下,发生了重大变化。首先,西北地区山地的不断抬升,加之平原区持续沉降,使得北京地区的河流总体上呈现为从西北流向东南。其次,平原区的河流受活动断裂带影响,特别是断裂带两侧的地壳升降不一致时,河流就会由抬升的一侧向沉降的一侧迁徙,导致河道不断摆动。最后,气候变化对河流也有较大影响。随着气温的大幅回升,降水增多,河流水量增加,北京平原上的古河道开始新一轮调整摆动,留下了许多河流故道,同时也形成了很多新河流。北京境内较为典型的古河道变迁就是永定河。随着永定河占河道在北京小平原上不断由北向南摆动,由北向南分别形成了古清河、古高粱河、古㶟水、古无定河和浑河等故道。这些历史上的河流故道,在日后的自然演变或人工改造下,部分成为运河开凿的自然基础。

---

① 《平谷县志》卷三《艺文志》。

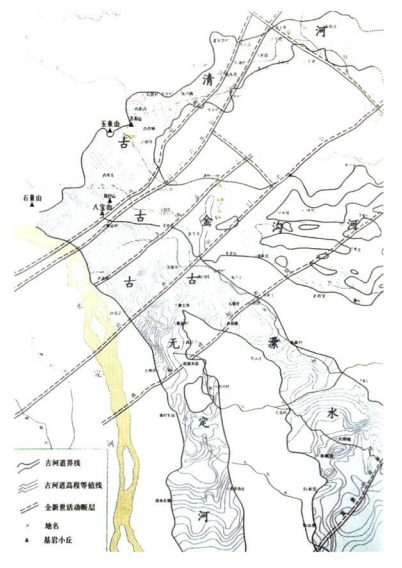

图1-1　北京西山山前平原永定河古河道示意图

对北京地区古河道的分布，侯仁之、尹钧科等均有较为详细的探讨。特别是碳-14等探测手段的运用，对河道的存在与否及其年代也有了更为精确的判断。①

古清河从北京石景山出山后，流向东北，经西苑、清河镇到温榆河。河道宽度多为3～4公里，最宽处可达5公里，最窄处为1.7公里。距今约1万年前，永定河流过老山

---

① 相关研究成果主要有，侯仁之：《北京城的生命印记》（生活·读书·新知三联书店，2022年）；尹钧科、吴文涛：《历史上的永定河与北京》（北京燕山出版社，2005年）；孙承烈等：《漯水及其变迁》（《环境变迁研究》第1辑，北京海洋出版社，1984年）。

北面，向西北经海淀清河后进入温榆河河谷，形成了一条宽数公里的河床。因这条永定河故道中有清河存在，后人称之为古清河。古清河断流之后，在其故道中形成了大面积的湖泊水域，在清代一度成为运河支线河道。

古高梁河是永定河出山后向东通过今北京城区的一条古河道。距今4000多年前，永定河的一条支流自紫竹院附近向东，经动物园、德胜门、东直门、麦子店、辛店、驹子房一线，南界从右安门向东，经陶然亭、贾家园、东八里庄至董村一线，至朝阳门外呼家楼附近分成多股河汊。大约在东汉时期，河道向南摆动到了北京城南。在其低平故道中因泉潦所聚形成一条新的河道，名高梁水，也称高梁河。古高梁河经过北京的前、后三海（前三海为北海、中海和南海，后三海为积水潭、后海和什刹海），故又被称为三海大河。曹魏时期，古高梁河故道局部地段已出现最初的湖泊，之后人们不断扩大湖面，最终形成今日之状。

古㶟水是永定河出山后向东南流的一条故道。其中，北界从八宝山起，向东南经羊坊店、天宁寺、海户屯、鹿圈村至佟家庄一线；南界从黄土岗往东，经南苑、忠兴庄、青云店到伙达营。河道宽度不一，海户屯一带宽5～6公里，至鹿圈一带收缩为2.5公里左右，行至下游河道再次增宽。经对大红门砂层出土的木屑进行碳-14年代测试，距今1420年左右。2006年曾在北京城南古㶟水河道出土了

3艘唐代木船的残骸和一个木船构件。第一艘木船的残骸出土于白纸坊桥南,船板长度超过3.5米。第二艘木船的残骸出土于开阳西桥西,埋藏于唐代砂层中部,旁有唐开元通宝钱币一枚。第三艘木船的残骸出土于开阳西桥西约145米处,经对船木碳-14测年为距今1240年左右,属于唐代中后期。有观点认为,隋唐永济渠经过北京的运河河道,便是利用了当时的古㶟水河道。

古无定河是永定河从石景山向南流的一条故道,大致与今天的永定河平行。东界从黄土岗向南,经西红门、团河村到田各庄,西界从卢沟桥向南,经永和庄、黄村、庞各庄等地。河床宽度在上游黄土岗一带可达5公里左右,行至黄村、团河一带,河流开始分汊,其中单条河流宽度在1公里左右,流至庞各庄再次展宽至3.5~4公里。[1]

历史上,北京地区泉水与湖泊众多,包括曾经存在的河流故道,这为后世运河的发展提供了基础水源。北京地区的地下水比较充足,主要分布在五大水系的冲(洪)积扇的边缘,其中以永定河、潮白河冲(洪)积扇最为丰富。冲(洪)积扇前缘的潜水溢出带出现的泉水,则成为地表水的来源。比如西山地区分布众多的泉水,汇入瓮山泊后,成为大运河与北京城的重要水源。按照成因,北京平原上的

---

[1] 侯仁之:《北京历史地图集·人文社会卷》,文津出版社,2013年,第81页。

湖泊大致可以分为三类：一是河流冲积扇潜水溢出带和扇缘洼地潴水而形成的湖泊，因河流冲积扇的边缘地带和潜水出露的地方往往地势比较低洼，积雨成潦，加之较为充足的地下水补给，汇聚到洼地便形成了众多湖泊，如玉渊潭、莲花池、延芳淀等；二是流经北京的诸多河流在古河道基础上形成的湖泊，如永定河历史上曾经流经今清河河道，后人在古河道洼地基础上不断改造，形成了圆明园内的福海、北京大学里的未名湖，以及积水潭、北海、金鱼池等较大面积的水域；三是伴随着城市建设、人工取土而形成的湖泊，如南城的陶然亭，因明代营建北京城曾在此处烧窑取土而形成了土坑，在较长的时间演变中成为湖泊。

一方面，特殊的水环境是北京城市发展最基础的条件，丰沛的水源分布推动、维系了大运河北京段的形成与发展，构成了北京独特的城市风貌，启示、影响并塑造着北京的人文理念和精神生活；另一方面，在漫长的历史发展进程中，北京城市发展与河道之间有着密切而复杂的互动关系，无论是河道的自然演变还是人类对于河道的开凿和利用等，均蕴含着对人与自然这一重要关系的处理。如何以科学观念以及合理方式更好地处理两者关系，对北京的城市发展及其未来的生态建设无疑有着重大意义。

二、人文环境

北京运河文化的形成，同北京的城市发展历程与城市地位变迁密切相关。历史上，北京处于粮食产量普遍不高的北方，运河开凿最初主要是保障王朝的军事征伐活动。隋唐以后，北京从北方的一座军事重镇上升为王朝政权的陪都或国都，运河就成了保障其物资供应的水上运输动脉。随着中国统一历史格局的形成、巩固，运河在北京城市发展中的作用也愈发重要。

对北京来说，隋唐之前，这里是中原王朝经略北方地区的军事重镇，长年驻扎大量军队，军事色彩浓厚。但是由于地理和气候条件限制，北京地区的农业产量有限，无法为当地驻军提供稳定而充裕的粮草军需。因此，建设一条稳定的通道从而保障国家的军事、政治活动，便是运河开凿的重要目的。东汉初年，上谷郡太守王霸利用水路向北京地区运输粮草，这是史籍中关于北京地区运河的较早记载，显示了运河对早期王朝军事活动的重要保障作用。

东汉末年，曹操出兵乌桓、平定辽东，先后开凿了平虏渠和泉州渠，从而军粮可以从南向北直抵幽州城下。这是历史时期第一条专门为打通北方物资供应渠道而开凿的人工运河，此后在十六国和北朝时期仍持续发挥作用，并为后来的隋唐大运河奠定了初步基础。隋大业四年（608），隋炀帝开凿永济渠至涿郡水道，向辽东运送士兵与粮草，自此幽州成为中原政权向东北方向开展军事活动的重要基础。永济渠的开辟，不仅让北京与江淮地区建立了相对便捷的水路交通路线，也改变了北京的地位。从地理格局上看，永济渠大大强化了中原地区与北京的联系。此后唐朝初年在边镇地区设立五大总管府，北京所在的幽州便是其中之一，这也彰显出北京重要性的显著提升。

直至唐朝末年发生了著名的安史之乱，即使在军事割据的情况下，当时幽州与中原地区的运河通道没有被完全阻绝，中原王朝仍旧可以由运河到达幽州地区。辽金时期，中国的经济与文化中心不断南移，关中地区原本具有的政治中心地位开始有所改变。与此同时，原本一直居于偏僻位置的幽州地区迅速崛起，直至辽金时期开始成为北半部中国的都城。北京地区的崛起，不仅带来了北方地区军事、政治形势的转变，也深刻影响了中国的格局。对于北京而言，金中都的建设，使得城市角色和功能都发生了巨大改变，政治地位提升，人口大量增加，北京成为统一政权都城指日可待。金朝贞元元年（1153），海陵王完颜亮迁都燕京，改称中都。为给迁都做准备，海陵王大规模组织开凿了以燕京为中心的人工漕渠。天德三年（1151），作为漕运枢纽的潞县改称"通州"，取"漕运通济之义"。为扩大水源供给，金朝将卢沟河顺利导入运河，并在通州与中都城之间开通闸河，以保障漕运通道的畅通。

元朝建立政权并建都北京，自此这里开启了作为统一王朝都城的重要历史。虽然国都的确定与迁移，在传统时期会受到当地的地理环境、物产资源等多方面的影响，然而正是这条贯通南北的运河的修浚，将政治中心与经济中心分离的缺陷得到了修正。元朝建立之后，迅速建立了一套完整的、以都城为中心的陆路与水路体系。发达的交通格局，稳固了北京中心地位，由此实现了居于中央而控制全国的行政体系。"元都于燕，去江南极远，而百司庶府之繁，卫士编民之众，无不仰给于江南"[①]。元代海运虽然比较发达，但是一直在致力于疏浚、改造隋唐时期的运河旧道。至元三十年（1293），郭守敬根据北京地区的地理形式，主持完成了一条连接大都和通州人工运河——通惠河。由此，每年从南方运来的大量粮食、物产在经过漫长的河道或海道之后，可以从通州溯流而上，直抵大都城的积水潭。而北京这座"什么也不出产"的都城，正是有了这座运河通道，不仅有效保障了都城的稳定，也迅速成为了商业鼎盛的富庶之城。

明代永乐年间迁都北京前后，先后两度重新疏浚元代的会通河，并继续投入了大量的人力、物力来修浚河道。明清时期每年经大运河运输来京的漕粮，从元代的几十万石增加到四五百万石，保障了都城的稳定。明清规定漕船除运载漕粮外，每船可携带一定数量的土宜随船售卖。此外，运河也是明初城市营建材料的主要通道。明初朱棣决定迁都北京之后，开始全力建设新都城。当时宫殿、园林、坛庙、陵寝的建设，所需要的楠木大多从四川、湖

[①] 《元史》卷九三《食货志一·海运》。

广、江西、云南等地采伐，并由运河运送到北京，这就是基本持续了整个明朝的"皇木采办"。都城营建所需要的大量砖瓦，主要来自运河沿线，其中临清烧造城砖，苏州烧造金砖，并利用沿途北上的漕船运到北京。由此，广大南方地区丰富的贡赋、物产源源不断地运到京师，供给了庞大的皇室、军事和官员所需，北京的城市生活也更为充盈，所谓"今天下财货聚于京师，而半产于东南"。随着商品贸易的发展，推动了城中市场的发展和繁荣，"万国梯航，鳞次毕集，然市肆贸迁，皆四远之货，奔走射利"，北京也成为当时全国范围内鼎盛的消费中心。

明代大运河对北京的物资保障作用，不仅在于满足京城的日用所需，更重要的是将漕粮输往北方长城沿线的边防要地。元代末年，元顺帝率残余势力退守漠北，与明朝形成对立之势，史称北元。明太祖朱元璋多次派遣以骑兵为主的远征军追击北元残部，同时在长城沿线驻扎重兵。为了解决由此带来的粮草、装备等方面的需求，明廷一方面在北方边地实施大规模的军事屯田，另一方面则通过大运河源源不断地从南方输运漕粮物资，以保障基本的兵丁粮饷及日常补给。漕运作为都城日用与边防供给之生命线的作用，也由此更为突出，所谓"漕为国家命脉攸关，三月不至则君相忧，六月不至则都人啼，一岁不至则国有不可言者"[1]。

---

[1] 《明书》卷六九《志一三·河漕志》。

清朝定鼎北京后，面临着京城官僚机构庞大、八旗驻军人数众多等问题，对粮饷及各项物资的需求远超过前代。据学者估算，清初"从龙入关"的八旗兵丁及其亲属约有58万人，连同在战争中俘获的仆人在内，当时分布在北京地区的八旗人口便将近有100万人。为解决京师庞大的粮食及物资需求，清朝每年从山东、江苏、浙江、安徽、江西等省征收粮食，并分别收贮于北京及通州各仓。顺治二年（1645）六月，巡漕御史刘明侯奏报："兵民急需莫如漕运。江南旧额四百万石，今或因灾变蠲免，则额数宜清。运法原用军旗，今运户改为编氓，则运法宜定。修船每岁一举，迩来逃毁殆尽，则修造宜急。运道旱浅溢冲，则捞沙筑堤宜豫。"[1]康熙五年（1666），漕运总督林起龙上疏称："国家每年挽运七省漕粮四百万石以实天庾。"[2]

图1-2 《潞河督运图》（局部）

[1] 《清世祖实录》卷一七，顺治二年六月丙午。
[2] 《清圣祖实录》卷一八，康熙五年四月丁卯。

漕粮作为"天庾正供",堪称国家重务,故康熙帝曾将漕运、三藩与河务并列为清朝的三件大事,"书而悬之宫中柱上",以时刻警醒自己。

从中国历史发展进程来看,大运河的走向、分布与中国政治中心的变动轨迹基本吻合。北宋之前,中国的政治中心主要位于关中地区,运河也多以中原为核心,大致呈东西走向。这一时期北京作为偏居北方的一座军事据点,虽然在隋唐时期得益于永济渠的修筑,但仍旧作用有限。辽、金之后,北京的地位日益提升,特别是元明清三代,北京更是成为全国的政治中心。与此同时,中国的经济中心则转至江南,因此元明清时期的大运河呈现南北格局,而大运河的存在则极大地强化了北方政治中心与南方经济中心的联系。

在我国历史上,大运河被称为政治之河、经济之河和文化之河。从政治层面来看,正是借助这条通道,元明清政权构建起一套完备的国家行政治理体系,不仅可以有效控制遥远富庶的南方社会,也有利于中央政令传递。从经济层面来看,运河疏浚后,可以将南方的财富源源不断地输往京城,使中央政府的各项职能得到充足的后勤保障,同时以运河为主要通道更是成为中国商品经济发展的主要支撑。从文化层面来看,运河作为南北文化交流的通道,在历史上也发挥了重要作用。当然,运河的核心功能,仍是其对国家统一格局的保障。王建伟在《运河与北京政治中心地位的确立与巩固》提出，大运河作为纵贯南北的重要通道，有力地支撑了都城北移的格局。中央政府虽然远在北方，但通过四通八达的交通网络，能够对广土众民进行有效的管辖与治理。北京原本在地理区位、资源供给等方面的缺陷，正是通过大运河得到了一定程度的弥补和改变。因此，运河的高效运转不但可以保障国家政权的稳定，同时也是政权统治力量的具体表现。尤其是在明清时期，大运河为明长城防御体系及清政府控制塞外疆土提供了重要的后勤补给，是保障这两个王朝各自长达两百多年的稳定统治和国力恢复发展的战略工程，更是为北京地区发展带来了重要机遇。

清代后期，由于政局不稳、交通条件改变等，运河及漕运均陷入了巨大困境。第一次鸦片战争后期，英军侵占大运河与长江交汇地镇江，阻遏了江南漕粮北上。此后，黄河改道与太平天国起义对运河沿线的扬州、淮安等地造成了破坏，严重影响了漕运秩序。晚清衰弱的国力无法为运河治理与运行提供充分的政治与经济保障，同时随着清末蒸汽火车、现代轮船等新式交通工具的兴起，原来的经济地理格局急剧改变，大运河作为南北运输主动脉的地位不再。光绪二十七年（1901），昔日盛极一时的漕运也最终退出了历史舞台。

第二章　发展历程

北京地区关于运河的最早记载，目前可追溯到东汉初年上谷郡太守王霸通过水路向北京运送粮草。隋大业四年（608），隋炀帝杨广下令开凿永济渠至涿郡，向辽东运输士兵与粮食。元代郭守敬实施通惠河水源工程和航道工程，从杭州直抵大都的京杭大运河得以全线贯通。明清两代基本沿用了元代大运河的线路，并一直延续到清末漕运终止。大运河北京段以白浮泉和玉泉山诸泉为水源，注入瓮山泊，经长河引入积水潭，经玉河、通惠河，最终流入北运河，涉及昌平、海淀、西城、东城、朝阳、顺义、通州7个区。尽管大运河北京段处于中国运河文化带的最北端，但作为京杭大运河的最终目的地，北京围绕运河的开凿、疏浚、交通、漕运、商业等活动，形成了丰富的运河文化景观与遗存，进而在中国运河文化发展史上谱写了自然与人文交相辉映的华彩篇章。

一、众说纷纭——大运河早期历史踪迹

运河开凿的最初动因与军事行动有关，这也是中国运河产生的历史起点。北京地处华北平原北端，与东北地区和蒙古高原接壤，曾为中原王朝经略塞外的重要据点。据研究，早在秦汉时期，出于军事征伐需要，北京地区就有开凿运河之举。《史记》记载，秦始皇使蒙恬将兵攻胡，"又使天下蜚刍挽粟，起于黄、腄、琅邪负海之郡，转输北河，率三十钟而致一石"①。文中虽然未明确北河的确切"身份"，但从运输路线来看，粮草经今山东沿海一带海运北上，理应经过北京地区。

目前所见北京地区最早的漕运记载，始自东汉建武十三年（37）。东汉初年，时任上谷郡太守王霸为抵御匈奴，曾由水路向北京大规模输送粮草。《后汉书》记载，王霸"凡与匈奴、乌桓大小数十百战，颇识边事，数上书言宜与匈奴结和亲，又陈委输可从温水漕，以省陆转输之劳，事皆施行"②。不过，对于温水具体是哪条河流这个问题，学界目前还有不同意见。唐李贤注《后汉书·王霸传》认为温水即温榆河，学者蔡蕃认同此说。③不过，李贤所征引的文字来自《水经》，而非郦道元的《水经注》。《水经》

---

① 《史记》卷一〇二《平津侯主父列传第五十二》。
② 《后汉书》卷二〇《铫期王霸祭遵列传第十》。
③ 蔡蕃：《北京古运河与城市供水研究》，北京出版社，1987年，第49页。

中与"温水"对应的原文为"湿余水",即今温榆河。《水经注》则载有"湿水"。清人纪晓岚认为"温与湿,并漯之讹","霸所漕者漯水,非温余也"。漯水为永定河古称,因此纪晓岚认为王霸利用永定河来运送军粮。吴文涛《北京水利史》一书支持此说法。[①] 于德源认为,东汉王霸输送军粮所用"温水",永定河和温榆河都有可能,但倾向于温榆河。[②] 虽然"温河"到底为哪条河流尚待进一步论证,但该河道位于或途经北京地区已为共识,这也是北京地区最早的运河漕运记载。

东汉末年,曹操为了北征乌桓、平定辽东,开凿平虏渠和泉州渠,满足了以短程渠道沟通天然河流以输送粮草之需要。自此,北京地区出现了真正意义上的人工运河。《三国志》记载,建安十一年(206),曹操打算远征乌桓,"患军粮难致,凿平虏、泉州二渠入海通运,昭所建也"。其中,"凿渠,自呼沲入泒水,名平虏渠。又从泃河口凿入潞河,名泉州渠,以通海"[③]。实际上,泃水、潞水、滹沱水之间,通过鲍丘水、泉州渠和平虏渠依次贯通。首先,泃水在泃河口流入鲍丘水,然后一并向东进入泉州渠,向南沟通笥沟与平虏渠,连接滹沱水,形成了一条南北向的长距离运输河道。

---

① 吴文涛:《北京水利史》,人民出版社,2013年,第34页。
② 于德源:《北京漕运和仓场》,同心出版社,2004年,第15—18页。
③ 《三国志》卷一《魏书一·武帝纪第一》。

曹操又命人在幽州东南的雍奴县盐关口引鲍丘水，与沟河一起引水向东流，经濡水入海，形成了一条东西向的"新河"。《水经注》记载：

> 濡水东南流，径乐安亭南，东与新河故渎合。渎自雍奴县承鲍丘水，东出，谓之盐关口。魏太祖征蹋顿，与沟口俱导也，世谓之新河矣。陈寿《魏志》云：以通海也。新河又东北，绝庚水，又东北出，径右北平，绝泃渠之水，又东北径昌城县故城北，王莽之淑武也。新河又东分为二水，支渎东南入海。①

以上河流的开通，将幽州与曹魏都城邺城联系起来，粮船可沿漳水、清河、滹沱河一路向东北行进，经潞河、鲍丘水抵达幽州。平虏渠、泉州渠、辽西新河等河道的开凿，为华北地区运河系统的建设奠定了基础，此后的隋唐大运河便是在此基础上修建而成的。

三国时期，魏镇北将军刘靖创修的戾陵堰和车箱渠，是北京地区历史上第一个大规模利用永定河的水利灌溉工程，对北京地区的水系格局产生了重要影响。《水经注》载："鲍丘水入潞，通得潞河之称矣。高梁水注之，水首

---

① 郦道元：《水经注》卷一四《濡水》。

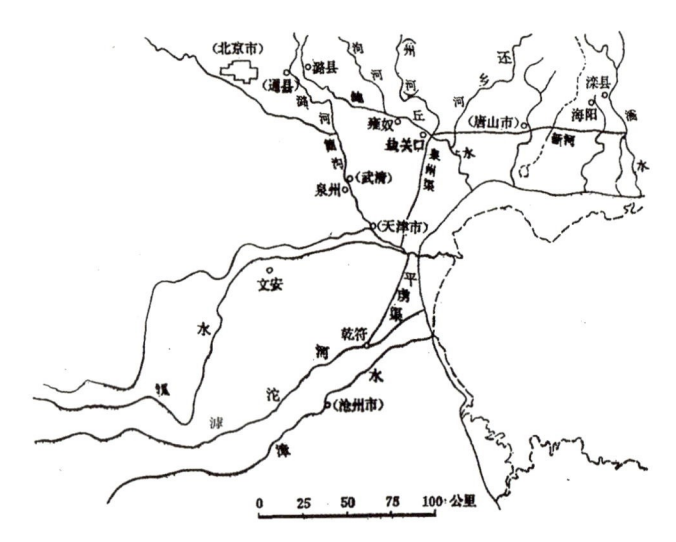

图 2-1　平虏渠、泉州渠、辽西新河示意图

受灅水于倪陵堰，水北有梁山，山有燕剌王旦之陵，故以戾陵名堰。……立遏于水，导高梁河，造戾陵堰，开车箱渠。"①自此，原本自西向东偏北的高梁水转为东南流，汇入灅水，在蓟城以北分出支渠继续向东偏北而下，在潞县境内汇入鲍丘水。北齐年间，时任幽州刺史斛律羡，曾引高梁水导易荆水，向东汇入潞水，"因以灌田。边储岁积，转漕用省，公私获利焉"②。幽州与南北方水路交通的贯通，大大节省了相关地区之间的运输费用。

隋唐时期，为了国家统一及经济发展需要，构建了一

---

① 郦道元：《水经注》卷一四《鲍丘水》。
② 《北齐书》卷一七《列传第九·斛律羡》。

套以长安、洛阳为中心的交通运输系统。隋文帝开皇四年（584）开凿广通渠，可由都城长安直达军事重镇潼关。隋炀帝即位后，为了运输漕粮，利用天然河道及旧有渠道，开凿了南通余杭、北达涿郡、西连长安、东接洛阳的大运河水利工程。大业元年（605），隋炀帝"发河南诸郡男女百余万，开通济渠，自西苑引谷、洛水达于河，自板渚引河通于淮"①。通济渠自板渚开始，经开封、杞县、睢县、永城、宿州、灵璧、泗洪，至盱眙入淮水，黄河与淮河也通过通济渠连接起来了。通济渠全长一千多公里，为防护河堤，于"河畔筑御道，树以柳"②。当年八月，隋炀帝便乘坐龙舟沿河巡幸江都地区。

大业四年（608）正月，隋炀帝"诏发河北诸郡男女百余万开永济渠，引沁水，南达于河，北通涿郡"③。其时，隋炀帝将幽州作为征伐高句丽的军事基地，开凿运河以行漕运：将沁水引向东流，分别沟通河北境内的清水、淇水等南北向河流，汇入白沟、清河，沿曹操时代开凿的平虏渠向东北，溯潞河而上，到达天津武清折入桑干河，西北抵涿郡治所蓟城，长度也近一千公里，这是隋代大运河最北端的情况。永济渠开凿后，将东都洛阳与华北重镇幽州联系了起来。大业七年（611），隋炀帝"自江都行幸涿郡，御龙舟，渡河入永

---

① 《隋书》卷三《帝纪第三·炀帝上》。
② 《隋书》卷二四《志第十九·食货》。
③ 《隋书》卷三《帝纪第三·炀帝上》。

济渠"。四月,"车驾至涿郡之临朔宫,文武从官九品以上并令给宅安置。先是诏总征天下兵,无问远近,俱会于涿"。五月,再命各地民夫及军士贡送军需,"舳舻相次千余里"①。由此可见,永济渠修建后,中央与边疆地区的联系得以增强,一定程度上带动了幽州地区的发展。

关于永济渠的具体走向,目前还存在争议。根据《旧唐书》的记载,贞观年间,唐太宗兴兵征辽东,需要向前方运送粮草。因韦挺之父亲曾在隋朝担任营州总管,对经略高句丽颇有经验,唐太宗决定由韦挺担任运粮官。贞观十八年(644)秋,韦挺至幽州,"令燕州司马王安德巡渠通塞。先出幽州库物,市木造船,运米而进。自桑干河下至卢思台,去幽州八百里。逢安德还曰:'自此之外,漕渠壅塞。'挺以北方寒雪,不可更进,遂下米于台侧权贮之,待开岁发春,方事转运,度大兵至,军粮必足,仍驰以闻"②。这段记载也说明了永济渠利用桑干水,但流程后半部走向如何也未作说明。此外,由于《元和郡县志》中关于幽州部分的文字亡佚,永济渠至涿郡的经行路线仍有待考证。陈喜波《漕运时代北运河治理与变迁》一书对目前代表性的观点进行了论证,下文略作概述。

严耕望指出,永济渠自"卫县以东,北至独流口约

---

① 《资治通鉴》卷一八一《隋纪五》。
② 《旧唐书》卷七七《列传第二十七·韦挺等》。

五百公里（就直线言）之流程，实亦与郦注之淇水、清河（淇水下游名清河）流程略相一致……具见永济渠之工程实多循汉魏北朝之旧河道也"。严氏认为，永济渠自幽州城南继续向东南行，经安次县城东郭外，又东经永清县东境，再东南至淤口关北注巨马河，合流后向东至独流口。其中，流程之西北半段利用桑干河河道，东南半段则利用《水经注》所记载的滹沱河枯沟与八丈沟，下巨马河。[①] 如

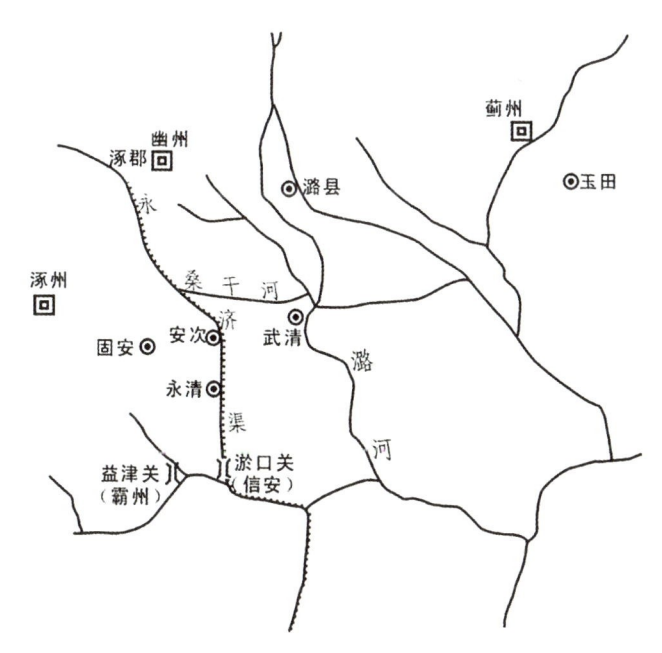

图2-2 《唐代交通图考》中的永济渠河道路线图

① 严耕望：《唐代交通图考》第5卷，（中国台湾）"中央研究院"历史语言研究所，1986年，第1625—1628页。

上述考证成立，隋唐时期永定河应经行通州南部地区，永济渠必定经过通州。

谭其骧主编的《中国历史地图集》认为，永济渠北段自天津经由潞水北上，至武清县（今天津市武清区）西北之旧县村东北，转向西北，再循桑干水直达涿郡蓟城。谭其骧认为，永济渠利用桑干水一段路线大致沿凉水河向东南行，经通州南部马驹桥、于家务、永乐店一带进入天津武清境内，沿今凤河路线汇入潞河。侯仁之主编的《北京历史地图集》中的永济渠的河道路线与谭其骧略同，只是在具体路线上略有偏差。侯仁之认为，永济渠大约沿凤河东南至大兴区东南周营村再东行进入通州境，沿通州与廊坊交界北侧一线入武清，再沿凤河进入潞河。

上述观点对于永济渠北段的上游河道路线的看法比较一致，即大致沿凉水河一线，但关于永济渠北段的下游河

图 2-3 《中国历史地图集》（左）与《北京历史地图集》（右）中的永济渠河道路线图对比

道路线分歧明显。谭其骧和侯仁之认为永济渠下游河道利用潞水，而严耕望则认为永济渠下游河道自安次、永清下行至淤口。吴文涛认为，隋代永济渠在沁水入黄河口的上端东岸开渠引沁水东流，先后接纳河南境内的清水、淇水等南北向河流，汇入白沟、清河，再经过曹操开凿的平虏渠向东北，沿潞河下游北上，至天津武清折入桑干河，再向西北抵达涿郡蓟城。唐末五代至辽代初期，桑干河主流由北派改徙南派之后，永济渠不得不在今天津以西折入巨马河，至淤口关再北行，经永清入桑干河，最后到达北京丰台一带。[①]

作为永济渠北段的桑干河在历史上具有良好的漕运功能。隋代永济渠沿曹操平虏渠入潞河之后，由于清泉水下游直通潞河，漕船可由潞河向西北驶入清泉水，抵达蓟城。永济渠的开通，大大缩短了南北交通的距离，密切了中原与东北方向的沟通往来。大业五年（609），隋炀帝在涿郡蓟城营建临朔宫。大业六年（610）"冬十二月，敕穿江南河，自京口至余杭八百余里，广十余丈，使可通龙舟，并置驿宫、草顿，欲东巡会稽"[②]。大业七年（611）二月，隋炀帝"自江都行幸涿郡，御龙舟，渡河入永济渠"，四月庚午便"车驾至涿郡之临朔宫"[③]。沿南北大运河从今

---

① 吴文涛：《北京水利史》，人民出版社，2013年，第58—59页。
② 《资治通鉴》卷一八一《隋纪五》。
③ 《资治通鉴》卷一八一《隋纪五》。

天的扬州到北京地区，只需两个月的时间，其便捷程度可以想见。在隋炀帝东征高句丽的过程中，粮草均经永济渠运往涿郡，蓟城是当时最重要的军事物资供应基地。根据记载，当时"城中仓库山积"，置留守名将镇守，数万兵众屯驻。《旧唐书》记载："涿郡物殷阜，加有伐辽器仗，仓粟盈积。又临朔宫中多珍产，屯兵数万。"①大业八年（612）正月，东征高句丽的百万大军会聚涿郡，大量军需物资及劳力都集中到幽州地区，《隋书》称"其馈运者倍之"②。大业九年（613）、十年（614），隋炀帝又两次东征高句丽，所需粮草均由永济渠运往涿郡，这里不仅是隋军重要的军事据点，也是重要的物资保障中心。

唐代全面继承了隋代的运河系统。唐太宗屡次征讨高句丽，同样将幽州作为后方军事基地。贞观十九年（645），再次出兵辽东，唐太宗任命韦挺担任运粮使。"挺至幽州，令燕州司马王安德巡渠通塞。先出幽州库物，市木造船，运米而进。"对于韦挺未能将粮食及时运至幽州之事，唐太宗极为愤怒并委派韦怀质督查相关情况。韦怀质在回奏中报告："挺不先视漕渠，辄集工匠造船，运米即下。至卢思台方知渠闭。欲进不得，还复水涸，乃便贮之无通平夷之区。"③虽然韦挺未能将粮草按计划运到幽州，但主要

---

① 《旧唐书》卷五六《列传第六·萧铣等》。
② 《隋书》卷四《炀帝纪》。
③ 《旧唐书》卷七七《韦挺传》。

受天气及其他因素影响，这也说明桑干河下游在唐代仍旧能够通行漕船。贞观二十二年（648），唐太宗欲东征高句丽，"议以明年发三十万众，一举灭之"，提出"或以为大军东征，须备经岁之粮，非畜乘所能载，宜具舟舰为水运"[①]。武则天万岁通天元年（696），陈子昂随建安王武攸宜东讨契丹，上书言："江南、淮南诸州租船数千艘已至巩洛，计有百余万斛，所司便勒往幽州纳充军粮。"[②]可见当时的米粮主要由南方地区调集而来，经永济渠运往幽州供应军粮。安史之乱中，清河因可输送江淮军需而被称为"天下北库"[③]。

隋唐时期，永济渠成为攻伐辽东及契丹、突厥时运输粮草至幽州的主要通道。自此，涿郡所在的幽燕地区与中原地区和日渐富庶的江淮地区得到了有效连接，南北地区的经济往来也频繁起来。隋朝末年大运河已是"商旅往来，船乘不绝"[④]。至唐代，运河的经济作用更加明显，唐代诗人皮日休说："隋之疏淇汴，凿太行，在隋之民不胜其害也，在唐之民不胜其利也。今自九河之外，复有淇、汴，北通涿郡之渔商，南运江都之转输，其为利也

---

① 《资治通鉴》卷一九九《唐纪十五》。
② 陈子昂：《陈伯玉文集》卷八"上军国机要事"。
③ 《全唐文》卷五一四《颜鲁公行状》。
④ 《旧唐书》卷六七《李勣传》。

博哉。"①安史之乱后，北方陷入藩镇割据状态，与东南财赋地之间的河道和海路运输几乎断绝。特别是契丹兴起之后，屡次侵扰幽州地区。后唐长兴三年（932）"新开东南河，自王马口至淤口，长一百六十五里，阔六十五步，深一丈二尺，以通漕运，舟胜千石"②。东南河则成为后唐时期河北南部各州县与幽州之间的粮运通道，一定程度上保障了幽州的后勤补给。至后周世宗柴荣，试图收复被契丹占据的幽燕地区。《旧五代史》载："帝之北征也，凡供军之物，皆令自京递送行在。"③柴荣利用大梁以北旧永济渠输送粮草，虽未竟全功，但对幽州的崛起具有一定的促进作用。

二、百计尝试——辽金时期的运河

辽金时期对于北京地区而言是重大转折阶段。辽南京作为北半部中国的都城，拉开了逐步走向统一国家政权都城之历史大幕。金海陵王将都城由金上京南迁至燕京，设立中都，北京由此成为国家都城所在。都城地位的形成巩固，一方面为保障国家对于疆域地区的控制，同时为供应庞大的皇室官员以及城市消费所需，作为漕粮与物资运输

---

① 皮日休：《汴河铭》，载周绍良主编：《全唐文新编》（第4部第2册），吉林文史出版社，2000年，第9678页。
② 《旧五代史》卷四三《唐明宗纪九》。
③ 《旧五代史》卷一一九《世宗本纪六》。

通道的运河之重要性愈发显现。

（一）萧太后运粮河

在今北京市朝阳区和通州区境内，从西向东横跨着一条蜿蜒细长的河道——萧太后河，亦称萧太后运粮河，它是北京境内唯一以人物命名的河流，曾经担负辽南京城的物资输送功能，是北京历史上早期运河的代表。对于萧太后运粮河的起源，正史中并无明确记载，仅民间相传为萧太后主持开凿而得名。现在这条小河上承龙潭湖和东护城河的雨洪分流与城市污水，一直到西大望路和弘燕路交叉口的河段均是暗渠。自弘燕路小区以东始见地表径流，经朝阳区南磨房乡、十八里店乡、豆各庄乡和黑庄户乡后进入通州区，在张家湾附近汇入凉水河，由凉水河并入北运河。

长期从事北京水利史研究的吴文涛对萧太后河曾有过详细论证。萧太后是辽景宗耶律贤的皇后萧氏，名萧绰，小名燕燕。辽景宗去世后，即位的辽圣宗年幼，萧绰被尊为皇太后，管理国家政务。正是在她的决策下，契丹开始大举反击宋朝。萧太后带领年幼的辽圣宗出征，一连攻下北宋多座城池，剑指中原，迫使北宋真宗皇帝亲征应战，最后双方在澶渊签订盟约。在萧太后的经营下，契丹国势日益强盛，巩固了对包括燕京地区在内的"燕云十六州"的统治，且每年得到宋朝进贡的数十万岁币。萧太后河相传正是在萧太后兵临幽州并进一步在此建设辽南京过程中出现的,萧太后利用这条河道从辽东向燕京地区运输兵马粮草。不过,这一结论尚未得到辽金史籍文献的印证,明清文献记载也未见明确来源。①

明代刘侗等所著的《帝京景物略》称:"西十余里,为唐太宗哀忠墓。西南五六里,为萧太后运粮河,泯然澌灭,无问者。"②此后清代文献中也屡见萧太后运粮河的记载,如清代咸丰年间震钧在所著《天咫偶闻》一书中称:"八里庄之西二里,有河名十里河,又名萧太后运粮河。"③地方志中也有萧太后河记载,如康熙《通州志》记载饮羊河:"与牧羊台相近,在州城南,俗传苏子卿牧羝处,或云即萧太后运粮河。"④乾隆年间《宝坻县志》全文附有《宝坻县记》石刻碑文详述宝坻设县的过程,其中有"复开渠运、漕盐、货贸于瀛、鄚间。上下资其利,遂致饶衍,赡于一方。……加之河渠运漕通于海峤,篙师舟子鼓楫扬帆,懋迁有无,泛历海岱、青兖之间,虽数百千里之远,徽之便风,亦不浃旬日而可至。……而河渠左界滦

---

① 吴文涛:《萧太后河历史探源及相关文献辨析》,载北京市社会科学院历史研究所编:《北京史学论丛(2016)》,中国社会科学出版社,2017年,第14页。
② 刘侗等:《帝京景物略》卷三《城南内外》。
③ 震钧:《天咫偶闻》卷九《郊坰》。
④ (康熙)《通州志》卷一《封域志·山川》。

水、右缠潞曲，蓟北名山无不委曲而贯通之"[①]。文中虽未提及萧太后运粮河，但确凿无疑地说明了从燕京向东北到辽东一带的水运通道繁忙景象。

从当时的历史背景来看，萧太后河的开凿与其运粮之功能应有密切关系。后晋天福元年（936），石敬瑭将幽、蓟等十六州割让契丹。辽太宗会同元年（938），契丹将今北京所在地幽州提升为陪都南京，又称燕京，中心位于今广安门一带。由于城市规模扩大，日用消费增加，而本地生产无法满足庞大需求，开凿一条运粮通道势在必行。宋辽对峙期间，双方以白头河为界，白沟以北为辽南京地域。与此同时，北宋将河北平原的众多湖泊洼淀相互连通，东起天津附近海岸，西经今河北青县、信安、霸州、雄县、高阳、保定一线，构筑了一条天然的军事防线。因此，辽南京城所需的粮食及各种物资，只能从辽东等地调集，走海路运输。如辽太平九年（1029）因"燕地饥，户部副使王嘉请造船，募习海漕者，移辽东粟饷燕。议者称道险不便而侵"[②]。

历史地理学家侯仁之认为，萧太后河是元朝末年重开金口河失败后留下的河道："元顺帝至正三年（1343）又重开金口河，下游经今外城东南一带（元时为大都城南郊），

[①] （乾隆）《宝坻县志》卷一八《艺文下》。
[②] 《辽史》卷五九《食货志上》。

过十里河（在今左安门外）至通州以南的大高丽庄入白河，名叫'新河'。"他认为民间讹称的萧太后河便是这条新河。①另外常征、于德源则依据辽金时期的海运情形，对漕粮登陆蓟州河之后的走向作出了推测，其中一条航线就是萧太后河。至于萧太后河则为辽圣宗时期所开，因为圣宗是萧氏的儿子，她作为太后也正是圣宗一朝国政的最高决策人。说是开凿，其实不过是疏浚旧河道。②

关于漕船离海登陆后转入内河运输，最后到达南京城的具体路线，吴文涛提出有两种说法可作参考：其一，漕船沿今蓟运河西入沟河，至今河北三河或北京平谷一带卸

图2-4　萧太后河示意图

① 侯仁之：《改造首都自然环境的一个重要措施》，《北京日报》1956年2月17日。
② 常征、于德源：《中国运河史》，北京燕山出版社，1989年，第300页。

载,再由陆运至辽南京;其二,利用人工开凿运河直接驶入辽南京城。而从三河或平谷陆运粮食进南京城所需耗费的人力、物力较大,河运无疑最为便捷。因此,辽朝利用当时残留的古永定河河道,经人工疏通整理后,形成了上承蓟水、中连辽南京护城河、下接今北运河的萧太后运粮河,以此承担辽南京地区与外界的物资运输功能。

从燕地河道分布及水运情况来看,开凿萧太后河也有地理基础和运输需求。郦道元《水经注》记载:㶟水"又东与洗马沟水合,水上承蓟水,西注大湖。湖有二源,水俱出县西北平地导源,流结西湖。湖东西二里,南北三里,盖燕之旧池也。绿水澄澹,川亭望远,亦为游瞩之胜所也。湖水东流为洗马沟,侧城南门东注,昔铫期奋戟处也"[①]。根据常氏等学者考证,蓟水支水南出与洗马沟水接,而形成西、南两条护城壕,干道则作为北、东两条护城壕,沿今绒线胡同一线斜趋东湖,下注㶟水湖泊而与潞水相通。辽南京旧有车箱渠的下游是高梁河及坝河,由于这两条河只能到达白莲潭,粮货卸于该潭后,尚需辇运方能至城,不如萧太后河直抵城下为便当。今所存这条运河的水道尽管与原来的不全相同,且遗迹斑斑,尚可历历指认。东城区"东漕河胡同""北漕河胡同""南漕河胡同""河泊厂西巷""河泊厂东巷",还有"水道子胡

---

① 郦道元:《水经注》卷一二《㶟水》。

同""薛家湾胡同""小江胡同""大江胡同""冰窖口胡同""山涧口街""金鱼池街""龙潭湖"这些湖泊和以水为名、以漕河为名且弯曲似河的街巷,正在萧太后河的上游,至少有一部分与该河有关。①

(二)金代潞水通漕

金中都是历史上北京作为国家都城的开端。尽管它只是北半部中国的首都,但与先秦燕都以及嗣后几度短暂为都的蓟城、幽州迥然不同。在运河发展史上,金代也处于承前启后的重要阶段。

金灭北宋后,随着疆域向南扩展,原来的政治中心因位于今黑龙江哈尔滨的阿城无法有效掌控国土。为了巩固王朝统治,适应政治经济中心南移的需要,海陵王决计迁都燕京。燕京地区有着非常重要的地理区位,金朝大臣梁襄称:"燕都地处雄要,北倚山险,南压区夏,若坐堂隍,俯视庭宇,本地所生,人马勇劲。亡辽虽小,止以得燕,故能控制南北,坐致岁币。燕,盖京都之首选也。"②天德三年(1151),命户部尚书张浩增广燕京城,营建宫室。经过三年建设,新都建成。天德五年(1153)金海陵王正式迁都燕京,改设中都。金朝中央机构、皇族、贵族、军卫

---

① 常征、于德源:《中国运河史》,北京燕山出版社,1989年,第302页。
② 《金史》卷九六《梁襄传》。

等开始迁入中都,加之"凡四方之民欲居中都者,给复十年,以实京城"的实京政策①,使得金中都人口大量增加,城市消费需求也空前增长。

在迁都燕京之前,金朝已有意识利用潞水向燕京运输物资。鉴于潞县在粮食及物资运输中的枢纽地位,天德三年(1151)金朝升潞县为通州。《元史·地理志》载:"金改(潞县为)通州,取漕运通济之义。"②基于通州在运河水陆转运中的特殊地位,在金朝便已经充分显现。金代通州始置和命名,并且每年在此督造船只,在通州的发展历史上具有重要意义。

自金海陵王迁都燕京以后,国家财赋的消费地与生产地都集中在这里,故金人称"本朝皇业根本在山南之燕"③。与此同时,河北、山东地区作为当时的主要产粮区,成为金朝粮食的主要供给地区,所谓"中都、河北、山东,久被抚宁,人稠地窄,寸土悉垦,则物力多,赋税重,此古所谓狭乡也"④。为利用潞水将河北、山东等地粮食顺利运至通州并转运至中都城,金朝不断开发、利用境内河道,连接到潞河,构成了一条四通八达的粮食运输网络:"其通漕之水,旧黄河行滑州、大名、恩州、景州、

① 《金史》卷八三《张浩传》。
② 《元史》卷五八《地理志》。
③ 《金史》卷九六《梁襄传》。
④ 赵秉文.《滏水集》卷一一《梁公墓铭》。

沧州、会州之境，漳水东北为御河，则通苏门、获嘉、新乡、卫州、浚州、黎阳、卫县、彰德、磁州、洺州之馈，衡水则经深州汇于滹沱，以来献州、清州之饷……溯流而至通州，由通州入闸，十余日而后至于京师。其他若霸州之巨马河，雄州之沙河，山东之北清河，皆其灌输之路也。"潞水漕运一年分春秋两次运输："春运以冰消行，暑雨毕；秋运以八月行，冰凝毕。"漕粮运输方式明确记载采用纲运之法："其纲将发也，乃合众，以所载之粟苴而封之。先以付所卸之地，视与所封样同则受。凡纲船，以前期三日修治，日装一纲，装毕以三日启行。计道里分溯流、沿流为限。至所受之仓，以三日卸，又三日给收付。"漕粮则沿濒河之城置仓存贮："若恩州之临清、历亭，景州之将陵、东光，清州之兴济、会川，献州及深州之武强，是六州诸县皆置仓之地也。"[①]

（三）金中都附近的运河开辟

来自淮河以北或辽东半岛的漕粮到达通州后，由于古永定河主流南迁、萧太后河淤浅，只能转驳，陆运至金中都城内。为此，开辟一条从通州到中都城的运输水道，成为金朝保障都城粮道畅通的必要之举。当时通州以南漕河，大都是利用天然河道，但自通州西至中都之间并未有

[①]《金史》卷二七《河渠志》。

河道连接。工程的另一大困难是，因中都城平均海拔高于通州，因此丰沛的潮白河水无法自下而上引入。根据西高东低地势，当时只能在中都城西侧一端寻找水源，才能顺地形高下行至通州以接潞水。为了寻找中都附近可用以济漕之水源，金代历朝曾进行了诸多尝试。

金朝初年或曾利用坝河河道作为通漕济运之用。坝河河道原为永定河故道，公元前10世纪时永定河主流从石景山南东折，过八宝山北，向东流经紫竹院，再向东经北护城河、坝河入潞水。后来主流南徙，坝河水道成为高梁河的一条东支。三国时期车箱渠开凿后，又接引永定河水。魏嘉平二年（250），丁鸿率部下"导高梁河，造戾陵遏，开车箱渠"，下游疏浚和利用了部分永定河故道。《水经注》记载"东尽渔阳潞县"的路线，最大可能正是这条高梁河东支水道。因为这条路线正处于冲积扇脊部，在此布置主干渠可以最大限度地扩大灌溉面积。[①]此后对这条干渠又曾多次修治。金世宗大定四年（1164），金世宗"出近郊，见运河湮塞"，曾责户部侍郎曹望之说："有河不加浚，使百姓陆运劳甚，罪在汝等！朕不欲即加罪，宜悉力使漕渠通也。"次年春，"令官籍监户、东官亲王人从及五百里内军夫浚治"。然而效果并不理想，《金史》言：

---

① 蔡蕃：《元代的坝河——大都运河研究》，《水利学报》1984年第12期，第56—64页。

"自通州而上，地峻而水不留，其势易浅，舟胶不行，故常从事陆挽，人颇艰之。"[①]五年后又拟于南部开金口河用作漕运。究其主要原因，应为高梁河水源较小而支分灌溉过多所致。

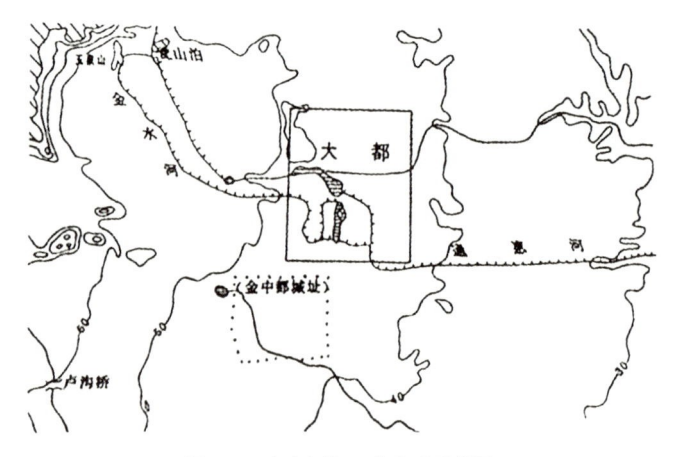

图2-5　金水河与玉泉水系示意图

金朝在中都新开运河，大定十年（1170）议决卢沟以通京师漕运，"如此则诸路之物可径达京师，利孰不焉"。十二年（1172）"自金口导至京城北入濠，而东至通州之北，入潞水"，这就是史上著名的金口河。当时从卢沟河上的金口开渠引水，利用历史上车箱渠上游的一段故道，加以浚治，引水东下；紧接着又另开下游一段新渠道直入

---

① 《册府元龟》卷四九七《邦计部·河渠二》。

金中都北护城壕，然后再从北护城壕靠近东端的北岸，开凿运河，一直向东，经通州城北与潞河相汇。为了节制流水，采用沿河筑闸的方式，因此这条运河就叫闸河。《金史·河渠志》记载："金都于燕，东去潞水五十里，故为闸以节高良河、白莲潭诸水，以通山东、河北之粟。"最初这条闸河的设计目标为，漕船自此可在通州转入闸河，直驶中都城下。但是开凿之后，却因"地势高峻，水性浑浊，峻则奔流漩洄，啮岸善崩；浊则泥淖淤塞，积滓成浅，不能胜舟"[1]，导致从通州运京的漕粮仍须陆路转运。

直至金章宗时期才又议"开通州潞水漕渠，船运至都"。翰林应奉韩玉建议，开通从玉泉山、瓮山泊（今昆明湖前身）到紫竹院一线即今长河的河道，引高梁河、白莲潭的清水接济漕运。通州至中都的漕河是利用金口河下段的旧河道改造而成，上面设置数座闸坝，用以克服因河床坡度过陡造成的存水不足，以解决漕粮逆流而上的问题。[2]《金史·河渠志》把这条运河叫作通济河。考古发掘显示，闸河的西端应在今西交民巷东口一带，从这里卸载货物进入中都城东北隅的仓库是顺理成章的选择。[3]闸河的开凿修整，为元代以后的通惠河奠定了重要基础。泰和八年（1208）通州刺史张行信称："船自通州入闸，凡十余日方

---

[1] 《金史》卷二七《河渠志》。
[2] 《金史》卷一一〇《韩玉传》；卷二七《河渠志》。
[3] 丁德源：《北京漕运和仓场》，同心出版社，2004年，第74页。

至京师。"①

关于重开闸河的新水源，侯仁之先生推断应在西北郊外的瓮山泊。瓮山泊有一亩泉，又上承玉泉山诸泉，其下游原本是顺自然地势流向东北，这就是日后见于记载的清河。泰和五年（1205）为重开漕运，曾利用瓮山泊开渠引水，转向东南直接与高梁河上源相接，形成今日之长河。从瓮山泊到高梁河上源，中间原有一带微微隆起的小分水岭，分水岭以北诸泉都向东北流，以南诸泉（除高梁河上源外还有原始的玉渊潭）都向东南流。泰和五年（1205）引瓮山泊诸泉向东南流与高梁河上源相接，于是凿开这一微微隆起的分水岭。这一人工开凿的迹象，从今蓝靛厂以下直到紫竹院公园，仍然明显可辨。同时，又从高梁河积水潭上游，即开渠东下以接坝河上游的地方开渠分水南下，直入中都北护城河，这样就把瓮山泊和高梁河上游水源，经由护城河，再引入旧闸河，自此北来的漕粮船只可以从通州入闸河，直抵中都城下。而从高梁河积水潭上游到中都北护城河的这条渠道，应该就是日后见于记载的"高梁河西河"。②

三、技术巅峰——元代大都地区运河

元代是北京漕运发展的重要阶段。特别是元世祖忽必

---

① 《金史》卷二七《河渠志》。
② 侯仁之：《北京城的生命印记》，生活·读书·新知三联书店，2009年，第92页。

烈修建大都城之后，人口迅速增长，粮食保障成为保障大都城稳定的基石。据估算，至元十八年（1281）大都城人口达到88万人，泰定四年（1327）则增长到95万人以上。[1]元朝漕粮虽以海运为主，但在河运方面同样取得了巨大成就，大运河系统的建设和管理达到了历史上的巅峰时期。中统元年（1260）初，忽必烈为与阿里不哥争皇位继承权展开征战。忽必烈将燕京作为战略物资供应基地，进而为其最终胜利打下了重要基础。中统三年（1262），忽必烈征询郭守敬关于建都与水利的设想，并于次年设置漕运河渠司。至元元年（1264）定都燕京（称中都），四年（1267）即下诏以金代大宁宫为中心兴建大都城。至元十二年（1275）前后，郭守敬受命巡视河北、山东河道及金、宋运河故道。他根据河流分布与地势高低，提出引山东汶水、泗水以通御河（隋永济渠），从而使漕河北通直沽、南达黄河，进而借助江淮之间的运河到达长江南北。伯颜也提出："江南城郭郊野，市井相属，川渠交通，凡物皆以舟载，比之车乘，任重而力省。今南北混一，宜穿凿河渠，令四海之水相通，远方朝贡京师者皆由此致达，诚国家永久之利。"[2]至元二十年（1283）八月，自任城到须城的济州河完工。至元二十六年（1289）完成了南起须城安山（今山

---

[1] 韩光辉：《北京历史人口地理》，北京大学出版社，1996年，第84页。
[2] 苏天爵：《元朝名臣事略》，中华书局，1996年，第20页。

东省东平县）、北至临清的会通河工程。经过"截弯取直"的京杭大运河南北贯通，一直延续到明清时期。对此，生活在明成化、弘治年间的丘濬评价说："运东南粟以实京师，在汉、唐、宋皆然。然汉、唐都关中，宋都汴梁所漕之河，皆因天地自然之势，中间虽或少假人力，非若会通一河，前代所未有，而元人始创为之。"[1]元代对大运河的建设，奠定了明清以至当今京杭大运河的基本格局。

（一）坝河漕运

从通州至大都，元初可以依赖的漕运通道仍为坝河。为了能够让漕船从通州逆流向西来到大都城，人们创造性地在坝河拦腰修建了7座滚水坝，进而便于河道能够始终存留一定的水量，借以克服落差较大、逆水行舟之困难。因此，曾经在金代发挥过重要作用的通济河，被冠以"坝河"之名，亦名阜通七坝。《元史·河渠志》与宋本《都水监事记》记载，这七座滚水坝，自通州至大都依次为深沟坝、王村坝、郑村坝、西阳坝、郭村坝、常庆坝、千斯坝。滚水坝截留阻滞了河水，却也成为船只逆流行驶的障碍，漕粮只能采用逐坝"倒搬"的方式前进。自通州以北进入坝河的漕船，从下游向西抵达第一坝之后，守在这里的扛夫就把粮食卸下，搬到已在滚水坝西边等待的空船

---

[1]《元史纪事本末》卷一二《运漕》。

上，然后继续向西逐坝递运，最终抵达大都东北隅。

坝河上的运粮船分设在通州以西的六座滚水坝之内，平均每坝有船30只，至元十六年（1279）以后，"设坝夫户八千三百七十有七，车户五千七十，出车三百九十辆；船户九百五十，出船一百九十艘"①。元末熊梦祥《析津志》记述："光熙门与漕坝、千斯坝相接。当运漕岁储之时，其人夫纲运者，入粮于坝内，龙王堂前唱筹。"②描述了漕粮到达京城之后的情景。大都建成之后，由于泉水被引入大内专供皇城使用，坝河因此失去了稳定丰沛的水源，河道逐渐淤浅，运量就相当有限了。明代嘉靖《通州志略》载，"州城北安德乡，有通衢曰长店。店南河源自元旧京城，流出东南入潞河"③，元代漕运自此抵京。

（二）开凿通惠河

南北大运河截弯取直之后，自通州到大都城之间的运输压力进一步加大。无论是居于主要地位的海运还是居于次要地位的河运，均只能抵达通州。但是坝河运力远远无法满足漕运所需。然而陆路运输不仅耗资甚巨，且因道路不平及天气影响，往往导致"驴畜死者不可胜计"④，极为

---

① 《元史》卷一八三《王思诚传》。
② 于敏中等：《日下旧闻考》卷八八引《析津志》。
③ （嘉靖）《通州志略》卷一《舆地志·古迹》。
④ 《元史》卷一六四《郭守敬传》。

艰难。伯颜也提出："都邑乃四海会同之地，贡赋之入非漕运不可。若由陆运民力惫矣。"①在这样的形势下，郭守敬对北京地区水资源及地形做了详细勘察，向忽必烈提出了开凿通惠河的计划："大都运粮河，不用一亩泉旧原，别引北山白浮泉水，西折而南，经瓮山泊，自西水门入城，环汇于积水潭，复东折而南，出南水门，合入旧运粮河。每十里置一闸，比至通州凡为闸七，距闸里许，上重置斗门，互为提阏，以过舟止水。"②至元二十九年（1292）春，忽必烈参加开工典礼，下令"丞相以下，皆亲操畚锸"，第二年秋天即宣告完工。

另据《元史·河渠志》载："通惠河，其源出于白浮、瓮山诸泉水也。世祖至元二十八年，都水监郭守敬奉诏兴举水利，因建言：'疏凿通州至大都河，改引浑水溉田，于旧闸河踪迹导清水。上自昌平县白浮村引神山泉，西折南转，过双塔、榆河、一亩、玉泉诸水，至西水门入都城，南汇为积水潭。东南出文明门，东至通州高丽庄入白河。总长一百六十四里一百四步……'从之。首事于至元二十九年之春，告成于三十年之秋，赐名曰通惠。"③昌平白浮泉水汇聚温榆河上源，泉流一路西行，从上游绕过沙河、清河谷地，循西山麓转而东南，沿着平缓的坡降，继

---

① 《元朝名臣事略》卷二《丞相淮安忠武王》。
② 《元史》卷一六四《郭守敬传》。
③ 《元史》卷六四《河渠志一》。

续收集沿山清泉，聚入瓮山泊；再从瓮山泊进入扩浚后的长河、高粱河至和义门水关入大都城，汇入积水潭内；然后从积水潭出万宁桥，沿皇城东墙外南下出丽正门东水关，转而东南至文明门外，再接金代开凿的闸河故道，下至通州高丽庄、李二寺河口。[①]这项巨大的水利工程为大都城开辟了前所未有的新水源，城内的积水潭成为新的漕运终点码头。自上都归来的忽必烈看到江南漕船结队驶来，积水潭上桅杆林立、舳舻蔽水，遂为这条运河赐名"通惠河"。

从工程技术上看，元朝新开凿的通惠河，不用像坝河那样设置滚水坝。而是从文明门到通州，沿河修建了11组共24座水闸。每隔十里一组，每组上下两闸之间相距一里，"上重置斗门，相互提阏，过舟止水"。换言之，上行漕船驶进下闸后，下闸闭闸节水，上闸启闸放水，上游下行船只此时可驶过水闸；随着两闸之间的河道水位上涨，逆流而行的漕船驶过上闸进入上游河段，其原理与现在的"船闸"完全相同。漕船行驶一段后，即进入另一组水闸的下闸，再度完成上述步骤，直至抵达积水潭。通惠河由此形成了梯级航道，这一水利科技成就甚至在当时的世界范围内也遥遥领先。

---

① 吴文涛、孙冬虎：《北京城市史》，北京出版社，2018年，第111—112页。

（三）两次永定河引水通漕

永定河发源于山西，是流经北京市辖境最大的河流，它的洪积冲积扇为北京城的形成与发展提供了优越的地理环境，因而被称为"北京的母亲河"。早期的永定河水量极为丰沛，曾有"清泉河"的美名。但是从金元时期开始，随着永定河上游森林砍伐严重，加上中下游两岸土地被连片开垦，导致流域水土流失严重，永定河的水文特性也随之改变。特别是元代以来，永定河含沙量显著上升，当它冲出北京西南的石景山后，进入坡降舒缓、土质疏松的平原区，河水"冲激震荡，迁徙弗常"，直接威胁着北京城的安全。据《元史·河渠志》记载："卢沟河，其源出于代地，名曰小黄河，以流浊故也。自奉圣州界流入宛平县境，至都城四十里东麻谷分为二派。"[1]因此，永定河又有"浑河""小黄河"之称。

元代先后两次引卢沟河水，以重开金口河。至元二年（1265），郭守敬提出："金时自燕京之西麻峪村分引卢沟一支，东流穿西山而出，是谓金口。其水自金口以东，燕京以北，溉田若干顷，其利不可胜计。兵兴以来，典守者惧有所失，因以大石塞之。今若按视故迹，使水得通流，

---

[1] 《元史》卷六四《河渠一·浑河》。

上可以致西山之利，下可以广京畿之漕。"①他主张重开金口河，不仅可以利用卢沟水运送取自西山的木材、石料，同时可以引水助漕。郭守敬总结金代教训，首先在麻峪与金口之间，选在金口上游的西岸开挖减水河以削弱水流势头，"西南还大河，令其深广，以防涨水突入之患"②，由此避免了卢沟河水暴涨时对下游尤其是大都城的威胁。

忽必烈采纳了郭守敬的建议，至元三年（1266）十二月开始"凿金口，导卢沟水以漕西山木石"③。但历史时期的卢沟水毕竟是一条善决善淤的浑河，至元九年（1272）金口河泛滥成灾，大都"大雨流潦，弥漫居民，室屋倾圮，溺压人口，流没财物、粮粟甚众。通玄门外，金口黄浪如屋，新建桥庑及各门旧桥五六座，一时摧败，如拉朽漂枯，长楣巨栋，不知所之。里闾耆艾莫不惊异，以谓自居燕以来未省有此水也"④。大德五年（1301）浑河水势浩大，"恐冲没田薛二村、南北二城"，郭守敬下令将其亲自规划的金口河堵塞，金口闸以西至麻峪村的河道全部用沙石杂土填平，从而消除了对元大都的威胁。同时，元朝也积极治理永定河。世祖至元年间到元末诸如"修卢沟上

---

① 《元史》卷一六四《郭守敬传》。
② 苏天爵：《元文类》卷五〇《知太史院事郭公行状》。
③ 《元史》卷六《世祖纪三》。
④ 魏初：《青崖集》卷四《奏议》。

流石径（景）山河堤"① "浑河决，发军民万人塞之"②一类的记载屡见于《元史》。元代永定河下游筑堤频率明显提高，从元初至元年间一直持续到元末至正年间。延祐三年（1316）对浑河河堤清查，上自石径山金口，下至武清县界，河堤通长计348里。

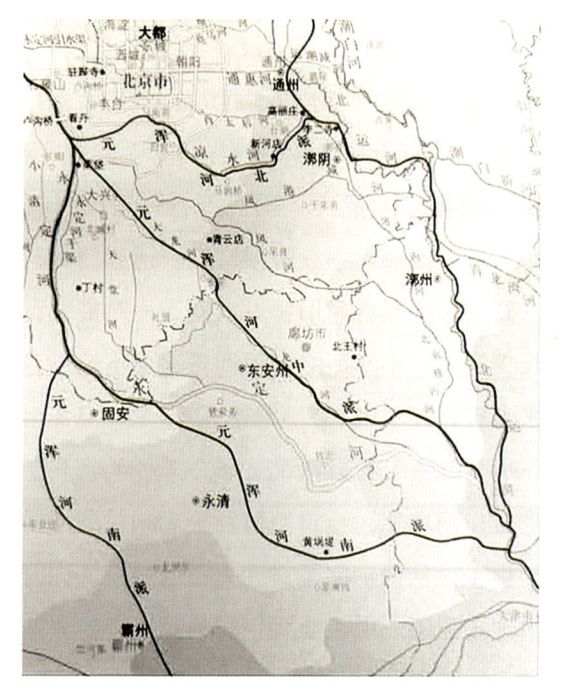

图2-6 元代永定河下游河道变迁图

---

① 《元史》卷二〇《成宗本纪三》。
② 《元史》卷三〇《泰定帝本纪二》。

直至元末至正二年（1342），中书参议字罗帖木儿、都水监傅佐建议重开金口河，"起自通州南高丽庄，直至西山石峡铁板，开水古金口一百二十余里，创开新河一道，深五丈，广十五丈。放西山金口水东流至高丽庄，合御河，接引海运至大都城内输纳"①。但是，金口新河虽然在金口闸用铜闸板代替了传统的木闸板，在旧城北城壕添置了两道节制闸门，但忽略了郭守敬当年在麻峪引水口附近开凿减水河这一关键环节。"水至所挑河道，波涨潦汹，冲崩堤岸。居民彷徨，官为失措。漫注支岸，卒不可遏，势如建瓴。河道浮土壅塞，深浅停滩不一，难于舟楫。其居民近于河者，几不可容"，特别是大都城内"大废民居、房舍、酒肆、茶房，若台榭虚幕"②。于是，御史弹劾建议开挑金口河的责任者——字罗帖木儿和傅佐。最终，二人被斩首，金口河也彻底罢废。

四、京师命脉——明清北京运河维护与新辟

明永乐年间迁都之后一直延续到清末，北京一直是统一王朝国家的都城，庞大的皇室以及城市消费所需的大部分物资仍需依赖大运河输送。明初北运河、通惠河、坝河都曾中断漕运。经洪武、永乐、宣德、正统年间的陆续修

---

① 《元史》卷六六《河渠三·金口河》。
② 《析津志辑佚》"宛平县·古迹·金口"。

浚，北运河天津至通州段基本畅通，海运与河运的漕粮都可以水运到张家湾和通州，再由陆路运到北京。清代漕运通道也时有中断，故而不仅京外运河段需要不时整治。对于京通之间通惠河的重新疏通与整治，也成为明清时期历朝漕务的重要工程。

（一）明清通惠河兴衰

明初建都南京，通惠河漕运功能不再，以故"无所事漕，河遂湮废"[1]。永乐迁都北京以后，因建设北京宫殿需要，曾疏挖通惠河故道，以满足运送漕粮和建筑物资等需要。永乐初年为迁都营建北京城，城内通惠河的一段包入皇城，漕船不能驶入积水潭，只能到达大通桥下，所以自通州至大通桥这段运道又叫作大通河。受北京城市营建与昌平皇陵建设等影响，大通河淤废严重。明初通惠河虽然几经修治，但是由于水源问题无法解决，漕粮通过此河运输并未达到理想效果。关于通惠河，《大明会典》中记载："大通河，即潞河，旧为通惠河。其源出昌平州白浮村神山泉，过榆河，会一亩、马眼诸泉，汇为七里泺。东贯都城，由大通桥而下，至通州高丽庄入白河，长一百六十余里。元初所凿，赐名通惠。每十里一闸，蓄水通舟，以免漕运陆挽之劳。国朝永乐以来，诸闸犹多存者，仍设官

---

[1] （康熙）《通州志》卷三《漕运志》。

夫守视。然不以转漕,河流渐淤。……嘉靖六年,遣漕运总兵、锦衣卫都指挥及御史会浚之,自大通桥起,至通州石坝四十里,地势高下四丈,中间设庆丰等五闸以蓄水。……造驳船三百只……雇役递相转输,军民称便。"①

但通惠河淤塞之后,每年从南方输往北京的漕粮及其他物资,均只能在张家湾或通州上岸转驳陆运进城。《皇都水利》记载:"三吴民运白粮,自苏松至张家湾凡三千七百余里,自湾抵京仅六十里。而水运之舟价与陆运之车价略相当,是六十里之费抵三千七百里之费也。"②可见京通之间陆路运输成本之高。成化年间,户部尚书杨鼎、工部侍郎乔毅上疏奏请疏浚通惠河,"每岁漕运自张家湾舍舟陆运,遇雨泥泞,每车雇银一两,仅载八九石,其费皆出于军",陆运运输成本过高。经过实地调查可知当时通惠河河道仍存,因此具备再次通运基础:"通州至京城四十余里,古有通惠河故道,石闸尚存。永乐间曾于此河搬运大木,以此度之,船亦可行。"此后,杨鼎、乔毅二人会同参将袁佑等亲自抵达昌平郭守敬引水来源之处,相继考察宛平、大兴、通州等地河道,并根据《元史》以及各闸现有碑文所载事迹,提出重开通惠河之议。

---

① 《大明会典》卷一九六《河渠一》。
② 袁黄:《皇都水利》,载《四库全书存目丛书》史部第222册,北京燕山出版社,2017年,第696页。

今会勘得玉泉、龙泉及月儿柳沙等泉诸水，其源皆出于西北一带山麓，堪以导引，汇于西湖，见今大半流出清河，若从西湖源头将分水青龙闸闭住，引至玉泉诸水，从高梁河量其分数，一半仍从皇城金水河流出，其余从都城外壕流转，通汇流于正阳门东城壕，再将泄入三里河水闸住并流入大通桥，闸河随时开闭，天旱水小，则闭闸潴水。短运驳船，雨涝水大，则开闸泄水，放行大舟，况河道闸座见成，不用增造，官吏闸夫见有，不须添设。臣等勘时，曾将庆丰、平津、通流等闸下板七叶，驳船已验可行，若板下至官定水则，其大船亦可通行，止是闸座河渠间有决坏淤浅处，要逐加修浚，较之欲创三里河工程甚省。

工程重点在于解决通惠河水源不足问题，对此一方面将汇入西湖的玉泉、龙泉及月儿柳沙等泉水在青龙闸关闭其向清河的支流，全部流入高梁河，经皇城金水河与护城河分流后，在正阳门东城壕汇合。另一方面，将护城河原本泄入三里河的分水利用水闸关闭，以保证更多水源汇入大通河。大通桥以下，则基本沿用元代通惠河格局即可。一旦通惠河复航成功，"则舟楫得以环城湾泊，粮储得以近仓上纳，在内食粮官军得以就近关给，通州该上粮储，又得运米都城，与夫天下百官之朝觐、四方外夷之贡献，其行李方物皆得直抵都城下卸,此事举行,实天意畅快,人心欢悦,足以壮观我圣朝京师万万年太平之气象也"①。

吴仲重开通惠河之议,嘉靖帝甚为赞赏,提出"疏浚闸河,诚转漕便计",要求"户部二部其各委堂上官一员,会同运官及御史吴仲等,亲行相度地形、计处工力以闻"②。成化十一年(1475)八月,正式开始疏浚旧通惠河,由平江伯陈锐、右副都御史李裕、户部左侍郎翁世资、工部左侍郎王诏督率漕卒疏浚。"先是锐等奏通州至京旧有运河一道,废闸尚存,但年久淤塞损坏,欲照尚书杨鼎奏准事理,就借漕卒,用工疏浚,闭闸积水,以运粮储。至是特令锐等会议,提督漕卒,自下流为始,疏浚壅塞,修闸造船,合用粮料、匠作于各司取用,务求成功"③,至成化十二年(1476)六月工程完工。疏浚后的大通河自都城东大通桥至张家湾浑河口,长约六十里。工程期间,"兴卒七千人,费城砖二十万石,灰一百五十万斤,闸板、桩木四万余,麻铁、桐油、炭各数万,计浚泉三,增闸四,凡十月而毕"。虽然效果有限,仅"漕舟梢通",但自此实现"舟楫得以环城湾泊"。不过由于河水较浅,沙土易淤,两年之后大通河再次淤塞无法通航。《明实录》记载:"是河之源在元时引昌平县之三泉,俱不深广,今三泉俱

---

① 《明宪宗实录》卷九七,成化七年十月丙戌。
② 《明世宗实录》卷八一,嘉靖六年十月戊午。
③ 《明宪宗实录》卷一四四,成化十一年八月辛巳。

有故难引,独西湖一泉,又仅分其半,而河制窄狭,漕舟首尾相衔至者仅数十艘而已,无停泊之处,河又沙,水易淤,雨则涨溢,旱则浅沍,不逾二载而浅涩如旧,舟不复通。"① 正德年间又曾对通惠河进行多次修浚,包括疏挖河道、修治闸坝,但始终未能通航。《行水金鉴》记载:"永乐以来,诸闸犹多存者,仍设官夫守视,然不以转漕,河流渐淤。成化、正德间,累命疏之,功不果就。"②

嘉靖初年,负责督理漕务官员,为运输修建北京宫殿等大木,再次建议疏浚通惠河。嘉靖六年(1527),巡按直隶监察御史吴仲也上疏《计处国储以图永安事》,提出重开通惠河之议,这一次得以施行。兹将奏疏内容摘录如下:

> 臣因考之《元史》,至元二十九年,都水监郭守敬建言疏凿通州通惠河,引水置闸。兴工之日,世祖命丞相以下皆亲操畚锸为之倡。置闸之处,往往于地中得旧时砖木,时人为之感服。船遂通行,公私两便。先时通州至大都五十里,陆挽官粮,岁若干万,民不胜其瘁,至是皆罢之。自是漕运无转般之劳,而一代事功,卒归于守敬焉。

---

① 《明宪宗实录》卷一五四,成化十二年六月丁亥。
② 《大明会典》卷一九六《河渠一》。

及考金水、海子、白浮、瓮山诸志，典籍昭然而可据，踪迹尚在而可寻。何独至于我朝必欲置闸河于无用，费脚价而不惜哉？

臣又恐有风水家之说，因访之上源，见于诸陵无损；溯其末流，于都城无害。且源头活水，运亦流，不运亦流，初不因运之行止，而为河之开塞、水之盈涸，此理甚明，足破群惑。况通流等八闸，闸石见存，无事于添补；闸夫见在，无事于添佥；闸官见任，无事于添设。近年营建大木皆由此河直达大通桥下，滔滔而进。参将王佐曾举而行之，特易易耳……

臣又考之《元史》，漕运粮储、南木诸物、商贾舟楫，皆由通惠河直达海子登岸，未闻湾民饿死。况今止通军民运船，其官私货物仍旧，亦未为全绝其利源也。臣尝窃料，闸运一年可省脚价银十余万两，今当民穷财尽之时，于国计不为无补。臣几欲具疏上闻，尤恐识见未真，料理未周，不果。继而见在京各卫因往通州关粮，或被官吏冒支，或被行伍骗匿，或子侄不肖而花费，空手而回，或阴雨连旬而放迟，盘缠过半，累累呈告到臣，皆为有名无实。

臣因考之，汉唐都关中，宋都河南，皆由汴由渭直达京师，未闻有贮国储于五十里之外者。

我朝通仓，其初如徐、德等仓故事，只有神武中卫小仓。已后因漕运来迟，暂将京储收贮通州，以待转般。因循苟且，岁月既久，遂为三七定例。嗣是莫之能改，遂使一代官军不沾实惠。又欲具疏上闻，未果。然此特其利害之小者耳。

臣近因挖运边粮，备防边关寨堡险隘远近，以防不虞，因知密云等处，皆有间道可通。若使奸细为之向导，轻骑疾驰，旋日可至。或据仓廒，或肆烧毁，国储一空，则京师坐困矣。虽有言者但以闸运省费为言，而卒莫有以先代之故事、间道之危机为陛下告者，是宜陛下信之不专，行之不决也。《语》曰："人无远虑，必有近忧。"《传》曰："成大事者，不谋于众。"惟陛下留神省察，谋之二三元老大臣而独断焉。万一臣言或是，误蒙采纳，即今漕运会议在迩，乞敕户、工二部查照先今节次题覆事例，一并议处。就着巡仓御史，会同工部管闸修仓主事兼理闸运。闸板见存修补，借之各厂。少有疏浚，并其他用度，量支修仓余剩、巡仓赃罚，并所省脚价，民财民力，一不妄费。大运京粮，姑听陆路自进，且令觅船雇人，略运百万以试之。如果可行，就将省下银两盖房、造船、筑堤、展河次第举行。所谓三七，通粮渐拨京师，自二八、一九而全输矣。

兴国家自然无穷之利，杜后世意外不测之虞，所谓富国强兵，殆一举而两得之矣。①

吴仲奏疏援引元朝成功开通通惠河之案例，认为元朝利用通惠河费用可大省，"何独至于我朝必欲置闸河于无用，费脚价而不惜哉？"而对引白浮泉或可妨害皇陵风水之说，吴仲予以驳斥，他指出："运亦流，不运亦流，初不因运之行止，而为河之开塞、水之盈涸，此理甚明，足破群惑。"此外，吴仲指出通惠河闸坝设施和管闸、人夫俱在，恢复通运有良好基础。之前之所以未能成功，则在于权势之家阻挠。更为重要的是，吴仲指出历代漕运漕粮皆达京师，"未闻有贮国储于五十里之外者"。且通州北距边关不远，若有奸细为敌人向导，敌可从密云间道轻骑疾驰，抵达通州，"或据仓廒，或肆烧毁，国储一空，则京师坐困矣。"经户部和工部会议商讨，正式制定了通惠河疏浚方案。

在吴仲等人主持下，通惠河工程自嘉靖七年（1528）二月初四开工，"寻元人故迹，以凿以疏，导神山、马眼二泉，决榆、沙二河之脉，会一亩诸泉而为七里泊，东贯都城，由大通桥下直至通州高丽庄与白河通，凡

---

① 吴仲：《通惠河志》水部郎中汪一中序，北京出版社，2019年，第53—61页。

一百六十四里，为闸十有四"①，并广收北山、西山诸水，截引沙河、温榆河以壮通惠河水势。工程进行过程中，吴仲等沿河往来巡视，亲督委官夫匠，修造大通桥至通州一带河道、桥梁、闸坝、堤岸、官厅、厂房等，至五月二十二日，通惠河疏浚工程完工，历时四个月一百六十多日。共计修大通、庆丰等闸六座，挑浚河道二十一里余，盖造官厅厂房一百余间，新筑通州石坝一座，新开泊船水潭与河汊三处等。此外，修浚完工后的通惠河采用分段驳运的方式依次递运，即庆丰闸、平津上闸、平津下闸、普济闸、通流闸，与元代相比大大减省了闸座的设置。在通惠河上游则增加青龙闸、史庄闸、广源闸、白石闸、高粱闸以防止诸水旁流。除漕船不能进入积水潭而改泊大通桥下之外，通惠河基本恢复元代旧观。

当年六月，工部左侍郎何诏等官员视察通惠河，奏疏写道："臣等俱于本年六月二十七日早朝辞毕，前往大通桥，驾小舟而行，经庆丰上下二闸、平津上下二闸，至普济、石坝而止。每闸及坝，皆舍舟步履，逐一阅视。凡其砖石之甃结，木板之启闭，河水之盈缩蓄泄，皆咨询而讲求之。以至于临闸有厅，栖粮有房，障堤有桩，跨岸有桥，远近相望，联络不绝。其驳船分布于各闸，候者鳞

---

① 吴仲：《通惠河志》水部郎中汪一中序，北京出版社，2019年，第2—3页。

次，行者鱼贯。通州而抵京仓，可朝发而夕至。"①

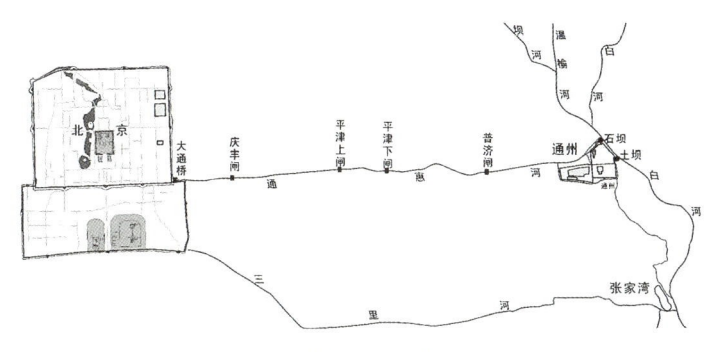

图2-7 明代通惠河闸坝示意图

通惠河开通后成效显著，当年"粮运既至者一百九十九万三千八百有奇，省脚价十一万三千三百余两"。吴仲也对通惠河工程之成效评价道："浚方四月，费才七千，而舳舻且衔接于大通桥下矣。"②不过，通惠河的漕运功能也一直未能摆脱水源不足和泥沙淤积的困境，嘉靖十一年（1532）五月，中军都督府经历赵鸣善便奏请"浚大通桥至通州运河，增添闸座，多修漕艘，运通州粮入京城以实根本"③。

清初通惠河仅存五闸二坝仍在使用。康熙二十七年（1688），靳辅阅视京畿水道，见通州以下北运河水势散

---

① 吴仲：《通惠河志》，北京出版社，2019年，第263页。
② 《明世宗实录》卷九六，嘉靖七年十二月丁亥。
③ 《明世宗实录》卷一二八，嘉靖十一年五月辛亥。

漫，建议在河中散漫分流之处增筑小坝拦束河水，待漕船经过时开闸放水以助漕运。三十五年（1696）再次疏浚通惠河，并加筑堤岸，建滚水坝以泄水。乾隆年间大力开发京西水利，收集西山玉泉诸水接济漕运。乾隆三年（1738）、二十三年（1758）、二十五年（1760）先后疏浚北京东护城河，以保障大通桥到朝阳门、东直门的驳船通行。至光绪二十七年（1901），通惠河—北运河这条维系了京城七百多年发展的物资输送大动脉，也完成了它的历史使命。

（二）明代长城驻军运河支线

明代为抵御北元势力，在北部边境地带修筑边墙并驻兵防守。洪武三年（1370）淮安侯华云龙建议："北平边塞，东自永平、蓟州，西至灰岭下，隘口一百二十一，相去可二千二百里。其王平口至官坐岭，隘口九，相去五百余里，俱冲要，宜设兵。"[①]北京北部的昌平、密云作为边防重镇，地理位置十分重要，官兵粮饷之供给更是至关重要。"国家定鼎燕京，昌平、密云东北二重镇也。旧制，实漕米于下以备军需。"[②]为将漕粮运抵边境沿线，明朝先后开辟了潮河川、蓟州河、昌平河以及丰润还乡河等几条

---

① 《明史》卷一三〇《华云龙传》。
② （万历）《通粮厅志》卷一一《艺文志下》。

水运交通线。《明史·食货志》记载："由天津达张家湾曰通济河，而总名曰漕河。其逾京师而东若蓟州，西北若昌平，皆尝有河通，转漕饷军。"①

昌平位于北京西北，明成祖迁都北京后，在昌平北天寿山建造陵园，这里成为边防和陵寝防卫重地。同时，驻守长城沿线的居庸、渤海等卫所官军也需大量粮饷。明朝利用温榆河输送漕粮，以供应守陵官军以及居庸关等城堡关口驻军。《通粮厅志》记载，温榆河"源出塞外，经居庸关南东流，合东山口泉，又东汇朝宗河，又东合龙山泉，势若泛溢而支流则漫散，沙碛胶阂，又东至沙子营合小清河入通州潞河，一百八十里"②。隆庆六年（1572），总督侍郎刘应节会巡抚都御史杨兆，"议于巩华城外安济桥起，至通州渡口止，疏通一河，长一百四十五里，内水深成漕，现可行舟者一百余里，散漫淤浅稍费开凿者三十余里。发永、巩二营并奠靖军夫三千人治之"③。此后，"户部奏请开浚榆河，自巩华城达于通州渡口，运粮四万石给长陵等八卫官军月粮，从之"④。万历元年（1573）二月，神宗"令昌平兵备佥事张廷彀，疏浚巩华城外旧河。廷彀原勘

---

① 《明史》卷八五《河渠志三》。
② （万历）《通粮厅志》卷五《河渠志》。
③ 黄承玄：《河漕通考》卷下，载《四库全书存目丛书》史部地理类第222册，齐鲁书社，1997年，第491页。
④ 《明神宗实录》卷六，隆庆六年十月己卯。

河道可省陆运费岁八千金，及运船至而淤塞不前，挖运司官杨可大以为言，户部奏行廷弼速浚之"①。疏浚之后，漕船可循沙河逆流而上，直抵安济桥下。此后，总督刘应节因本镇卫军赴京支粮不便，又"增发一十五万石抵巩华城奠靖仓收贮，是为京帑，云专给主兵。官运船二百只，水手四百名，挽夫六百名，每船运米四十五石"。漕粮经温榆河运至巩华城，入城内奠靖仓收贮，供应蓟镇永、巩、昌、标四营及长陵等八卫官军粮饷。自此，漕船于通州循温榆河上溯，经沙河可至昌平巩华城，长约一百四十五里，《长安客话》载："沙河东注，与潞河合。每雨季水泛，商船往往从潞河直抵安济桥下贸易，土人便之。"②

嘉靖二十九年（1550）蒙古土默特部首领俺答汗入塞侵犯北京，明朝为加强边境防卫，遂设蓟辽总督，嘉靖三十三年（1554）移驻密云。作为军事重地，密云一带兵将屯结，卫所众多，"岁用漕粮十余万石"③。按《四镇三关志》记载，嘉靖三十九年（1560），"始派发米十万四千八百一十石，每年自通州漕运至牛栏山，陆运至密云龙庆仓收贮，专给主兵"。漕粮循潮白河上溯至牛栏山，再陆路转运至密云龙庆仓。嘉靖三十四年（1555），总督蓟辽保定军务都御史杨博上疏奏请新开密云白河，以便

---

① 《明神宗实录》卷一一，万历元年二月戊戌。
② 蒋一葵：《长安客话》卷四《郊坰杂记·清河沙河》。
③ 《明世宗实录》卷五三八，嘉靖四十三年九月癸丑。

水运漕粮,"于城西杨家庄地方筑塞新口,疏通白河故道与漕河合流,俾通州漕粮直抵密云城下。仍于城西修筑泊岸以防城堙崩塌之患。从之,未果"①。这次开河工程,使白河改道,东流至密云城西,再南流与潮河汇合,但没有达到利用河水输送漕粮的目的。嘉靖四十三年(1564),因漕粮"悉由通州陆运至牛栏山,转输密云,颇称劳费",密云总督刘焘疏请疏浚潮白河,得到批准。"至是,总督刘焘发卒疏通潮河川水,达于通州,更驾小舟转粟,直抵该镇,大为便利,且省馈运费什七"②。然而没有过多久,潮白河复淤浅,通漕不便。隆庆六年二月,密云总督侍郎刘应节在顺义县城增建仓廒,"先是漕粮输密云者,时遇雨,或有警,不能径达,往往寄顿牛拦山(即牛栏山),以待转运,多有损失。于是总督侍郎刘应节议于顺义县城建仓收贮,俾三县人民脱挽运之苦,户部覆请,乃许之"③。可见漕粮自牛栏山以上仍以陆运为主。

隆庆六年(1572),刘应节提出遏潮壮白建议,拟疏通牛栏山以上至密云城的河段,以利于漕运:"塞备以储饷为急,军需以漕挽为便。密云一城,环控白、潮二水,若天开以便漕者。向二水分流至牛拦山始合,故驳船自通州

---

① 黄承玄:《河漕通考》卷下,载《四库全书存目丛书》史部地理类第222册,齐鲁书社,1997年,第489—490页。
② 《明世宗实录》卷五三八,嘉靖四十三年九月癸丑。
③ 《明穆宗实录》卷六六,隆庆六年二月辛丑。

而上者，亦至牛拦山止。若至龙庆仓从陆输挽，军民艰苦之状，水次露积之虞，难以悉状。今白水徙流西城下，去潮水不二百武，前于城东北业筑三合土堤，障水防城，近又疏渠于上，植坝于下，邀潮入白合为一派，水深漕便，驳船可达密云无疑。"[1] 原本向西南流的潮河在孤山西折，在密云城西南河漕村与白河相汇，二水合流增加了河流水势，漕船由此可行到密云城下。

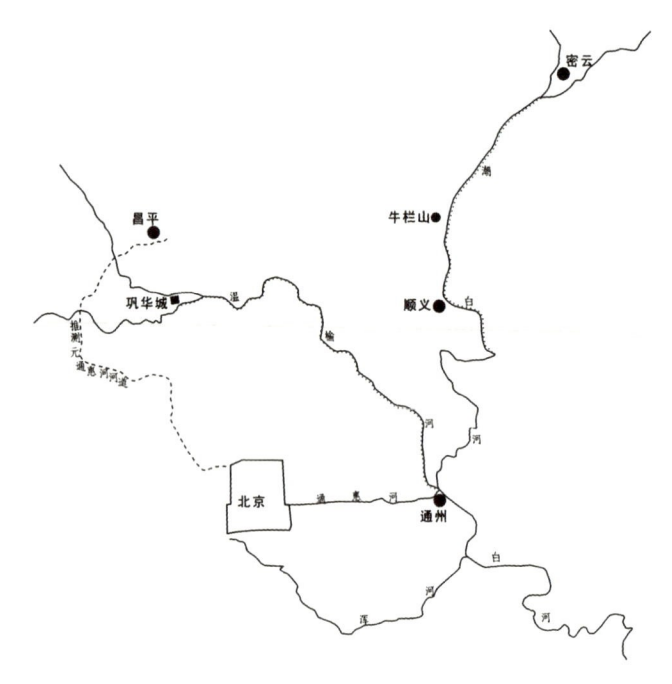

图2-8 明代昌平河运道和潮河川运道示意图

---

[1] 《明神宗实录》卷三，隆庆六年七月丁亥。

运道疏通之后，运至边地的漕粮数量不断增加。万历元年（1573）"增发米五万石，专给客兵，共米十五万四千八百一十石。仍本船运至牛栏山，继以驳船运至城下，贮龙庆仓"，并于牛栏山以上至密云之间，设驳船二百艘，水手四百名，挽夫六百名，每船可运米四十石。①自嘉靖年间疏通潮河川后，"隆庆六年导浚行舟，万历六年再浚牛拦山上流，舟行直达密云镇城"②。隆庆六年（1572）"遏潮壮白"之后，明朝又再次加大了对潮河川运道的疏浚力度，进而保障漕船可通行无阻。是后"随时浚修，漕渠加辟，自通至牛栏山一带，粮艘通行，惟自牛栏山以北至密云五十七里地，系山脉走沙善淤，设立官军岁事挑浚，亦堪永赖矣"③。

（三）北运河疏浚和清淤工程

北运河为大运河北端，在漕运体系中地位重要。温榆河为运河上游，从昌平流至顺义境内时，"水势涨大，东岸低下。每夏雨大，河水暴发，附近义店、古城、罗各庄、田各庄、燕王庄，无不受泛滥之害。且河水由此登

---

① 刘效祖：《四镇三关志》卷四《粮饷考·蓟镇粮饷》
② （万历）《通粮厅志》卷五《河渠志》。
③ 黄承玄：《河漕通考》卷下，《四库全书存目丛书》史部地理类第222册，齐鲁书社，第489—490页。

岸，冲决洗刷，沃土咸变为砂壤"[1]。沿着北运河至通州，这里是金代至元明清时期的漕运枢纽。通州以南的潞县，是北运河之上的险工段落。早在明代，就由于"潞滨运河，地半沙碱，收获极薄"[2]。由此向南进入武清县境，"北运河为转漕要津，永定河羼凤河达津归海。淀泊久淤，民苦水患"[3]。

为保证漕运畅通，明清在沿岸修建了众多水利工程。雍正年间，怡亲王允祥主持整治畿辅水利时，在顺天府香河县王家务开通引水渠一道，经武清、宝坻，在宁河县（今天津市宁河区）汇入七里海。其后，又在武清县筐儿港开凿引水渠一道，也汇入七里海。开凿引水渠的目的是稳定北运河水量，保证漕运安全。两道引水渠以开通地点为名，分别为王家务减河和筐儿港减河。同治十三年（1874），地方又在筐儿港减河北侧另开一条新渠，以济漕运。

明朝运河河道发生水灾较为频繁，永乐十二年（1414）九月，顺天府武清县奏报，"河决洒儿渡口六百五十余丈"，朝廷"命工部遣官备筑"。成化六年（1470）水灾，工部奏报"通州至武清县蔡家口河口并堤岸，被水冲开一十九处"。朝廷命侍郎李颙负责，"兵民并工修筑，以便

---

[1] （民国）《顺义县志》卷一《疆域志·河流》。
[2] 蒋一葵：《长安客话》卷六《畿辅杂记·古潞阴》，第135页。
[3] 蔡寿臻：《武清志括》卷一《地理》，清抄本。

漕运"①。次年得到奏报："近年以来，河道旧规日益废弛，滩沙壅塞，不加挑浚；泉源漫伏，不加搜涤；湖泊占为田园，铺舍废为荒落。人夫虚设，树井皆枯；运船遇浅，动经旬日；转雇盘剥，财殚力耗。及至通州，雨水淫潦，僦车费多，出息称贷，劳苦万状，皆以河道阻碍所致。因循既久，日坏一日，殊非经国利便。"②因此，为保障漕运，明朝着重进行了北运河清淤和疏通工程。当时每至汛期，水底皆沙，运行艰难，"殊无策治之，惟用兜杓数千具治河，官夫遇浅即浚。此外运舟各携四五具，二三百舟即可得千余具，合力以浚，顷刻而通，盘剥大省矣"③。万历九年（1581），疏浚河西务至通州段河道："河西务至舒难浅，委武清县管河主簿；谢家浅至李家浅，委香河县丞；白阜圈浅至马房浅，委漷县典史；王家浅至石、土坝，委通州同知。各领浅夫150名，兼用军民，浅夫照地，严督挑浚，遇船阻浅，并力挽拽送，过信地周而复始。"万历三十一年（1603），工部挑浚通州至天津的全线河道，挑深四尺五寸，挑出河底泥沙筑堤于两岸。此外，明朝还专门设置了浅铺，专司河道清理工程，"每于浅处设铺舍，置夫甲，专管挑浚。舟过则招呼，使避浅而行。自此而南，运河浅铺以次而设"。以天津地区为例：

---

① 《明宪宗实录》卷八一，成化六年七月壬寅。
② 《明宪宗实录》卷九七，成化七年十月乙亥。
③ 刘天和：《问水集》卷一《运河·白河》。

武清县浅铺十一，小甲十一名，夫一百一十名。看守奚儿渡口等堤五处，总甲一名，小甲五名，夫五十名。修堤老人一名，总甲一名，小甲九名，夫九十二名。武清卫浅铺四，小甲四名，夫四十名。修堤总甲一名，小甲一名，夫九十九名。天津卫浅铺十二，（旧十一）小甲十二名，夫一百八名，今存二十四名，军夫六十名。修堤小甲五名，夫四十五名。天津左卫浅铺二十四，小甲二十四名，夫二百十六名，今存四十八名，军夫一百八十名。修堤小甲五名，夫四十五名。天津右卫浅铺十，小甲十名，夫九十名，今存二十名，军夫五十名。修堤小甲五名，夫四十五名。静海县浅铺九，老人九名，夫九十名，修堤夫六百名。

卫河即南运河，其河流浊势盛，常常漫溢。永乐年间，宋礼修治卫河，"卫辉至直沽，河岸多低薄，若不究源析流，但务堤筑，恐复溃决，劳费益甚"。其后，除筑堤外，自德州至青县还开凿了四女寺减河、哨马营减河、捷地减河和兴济减河。嘉靖十三年（1534），世宗又令在恩县、东光、沧州、兴济四处，各建置减水闸一座，以泄洪水。明代北运河河西务以北至通州段的河道，淤塞最为严重，行船艰难，河西务自然成为漕船停靠码头。但是北运河整体淤塞现象日益加重，且杨村、蔡村和蒙村附近的河道，汛期时又很容易决堤，河西务的地位大大下降，而更多的漕船不再入北运河，在三岔口卸船，靠驳船北运漕粮，所以三岔口的地位渐渐上升，致使天津港口的布局发生变化。

清代南北运河的冲决漫溢并未得到缓解。康熙三十三年（1694），"通州至天津运河耎儿渡等处堤岸冲决者八处，坍塌者二处"[1]。其中天津以北的运河，尤其是"杨村以北，通会之势峻若建瓴，白河之流壅沙易阻，夏秋水涨则惧其涝，冬春水涸则虞其涩"[2]。乾隆年间曾在北运河支汊、漫滩、横浅之处，以沙袋筑坝拦隔，"照束水坝之法，束水归槽"[3]。乾隆十二年（1747），因为"水积沙浮，昼夜冲刷，随时加镶至三、四、五次，迨伏秋水发，俱漂没无存"，乾隆十三年（1748）建筑土坝，"量加高厚，如有沙刷，临时加镶"。当年，仓场总督书山"以所筑之坝即挑河沙填筑，殊不坚固。其筑坝之处，惟坝口刷深。离坝十余丈，水势已缓，沙即停留，更甚于漫流之处。及遇河水骤涨，大半冲倒，反积河中为埂"，上奏停用束水坝。此外，开挖减河并设置坝闸也是当时主要方式。乾隆三十八年（1773）在武清县筐儿港开挖引河，"自闸口起至海（梅）

---

[1]《清圣祖实录》卷一六五，康熙三十三年十月乙巳。
[2]《清高宗实录》卷七〇，乾隆三年六月上庚寅。
[3]《清高宗实录》卷二六〇，乾隆十一年三月上辛巳。

厂止，北堤长三十一里有奇；又自闸口起至张五庄止，南堤长三十一里有奇。又自张五庄起，至孤云寺止，长四十里"[1]。清代为清理河道淤泥，还实施过放淤之法。陈弘谋《陈畿辅河道疏》写道："旧有堤者，可以加帮放淤。旧无月堤者，新筑月堤亦可放淤。放淤一段，即可保一段之平稳。其放淤只须将月堤加筑坚实，预备料物人夫，于河水涨满时相其形势，入浑出清，操纵在我，并不涉险，不出旬日即可淤平。淤平之后，永无筑堤之费、抢护之劳矣。"[2] 总之，明清以来为保障漕运畅通，政府投入了巨大的财力和物力维护运河，从实际成效而言，明清无论是国家统一局面的维护，都城秩序的维护，还是全国境内远距离商品流通的快速发展，无疑都与运河这一交通命脉密切相关。

（四）三山五园地区的漕运

清代自康熙皇帝开始，便在北京城的西郊陆续修建皇家园林，成为清代皇帝重要的办公场所。雍正二年（1724），为护卫圆明园的安全，始设圆明园八旗护军以作驻扎。乾隆十年（1745）建香山健锐营八旗，三十六年（1771）又建蓝靛厂外火器营八旗，是为满洲京旗外三营。

---

[1] （光绪）《重修天津府志》卷二一《舆地三·堤闸津梁·北运河诸堤》。
[2] 沈兆沄：《蓬窗随录》卷四《疏·陈畿辅河道疏》。

为供应八旗军粮，清代在圆明园附近设置了两座粮仓，即本裕仓和丰益仓。乾隆《大清会典事例》载："圆明园八旗官军俸米，东四旗于本裕仓，西四旗于丰益仓支领。"[①] 外火器营和健锐营官兵俸米俱在本裕仓和丰益仓支领。本裕仓建于康熙四十六年（1707），"京城海运八仓，清河本裕一仓，通共五百六十二廒"[②]。据蔡蕃考证，本裕仓约在今清河镇东南一里余的仓营村。[③] 据《漕运全书》记载，每年经会清河运至本裕仓的漕粮有30万石。[④] 丰益仓又名安河仓，建于清雍正七年（1729），存储粮米除供应圆明园和京旗外三营外，还供应圆明园和万寿山建设工程匠役人夫所需。

为了运米至本裕仓和丰益仓，清廷利用会清河运输漕粮。光绪《通州志》记载"康熙间京西沙子营漕粮由富河转运于上清河"[⑤]。《畿辅安澜志》记载，康熙四十六年（1707），"开通惠河，起水磨闸，历沙子营，至通州石坝止，中建七闸，闸夫一百二十名，运通州米由通流河至本裕仓"。通流河指通州外北运河一段。据《清实录》记载，"康熙四十七年正月，内务府会同户部工部总督仓场奏

---

① 《大清会典事例》卷一八六《户部二十五·仓庾》。
② 《清圣祖实录》卷三〇〇，康熙六十一年十一月丁亥。
③ 蔡蕃：《北京古运河与城市供水研究》，北京出版社，1987年，第53页。
④ （雍正）《漕运全书》卷三二《漕运河道·历年成案》。
⑤ （光绪）《通州志》卷二《封域志·山川》。

称：查得康熙四十五年奏准自水磨闸起至通州石坝，刨河建闸，河闸工完之日，每年修理挖浅之处，交与通永道看守七闸修理等事，仓场不时巡查等因"①。清朝开通会清河漕运，自水磨闸起历沙子营，经温榆河至通州石坝，漕船自通州石坝装载粮米起运，溯温榆河而上，至清河口转沙子营，再溯清河而上，至清河镇本裕仓收储。会清河上的七闸，据王履泰《畿辅安澜志》记载："长源闸、长清闸、安丰闸、顺成闸，俱在宛平县。……云津闸、天兴闸、翔帆闸俱在大兴县。"蔡蕃认为，从河闸顺序以及分布地理位置来看，长源闸在宛平县，位于最上游，应是"水磨闸"，今清华园北有水磨闸村，即是该闸所在地。至于其他几座闸址，已不易查考。②光绪《昌平州志》记载"康熙四十七年清河等处，建闸刨河占地二十八亩七分"③，说明清河地区已经置闸。

会清河通航并没有施行太久，雍正初年即停止漕运。关于会清河水运停止时间，乾隆十八年（1753）云南道监察御史耀成奏陈清河两岸居民占垦河地之事："查会清河上自圆明园至通州一带河道，向因清河本裕仓收贮号粮，皆由水运，河身河岸俱经修整。后因旱路车载，停止水运。该处居民竟将临河两岸占垦地亩，以致河身淤浅，偶

---

① （雍正）《漕运全书》卷三一《漕运河道·历年成案》。
② 蔡蕃：《北京古运河与城市供水研究》，北京出版社，1987年，第53页。
③ （光绪）《昌平州志》卷一一《会计簿第十三》。

遇阴雨连绵，河水涨溢，有损田禾……据称雍正四年，水运改陆后，河边渐有淤出高处，附近居民零星开种。"①据此可知，会清河漕运在雍正四年停止，改为陆运。光绪《顺天府志》记载："（康熙）四十七年，将东直门拨船十四改于会清河拨运本裕仓漕米。雍正三年，改陆运，船裁。"②

乾隆年间曾重新疏通温榆河和清河，部分漕粮通过水运运至本裕仓和丰益仓。乾隆皇帝曾作一首《安河丰益仓》诗："安河通清河，昔留运粮迹，因之建有仓，其名曰丰益。月米资旗兵，施恩非常格。岁久渐淤壅，罢船缘水窄。遵陆车代船，亦未误仰食。水陆虽无异，淤壅岂长策。庚辛秋霖盛，遂致有潦迫。疏通防其后，一劳逸庶获。陆运则仍旧，习惯弗更易。山高河在下，仓原见河侧。余三非所云，意不为蓄积。"丰益仓建于安河之畔，仓中储米本由清河通过安河船运而来，后河道淤塞，改由陆路车载，乾隆庚辛年以后，动工疏通河道，从此改为水陆并运。③

五、复航憧憬——民国时期北京运河计划

民国时期北京地区运河的航运功能基本已经废弃，

---

① 《清高宗实录》卷四四四，乾隆十八年八月丙戌。
② （光绪）《顺天府志》经政志三《漕运》。
③ 陈喜波：《漕运时代北运河治理与变迁》，商务印书馆，2018年，第306—309页。

"水上不特无片帆只船之影,并旧日破船遗下之碎片亦不可得矣"①。作为运河重要水源"近年来三海屡成水荒之象,盛夏荷且半死,鱼亦如在釜底,昆明池(即昆明湖)亦无充足之水量。问之玉泉,不任其咎,曰:天未尝厚待前人而薄待今人也。循此以往,不出十年,此未死之文化,恐必以寿终正寝讣天下矣"②。北运河情形也不乐观,"北运河自天津直达通县,长约一百四十五公里,为平津航连之孔道,自平津铁路筑成后,航运渐减,降至今日,仅一二十吨之小船,来往其间,航运衰落,已达极点"。至于通惠河,则"久已不通舟楫"③。

民国时期,考虑到陆路运输成本太高,华南圭自1928年出任北平特别市工务局局长后,就提出了利用永定河水源与历史时期运河故道通航的计划。④

> 北平久为首都,人文荟萃,居民昔在百万以上,今亦仍在八十万以上,实为华北巨大消耗市,

---

① 北京市档案馆:《二十世纪北京城市建设史料集(上)》,新华出版社,2007年,第274页。

② 华南圭:《救玉泉以复兴北平》,载《中国近代建筑工程文献史料汇编》第38册,京华出版社,2009年,第8—9页。

③ 《平津运河"北平通县段"通航计划》,《水利通讯》1947年第8期,第5—7页。

④ 北平市特别市工务局:《北平通航计划之草案》,《中华工程师学会会报》1928年第15卷第9、第10期,第1—8页。

交通设备，不厌周密。第自铁道通运以来，河渠废弛，如人身之只具骨干脉络，而无津液之贯通，殊为遗憾。其实航运性质，与铁道不同。载输价贱量重之货物，无需乎太速者，如煤斤、粮食、建筑材料，以及粪土等类，运费低廉，为巨市必要之条件。以北平而论，此类货物，每日出入市区之吨量，必超千数。大半尚赖最劣方法，如大车驼脚，以维转运，运量有限，而运费实至巨，其影响及于货价与生活，而阻止经济之发展，岂浅鲜哉。

1934年，邢丕绪对北平市通航意见如下：

北平通县间之通惠河河道，古已有之，至元代始疏浚建闸以通漕运，由明而清，屡加修浚。河长约廿一公里，上接北平之护城河，下至通县城西北，分为二支，一经城西南二面，一经城北入于北运河。通惠全河共设七闸，为庆丰（俗名二闸）、平津上、平津下、普济、减水（减水在北支）、通流、南浦（在南支），各闸均用块石筑砌。虽石块间有裂隙，亦多漏水，而大体尚均有木板，虽因年久间有朽坏，亦尚能尽其遏水之责。各闸之旁，多有另辟之支河，绕闸而过，其上游入口处建有滚水坝，系备洪水骤至闸门上泄不及，则漫坝顶而过以免上游泛滥者。种种设施，颇形周密，所缺者闸之建筑均系单门，不合于近代船闸之条件耳。北平与通县水面相差约不足二十公尺，每闸之水面差均在二公尺以上，各闸又均为单门，一经提板，则水流顺势而下，奔放甚速，不顷刻而上游即可露底，故船只不能过闸。旧日漕运通时，每相邻之二闸间即为一段，每段有空船二十余只，漕船北来至通县即不再上驶，只停于闸下游，由脚夫搬运至停于闸上游之空船中。上驶至上一闸根，再行换船，如此辗转换船，始得来平。故昔所谓平通通航者，并非船只直接往来，而实为此等辗转换船搬运也。漕运停止，搬运即废，船只既不能直接往来，故通惠河之航运也随之而停止。今沿河岸而行，但见河水潺潺东流，闸坝依旧，间或可觅得昔日漕运之遗迹，而水上不特无片帆只船之影，并旧日破船遗下之碎片亦不可得矣。

六、古运新生——新中国成立至今的运河涅槃

历史时期，运河河道的地理状况十分复杂，作为漕运枢纽之通州，更是由于处于永定河冲积扇与潮白河冲积扇交汇地带，地势低洼，河流纵横交错，洪、旱、涝等自然灾害频繁发生。据《北京五百年旱涝史》和通州水文站78

年的观测资料，可以看到，从明成化六年（1470）到1996年的526年间，出现涝灾168年，旱灾160年，灾害年份占2/3。另外，明清时期"白河为漕运要津，农田之蓄泄不与焉"。农田水利失修，加重了旱涝灾害。民国仅有的少量水利工程也失之维护，无法抵御旱涝灾害。

新中国成立后，便对运河河道开始了大规模的疏浚和治理。1949年至1957年先后疏挖整治潮白河、北运河、小中河、温榆河、凉水河、通惠河等河道，并加固堤防。1950年至1952年以工代赈，春秋季节连续三次组织民工修复堤防。1952年治理通州城内通惠河支脉把明河修成暗沟，上修30米宽的路面。1953年组织修筑杨坨至南刘各庄段左堤和修复南刘各庄至牛牧屯堤防。1971年组织民工疏挖八里桥至河口5公里河道，部分裁弯取直，在今新华北街与通惠河相交处建通惠闸。1972年10月至1973年5月，北京市组织通县、顺义、海淀、昌平、大兴等区县的5万名民工，实施北运河治理一期工程，疏浚榆林庄闸至桥上村17公里河道，河底宽100米，同时修建杨家洼闸。1973年10月至1974年5月，上述区县民工3.7万人参加北运河治理二期工程，疏挖北关闸至榆林庄闸22公里河道，河底宽60米，同时对小圣庙附近残堤进行改线重筑，修建险工护坡9处、小型闸涵6座，并修建武窑桥、扩建榆林庄闸。治理后，北运河行洪标准达到50年一遇。1977年对右堤梁各庄至石槽村11.7公里段修复加固，修筑砌石"防浪墙"。

1978年对右堤北关闸至梁各庄与东寺庄至小屯段长17.7公里堤防进行复堤，加高培厚。1987年甘棠乡组织民工修复大甘棠段堤防。1988年组织民工西移北运河东关左堤，又在北关闸下游500米至京秦铁路北侧修筑新堤。1992年11月，北运河左堤复堤工程开工，北起京秦铁路，南至牛牧屯，长34公里，按20年一遇洪水位加超高1.5米，50年一遇洪水位加超高1米，改建、扩建闸涵35座。1998年起北京市政府开展了城市水系的大规模治理，完成了故宫筒子河、六海、长河、京密引水渠昆玉段、玉渊潭至通惠河段的综合治理工程；恢复了广源闸、麦钟桥、紫玉湾御码头等文物古迹，莲花池和后门桥周围水道复原，昔日京城水系在新时期重现生动神韵。

近年来，北京市结合全国文化中心建设要求，对运河相关文化遗址和遗存保护不断完善。2002—2003年，北京市规划委员会、北京市城市规划设计研究院和北京市文物局共同编制了《北京历史文化名城保护规划》，该规划是古都北京提出的第一个较为完整的名城保护规划并于2003年得到北京市人民政府的批复。其中设有"历史河湖水系的保护"专节，提出"重点保护与北京城市历史沿革密切相关的河湖水系，部分恢复具有重要历史价值的河湖水面，使市区河湖形成一个完整的系统"，其中"重点保护河道为通惠河、坝河和北运河"，重点保护的水工建筑则有后门桥、广济桥、卢沟桥、朝宗桥、白浮泉遗址、琉璃河大桥、广源闸、八里桥、麦钟桥、银锭桥、金门闸、庆丰闸、高梁桥、北海大桥等。同时制定了恢复河道的规划，指出北京城市河湖水系在新中国成立后，由于种种原因，先后将御河、菖蒲河、东西护城河、前三门护城河等改为暗沟或填平，造成了北京城市水系的严重破坏。恢复北京城的河湖水系，对再现北京城的历史风貌，改善城市生态环境具有重要的意义。恢复河湖水系应本着因地制宜，分期实施的原则，将水环境设计与传统风貌相统一。规划将转河、菖蒲河、御河（什刹海—平安大街段）予以恢复。其中转河属于通惠河水系，恢复转河可将长河与北护城河连接起来。菖蒲河于20世纪70—80年代改为暗沟，是故宫水系的一部分，与内城护城河水系、六海水系、外城护城河水系相连通。恢复菖蒲河进一步体现了历史的景观。御河起于元代，北起后门桥，南至前三门暗沟，20世纪50年代改为暗沟。规划将御河上段（什刹海—平安大街）予以恢复，远期考虑结合皇城根遗址公园将御河下段（北河沿—前三门大街）纳入恢复范围。

几乎与此同时的《北京城市总体规划（2004年—2020年）》也将河湖水系列为重点保护目标，提出"水是城市生存的命脉。北京在三千多年的发展中，为了保证防洪、灌溉、漕运的需要，历代王朝建造了众多的水利工程，奠定了北京河湖水系的基本格局，反映了北京城市发展的历史。应将与北京城市发展密切相关、在各个历史时期发挥过重要作用的河湖水域列为重点保护目标，分类划定保护范围并加以整治"。整治对象包括以下几个方面。

护城河水系：北土城沟和筒子河；
古代水源河道：莲花河、长河、莲花池、玉渊潭；
古代漕运河道：通惠河、坝河、北运河；
古代防洪河道：永定河、南旱河；
风景园林水域：昆明湖、圆明园水系；
水工建筑物：广济桥、卢沟桥、朝宗桥、白浮泉遗址、琉璃河大桥、广源闸、八里桥、麦钟桥、金门闸、庆丰闸等。

2012年《大运河遗产保护规划（北京段）》公布实施，梳理确认了40处物质文化遗产和43项非物质文化遗产。东不压桥、八里桥、燃灯佛舍利塔等一批重点文物得到保护修缮，路县故城、张家湾古镇等考古工作取得重要进展，白浮泉、什刹海周边文物建筑等腾退工作进展顺利。开展了对大运河文化带文脉的系统梳理，组织创作了一批大运河主题的文化作品，大运河文化带内涵日益明晰。着眼于以大运河为轴线优化城市文化、生态格局，对部分河段和沿线节点进行了保护性开发，开通了南长河、北运河等游船线路，建成了一批滨河步道和亲水平台，形成了昆明湖、什刹海等知名观光休闲场所，建成了玉河故道遗址公园、通惠河庆丰公园、大运河森林公园等沿岸文化公园。

2014年6月22日，在卡塔尔多哈举行的联合国教科文组织第38届世界遗产委员会会议上，"大运河"被批准列入《世界遗产名录》，成为我国第46处世界遗产、北京地区第7项世界遗产。列入世界文化遗产的北京段大运河，主要包括河道两段：玉河河道和通惠河通州段河道；水源一处：积水潭（今什刹海）；水利工程设施（闸）两项：万宁桥（包括澄清上闸遗址）、东不压桥遗址（包括澄清中闸遗址）。在世界文化遗产评定的六个标准中，中国大运河的突出普遍价值主要符合其中的四个。

标准一：中国大运河是人类历史上超大规模水利水运工程的杰作，创造性地将零散分布的、不同历史时期的区间运河连通为一条统一建设、维护、管理的人工河流，其为解决高差问题、水源问题而形成的重要工程实践是开创性的技术实例，是世界水利水运工程史上的伟大创造。中国大运河以其世所罕见的时间与空间尺度，证明了人类的智慧、决心与勇气，是在农业文明技术体系之下难以想象的人类非凡创造力的杰出例证。

标准三：中国大运河见证了中国历史上已消逝的一个特殊的制度体系和文化传统——漕运的形成、发展、衰落的过程以及由此产生的深远影响。漕运是中国大运河修建和维护的动因，中国大运河是漕运的载体。中国大运河线路的改变明显地受到政治因素的牵动和影响，见证了随着中国政治中心和经济中心改变而带来的不同的漕运要求。由于漕运的需求，深刻影响了都城与沿线工商业城市的形成与发展，围绕漕运而产生的商业贸易，促进了中国大运河沿线地区的兴起、发展与繁荣，也在中国大运河相关遗产中得到呈现。

标准四：中国大运河是世界上延续使用时间最久、空间跨度最大的运河，被《国际运河古迹名录》列入世界上"具有重大科技价值的运河"，是世界运河工程史上的里程碑。中国大运河所在区域的自然地理状况异常复杂，开凿和工程建设中产生了众多的因地制宜、因势利导的具有代表性的工程实践，并联结为一个技术整体，以其多样性、复杂性和系统性，体现了具有东方文明特点的工程技术体系。它展现了农业文明时期人工运河发展的悠久历史阶段和巨大的影响力，代表了工业革命前土木工程的杰出成就。

标准六：中国大运河是中国自古以来的大一统思想与观念的印证，并作为庞大农业帝国的生命线，对国家大一统局面的形成和巩固起到了重要的作用。中国大运河通过对沿线风俗传统、生活方式的塑造，与运河沿线广大地区的人民产生了深刻的情感关联，成为沿线人们共同认可的"母亲河"。

2014年2月和2017年2月，习近平总书记两次视察北京并发表重要讲话，为新时期首都发展指明了方向。为深入贯彻落实习近平总书记视察北京重要讲话精神，紧扣迈向"两个一百年"奋斗目标和中华民族伟大复兴的时代使命，围绕"建设一个什么样的首都，怎样建设首都"这一重大问题，谋划首都未来可持续发展的新蓝图，北京市编制了新版城市总体规划——《北京城市总体规划（2016年—2035年）》。

在新版北京城市总体规划中，运河地位被大大提升，成为城市建设、文化传承、生态保护的重要纽带。如在副中心的相关规划中提出副中心要"形成'一带、一轴、多组团'的空间结构。一带是以大运河为骨架，构建城市水绿空间格局，形成一条蓝绿交织的生态文明带，沿运河布置运河商务区、北京城市副中心交通枢纽地区、城市绿心3个功能节点"。其中运河商务区是承载中心城区商务功能疏解的重要载体，建成以金融创新、互联网产业、高端服务为重点的综合功能片区，集中承载服务京津冀协同发展的金融功能。新版北京城市总体规划提出城市副中心应深入挖掘、保护与传承以大运河为重点的历史文化资源，对路县故城（西汉）、通州古城（北齐）、张家湾古镇（明嘉靖）进行整体保护和利用，改造和恢复玉带河约7.5公里古河道及古码头等历史遗迹。通过恢复历史文脉肌理，植入新的城市功能，古为今用，提升北京城市副中心文化创新活力。

  在历史文化名城保护专章，新版北京城市总体规划指出北京是见证历史沧桑变迁的千年古都，也是不断展现国家发展新面貌的现代化城市，更是东西方文明相遇和交融的国际化大都市。北京历史文化遗产是中华文明源远流长的伟大见证，是北京建设世界文化名城的根基，要精心保护好这张"金名片"，凸显北京历史文化的整体价值。将大运河作为北京三大文化带之一，明确提出"推进大运河文化带、长城文化带、西山永定河文化带的保护利用"，以元明清时期的京杭大运河为保护重点，以元代白浮泉引水沿线、通惠河、坝河和白河（今北运河）为保护主线，以北京城市副中心建设为契机，推动大运河遗产保护与利用，加强路县故城遗址保护，全面展示大运河文化魅力。

图2-9　今日大运河景象

在新版北京城市总体规划的框架下，运河相关各区分区规划以及各类专项规划也纷纷公布。2019年《北京市大运河文化保护传承利用实施规划》和《北京市大运河文化保护传承利用五年行动计划（2018年—2022年）》发布。规划提出发挥大运河文化带对城市功能空间的组织和优化作用，以大运河为轴线，聚焦以疏解整治促提升，贯通健康休闲绿道，提升部分河段游船航道品质。彰显大运河在文化传承、生态环境、文化服务、旅游休闲以及带动区域合作等方面的价值，建设魅力运河、美丽运河、多彩运河和协同运河。深入挖掘、研究大运河文化带深厚历史文化，多措并举开展遗产保护，重现大运河风韵，植入具有大运河特色的现代文化元素，让大运河文化活起来、大运河文化带品牌树起来，把大运河文化带打造成古老与现代交相辉映的美丽画卷。修复大运河生态环境，全面还清运河水质，建设观水、近水的滨水休闲空间，整体打造水城共生、人水亲和的大运河生态文化景观长廊。发展大运河主题旅游，培育精品旅游产品，打造世界级旅游品牌，拓展沿线休闲空间，促进文化体验、旅游休闲、体育健身等功能相互融合，增强运河活力，更好满足市民需求，整体构建大运河旅游休闲带。围绕大运河的保护传承利用，加强京津冀区域统筹协作，推动大运河沿线八省市合作交流，拓宽合作领域，创新合作模式，探索以文化带建设促进区域协同发展的新模式。

2020年《通州区大运河文化带保护建设规划》《通州区大运河文化带保护建设三年行动计划（2020年—2022年）》发布。《通州区大运河文化带保护建设规划》借鉴古今中外经验，从文化、生态、旅游、开放四个层面，历史、自然、世界、未来四个维度，提出了运河的四大战略定位，分别是连通古今的文化魅力之带，打造凝聚悠久历史、荟萃古今文明的"历史文脉"；连通自然的生态品质之带，打造蓝绿交织、水城共融的"生态水脉"；连通未来的产业创新之带，打造白天繁荣、夜晚繁华的"经济动脉"；连通世界的协同发展之带，打造持续迸发新意、推动时代进步的"发展主脉"。在发展目标方面，规划明确了四个阶段的中长期目标：到2022年，基本建成城市副中心的"黄金水道"和"城市名片"；到2025年，再现大运河北首盛景；到2035年，引领京津冀，进一步发挥示范带动和战略支撑作用；到2050年，成为中国文化与世界文明交流的重要承载地。《通州区大运河文化带保护建设三年行动计划（2020年—2022年）》以规划为依据，对规划任务进行了细化、量化、具体化和项目化。

2021年北京发布了《北京市大运河国家文化公园建设保护规划》。根据该规划，北京围绕大运河建设将打造文化之河、生态之河、发展之河、民生之河、融合之河。加强大运河文化保护传承利用，推进大运河物质文化遗产与周边环境风貌、文化生态的整体性保护，规划建设大运河源头遗址公园，建设路县故城考古遗址公园；修复大运河生态环境，建设观水、近水的滨水休闲空间，整体打造水城共生、人水和谐的大运河生态文化景观长廊；到2025年，大运河各类文化遗产资源保护基本实现全覆盖；基本完成北运河、通惠河、萧太后河、坝河等重点河段综合治理，实现河道水体全面还清。大运河沿岸将建设具有大运河特色的高品质京味文化休闲区。创建通州大运河国家AAAAA级旅游景区，建成大运河博物馆（首都博物馆东馆）、城市副中心剧院和图书馆等重大公共文化设施。规划提出要按照世界文化遗产保护要求，加强对大运河古桥、古闸、古坝、古码头的保护和再利用。推动上码头、下码头、石坝码头等古码头的考古勘探、发掘，逐步恢复明清时期部分景观。对于土坝码头、中码头、里二泗码头等难以恢复的遗址，将设立统一的文化遗产保护和展示标识系统。对潞河驿、验粮楼等具有重大历史价值、文献记载可靠、对后世文化影响较大、具有标志性的运河历史建筑，推动在原址有条件恢复，保留历史记忆。对路县故城、通州古城、张家湾古镇进行整体保护和利用，打造城市副中心的大运河文化标识区。

当前，大运河文化带建设已取得耀眼成绩。自2014年，京杭大运河多航道初步实现通航，大运河北京段的通航则分成了"两步走"。2019年10月，位于北京市域内的大运河通州城市段11.4公里实现了旅游通航。经过近3年建设，2021年6月26日，从通州甘棠闸到北京市市界的28.7公里终于实现了旅游通航。这也意味着大运河北京市内航道实现全面通航，市民乘坐游船可在河道上游览共40公里。2022年6月24日，京杭大运河京冀段全线62公里实现游船通航，标志着北京市第一次出现了跨省际航道和跨省际水上旅游运输，为京津冀协同发展注入了新活力。

第三章　漕运仓储

北京运河开发较早，在地区历史进程中发挥了重要作用。辽金以来北京的政治地位不断提升，以运河为主要运道的漕运成为关系国计民生的重要事务。明朝称"国家重务在漕运""漕粮关系国计"，清朝更是将其作为"治国要务"。元明清时期，河道疏浚、漕运管理以及仓储建设等工程和事务，不仅是国家治理的重要内容，而且留下了丰富的历史遗存和地域文化特色。

一、漕粮征纳

金海陵王迁都北京以后，随即面临着开凿运河以运输漕粮的迫切需求。淮河以北地区的粮食经由卫河、滏阳河、滹沱河、子牙河、大清河等运至海滨，然后再沿着潞水运到通州。通州，在金朝以前一直称潞县，海陵王天德三年（1151）升潞县为通州，取"漕运通济之义"[1]，说明其

---

[1] 于敏中等：《日下旧闻考》卷一八〇《通州一》引《郡县释名》。

已成为金中都的漕运枢纽。

海陵王迁都之初，便在中都设置都转运使司，以便从外调运粮食以保障中都城的粮食供应。在高梁河、白莲潭等水道设置坝闸，"以通山东、河北之粟"。大定初年（1161），为解决粮食匮乏问题，金朝政府除实行纳粟补官和卖放度牒等制度外，还推行了许多新举措，如在山东进行和籴政策，仅山东籴运京师的粟米就达45万石。至大定二十一年（1181），来自山东恩、献等州至中都的粟米已达100余万石。大安初年（1209），又"诏运大名粟，由御河抵通州"[1]。漕粮的类别，除粟之外，还有麦、豆等。《金史·河渠志》载，承安中期，漕边河仓州县折纳菽20万石入京师，"仍漕麦十万石"[2]。

金朝利用潞水将河北、山东等地粮食运至通州，然后再转运至中都。按《金史·河渠志》记载，金朝漕粮运输采用纲运之法，"其制，春运以冰消行，暑雨毕；秋运以八月行，冰凝毕。其纲将发也，乃合众，以所载之粟苴而封之。先以付所卸之地，视与所封样同则受。凡纲船，以前期三日修治，日装一纲，装毕以三日启行。计道里分溯流、沿流为限，至所受之仓，以三日卸，又三日给收付"[3]。纲运制度创建于唐代，广德元年（763），刘晏主持漕

---

[1] 《金史》卷一〇四《温迪罕达传》。
[2] 《金史》卷二七《河渠志》。
[3] 《金史》卷二七《河渠志》。

政，制定纲运法。他把10艘船编为一组，是为一纲，每纲篙工50人，官兵300人，武官押运。金代潞水漕运一年分两次运输，与元明清时期潞水漕运从春至秋无间断运输相比，可见当时的运力还远远不足。因金代漕法未善，故每逢汛期，漕运便停止。所以"暑雨毕"和"冰凝毕"均代表金代漕运春运和秋运大致时间。元代对漕粮抵都的时间要求，据《至正条格》记载，早在至元三十年（1293）就已经有了漕运限次规定："税粮，初限十月终，中限十一月终，末限十二月终。"①为保障京师粮食供应，明清两朝对于漕船抵达通州有严格的限次规定，如雍正《漕运全书》记载："漕粮抵通定限，山东、河南限三月初一日到通，江北限四月初一日到通，江南限五月初一日到通，浙江、江西、湖广限六月初一日到通。粮船到通，俱限三月内完粮……各船抵次之限不得出十一月终。"②

金朝的漕运通道主要利用的是永济渠，又被称为御河。此外，《金史》还记载了与潞河相连接的通漕之水，"其通漕之水，旧黄河行滑州、大名、恩州、景州、沧州、会川之境，漳水东北为御河，则通苏门、获嘉、新乡、卫州、浚州、黎阳、卫县、彰德、磁州、洺州之馈，衡水则

---

① （韩）韩国学中央研究院编：《至正条格》卷一〇《断例·厩库》，韩国学中央研究院，2007年影印本，第143页。
② （雍正）《漕运全书》卷一一，书目文献出版社，1988年，第260—264页。

经深州汇于滹沱，以来献州、清州之饷，皆合于信安海壖，溯流而至通州，由通州入闸，十余日而后至于京师。其他若霸州之巨马河，雄州之沙河，山东之北清河，皆其灌输之路也"①。

元朝定都大都，最初漕粮主要实施海运。据《元史·食货志》中海运篇记载："元都于燕，去江南极远，而百司庶府之繁，卫士编民之众，无不仰给于江南。自丞相伯颜献海运之言，而江南之粮分为春夏二运。盖至于京师者，一岁多至三百万余石，民无挽输之劳，国有储蓄之富，岂非一代之良法欤。"②与此同时，为保证大都城的供应，元朝也在积极发展河运。元代在隋唐南北大运河的基础上，进一步裁弯取直，先后开凿了沟通永济渠和山东境内汶水、泗水的济州河、会通河，使其直达淮河，与原山阳渎接通，由此将内河航运正式疏通。起初，无论是从内陆还是海路，南来的漕船都只能抵达通州然后转陆路运输。这样不仅运力有限，而且耗费巨大。如遇下雨泥泞、道路不平等情况，途中累毙之骡马牲畜不可胜计，因此，解决通州到大都城的运河贯通便迫在眉睫。

元朝杰出的水利专家——时任都水监的郭守敬，最终解决了这一难题。通过对北京地区水资源及地形的详细勘

---

① 《金史》卷二七《河渠志》。
② 《元史》卷九三《食货一·海运》。

察，他设计导引温榆河上源诸泉之水用以济漕，同时引昌平白浮泉水西行，从上游绕过沙河、清河谷地，循西山麓转而东南，沿着平缓的坡降，汇集沿山泉流，聚入瓮山泊；再从瓮山泊扩浚长河、高梁河至和义门水关入大都城，汇入积水潭内；然后从积水潭出万宁桥，沿皇城东墙外南下出丽正门东水关，转而东南至文明门外，与金代的闸河故道相接，下至通州高丽庄入白河，全长200余里。这项巨大的水利工程为大都城开辟了前所未有的新水源，大都城内的积水潭成为新的大运河终点。通惠河的建成，标志着京杭大运河真正实现了从江南到大都城的全面开通。这条南起浙江杭州，穿越钱塘江、长江、淮河、黄河、海河五大水系，直达北京的运河，全长1700多公里，成为元明清三代的经济命脉、都城北京的生命线。

明代更是将漕运视为国计民生之大计。景泰元年（1450），明英宗再次强调"国家重务在漕运"[1]，直至天启三年（1623），户部尚书提出"漕粮关系国计"[2]。特别是永乐迁都北京之后，一切官府廪食皆依赖漕运，所谓"国朝自永乐定都于北，军国之需皆仰给东南"[3]。《漕船志》记载："舟楫挽运，南北会通，盖刳木以来，未有今日之盛也。……自古建都者多于西北，漕舟所入，皆逆流而上。

---

[1] 《明英宗实录》卷二五一，景泰六年三月丙午。
[2] 《明熹宗实录》卷三四，天启三年五月丙午。
[3] 《大明会典》卷二七《户部十四·会计三》。

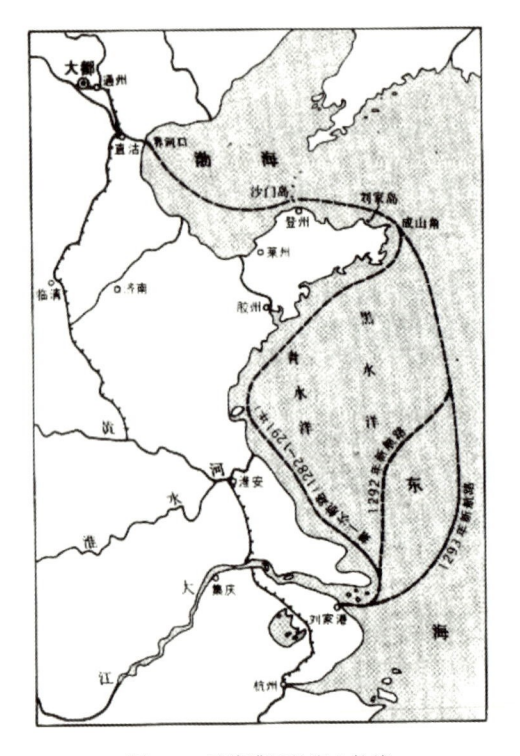

图3-1 元代漕运的海上航线

独我国家始都大江之东,继都黄河之北,适当二派会极入海之地,漕舟所入,皆顺流而东。此正万派朝宗,百川纳海,帝王之居,孰有壮于此哉。"①

明初漕运承袭元代旧制度,最初采用海陆兼用之法,《漕运通志》载:"太宗肇北京,江南漕船一由江入海,出直沽,溯白河,至通州;一由江入淮,入黄河,至阳武,

① 《漕船志·序》。

陆运至卫辉,由卫河至通州。"①其中海运始于洪武元年,主要是为了保证明军北伐的军队供给。"海运饷北平、辽东为定制。"②明朝海运路线并不完全固定,如隆庆六年(1572),王宗沐督漕,并请行海运"十二万石自淮入海",其路线为:自淮河入海,历经鹰游山、安东卫、石臼所、夏河所、齐堂岛、灵山卫、古镇、胶州、鳌山卫、大嵩卫、行村寨。沿海岸继续北行,历经海洋所、竹岛、宁津所、靖海卫,折向东北,至成山卫、刘公岛、威海卫;向西北,历宁海卫、芝罘岛,至登州城、北新、海口、沙门等岛,自此折向西,经桑岛、三山岛等,经大清河、小清河海口,进入渤海湾,至乞沟河入直沽,抵天津卫,至此走完全程海路航道,在直沽尹儿湾城建百万仓以收贮江南漕粮。③虽然明代运河漕运占据主要地位,但海运一直并未停止。直至崇祯十二年(1639),崇明人沈廷扬为内阁中书,复陈海运之便,故"命造海舟试之","廷扬乘二舟,载米数百石,十三年六月朔,由淮安出海,望日抵天津。守风者五日,行仅一旬"④。

明代每年额定运京的漕粮,按照产地区分,有南粮、北粮之分:其中北粮来自河南、山东,南粮则来自南直

---

① 《漕运通志》卷一《漕渠表》。
② 《明史》卷七九《食货志三》。
③ 《明史》卷八六《河渠四》。
④ 《明史》卷八六《河渠四》。

隶、浙江、江西、湖广等。从明初开始，每年运送到京师的漕粮数量不断增加。明初尚未规定具体数额。永乐六年（1408），"令海运船运粮八十万石于京师"，也就是每年额定的漕运数额是80万石。但是十年之后的永乐十六年（1418），便增加到250万石，分别由浙江、湖广、江西布政司，以及直隶苏、松、常、镇等府供应。从明代成化八年（1472）开始，"始定四百万石，自后以为常，其中北粮七十五万五千六百石，南粮三百二十四万四千四百石"。自此，每年漕粮运京400万石成为明清时期漕粮的定额。万历《大明会典》对于漕粮数额及来源、成色有了更明确的规定："岁运米四百万石，北粮七十五万五千六百石，南粮三百二十四万四千四百石。内兑运三百三十万石，改兑七十万石，除例折外，每年实通运正耗粮五百一十八万九千七百石。……以上凡有灾伤，就将二仓储备米内支运，务不失四百万石数额。"[①]南粮3244400石中，除浙江、江西、湖广共125万石外，应天、苏州、松江、常州、镇江、宁国、池州、庐州、淮安、太平、安庆、凤阳、扬州、徐州等地承办剩下的漕粮。

除漕粮之外，明政府还例从苏、松、常、嘉、湖五府拨解粮食，每年要供应内府和京师各级官吏俸米，即所谓白粮；供应两京各衙门并公侯驸马之禄米。成化六年

[①]《大明会典》卷二七《户部十二·会计三·漕运·漕运总额》。

（1470）前规定，苏、松、常、嘉、湖五府每年输送内府白熟粳米以及各府部糙粳米，共计十六万石。万历十七年（1589）规定："苏、松、常、嘉、湖五府解纳白粮，额派二十万石有奇。"①

明代漕粮采办方式，则"道里辽远，法凡三变"，"初支运，次兑运、支运相参，至支运悉变为长运而制定"②。所谓支运之法，即"支者，不必出当年之民纳；纳者，不必供当年之军支"。淮州、徐州、临清、德州各有仓场，江西、湖广、浙江等民运粮至淮安仓，再分遣官军就近挽运。而官军挽运方式，共分为四段，自淮至徐用浙、直军，自徐至德用京卫军，自德至通用山东、河南军，"以次递运，岁凡四次，可三百万余石……海陆二运皆罢"，至此，漕粮全部改由运河运输。不过当时还留下部分遮洋船，"每岁于河南、山东、小滩等水次，兑粮三十万石，十二输天津，十八由直沽入海输蓟州而已"。宣德四年（1429）再次明确支运法，令"江西、湖广、浙江民运百五十万石于淮安仓；苏、松、宁、池、庐、安、广德民运粮二百七十四万石于徐州仓；应天、常、镇、淮、扬、凤、太、滁、和、徐民运粮二百二十万石于临清仓。令官军接运入京、通二仓……惟山东、河南、北直隶则径赴京仓，不用支运。寻

---

① 《明神宗实录》卷二一三，万历十七年七月乙丑。
② 《明史》卷五五《食货志三·漕运仓库》。

令南阳、怀庆、汝宁粮运临清仓,开封、彰德、卫辉粮运德州仓,其后山东、河南皆运德州仓"。后因"江南民运粮诸仓,往返几一年,误农业",令"民运至淮安、瓜州,兑与卫所。官军运载至北,给与路费耗米,则军民两便"。自此,漕运实行兑运之法。正统年间,"运粮之数四百五十万石,而兑运者二百八十万余石,淮、徐、临、德四仓支运者十之三四",由此支运与兑运相参。[①]成化七年(1471),"乃有改兑之议。时应天巡抚滕昭令运军赴江南水次交兑,加耗外,复石增米一斗为渡江费。后数年,帝乃命淮、徐、临、德四仓支运七十万石之米,悉改水次交兑。由是悉变为改兑,而官军长运遂为定制"。

漕船的数量,永乐至景泰年间,大小无定。天顺以后,定船11770只,官军12万人。后许可粮船附载土宜,沿途免征税钞。明孝宗时限10石,至神宗时增至60石。至宪宗规定漕船至京期限,"北直隶、河南、山东五月初一日,南直隶七月初一日,其过江支兑者,展一月,浙江、江西、湖广九月初一日"。此后,明世宗又规定过淮程限,江北为十二月,江南为正月;湖广、浙江、江西为三月,明神宗时改为二月[②]。

此外,对于漕运河道的疏浚和管理,也是明代漕运

---

① 《明史》卷五五《食货志三·漕运仓库》。
② 《明史》卷七九《食货志三》。

管理体系的重要内容。嘉靖七年（1528），吴仲奏报："通惠闸河成功不易，持久为难，请留原差工部郎中何栋督理，三岁一更。听动支余银扣省脚价，雇请军民夫役挑浚上流，改造闸座，严防山水泛涨，法禁盗决防河。随船带石包岸，逐年栽柳护堤，填垫桥道，补盖房厂，修艌驳船及兼理天津一带河道。"此外，关于大通桥闸的官员设置，"大通闸河止设主事一员，又兼他务，不无妨废，请令驻扎通州专理河道"[1]。

明代完备的漕粮征纳制度，保障了明代北京及边地军民的粮食供应与市场秩序。与此同时，对于被征解漕粮的地区而言，繁重的税粮差役给当地造成了沉重的负担。明代江南苏松重赋名扬天下，嘉靖九年（1530）翰林院学士顾鼎臣上疏称："今天下税粮、军国经费，大半出于东南苏、松、常、镇、杭、嘉、湖诸府，各年起运存留不下百万。"[2]嘉靖年间"苏、松、常、镇、嘉、湖、杭七府，财赋甲天下"，但在日复一日的重赋之下也不堪其扰。宣德年间松江人杜宗桓上疏言："苏、松二府之民，则因赋重而流移失所者多矣。今之粮重去处，每里有逃去一半上下者，甚者则不止于是而已。"[3]明人对于江南财赋之重评论道："天下财赋东南居其半。……嘉、湖、杭、苏、松、

---

[1] 《明世宗实录》卷八九，嘉靖七年六月癸丑。
[2] 《明世宗实录》卷一一八，嘉靖九年十月辛未。
[3] （正德）《松江府志》卷七《田赋中》。

常，此六府者，又居东南之六分。它舟车诸费，又六倍之。是东南固天下财赋之源也。"①

然而，即使年输数百万石粮食运送京师等地，但因边地需粮甚众，故明朝的粮匮情况也是日甚一日。特别是明中后期以后，缺粮状况日益严重。原因无他，正在于"正统乙巳……正德辛未……自后车驾巡幸南北，兵革繁兴，供输劳费"②。弘治十五年（1502），户部奏报：

> 我朝洪武间建都金陵，当时供给，南京为重，各边次之。自永乐中定跸燕都，其后供给京师为重，南京次之，各边又次之。然洪武时，供给南京，止于湖广、江西、浙江、应天、宁国、太平及苏、松、常、镇等处；供给各边，止于山西、陕西及河南、山东、北直隶等处。今天下惟陕西、山西、云南、贵州、广东、广西、四川、福建及隆庆、保安二州钱粮，俱在本处存留，起运边方。内福建、广东止有起运京库折粮银。其湖广、江西、浙江及苏、松、常、镇、庐、凤、淮、扬，既供南京，又供京师，北直隶、河南、山东，既供京师，又供各边。又正统以前，国家费用减省，

---

① 《明经世文编》卷三九七《议平江南粮役疏》。
② 《明经世文编》卷一一〇《王晋溪本兵敷奏一》。

民之输纳不出常额之外。自景泰至今供应日盛，往往于额外加征，如山东、河南之增纳边粮，浙江、云广之添买香蜡，皆昔所无者。若计近日之用，以逆将来之费，诚有可忧者矣。①

隆庆年间户部尚书言："今则一人耕之，不止于百人聚而食之矣。九边之兵马，比祖宗之旧增添数多。而岁派民运钱粮，止是旧额，而又加以征调客兵之费，日亦不给。"②而所谓的祖宗旧制则是："河、淮以南，以四百万供京师；河、淮以北，以八百万供边境。一岁之入足以供一岁之用，边境固未尝求助于京师，京师亦不烦扰括于天下。"但是，随着"边庭多事，支费渐繁，一变而有客兵之年例，再变而有主兵之年例。然其初止三五十万耳，迩来渐增至二百三十余万。屯田十亏其七八，盐法十折其四五，民运十逋其二三，悉以年例补之。在各边则士马不加于昔，而所废几倍于先；在太仓则输纳不益于前，而所出几倍于旧。如是则边境安得不告急，而京师安得不告匮，加以改元诏蠲其半"，导致"今日缺乏，视昔岁尤甚焉"③。

清代漕运被视为"治国要务"，所谓"兵民急需莫如

---

① 《明孝宗实录》卷一九二，弘治十五年十月辛酉。
② 《明经世文编》卷二九八《马恭敏公奏疏·明会计以预远图疏》。
③ 《明经世文编》卷二九八《马恭敏公奏疏·国用不足乞集众会议疏》。

漕运"①，康熙帝曾经将漕运、河务与三藩列为"三大事"，并"书宫中柱上"。顺治及康熙两朝，大力整顿漕政，包括加强漕运管理，疏通河道、严格官吏考察。这些整顿措施系统恢复了漕运制度，取得了显著成效。康熙十八年（1679）京城通州仓内，"贮米甚多，各省运至漕粮亦无亏欠，在仓内堆积恐致红朽"。康熙帝曾提出尽行蠲免，九卿商议后认为，"京师根本重地，漕粮输挽关系国计，似难轻议全蠲。况五方杂处，人烟凑集，需用孔多。若一年停用，米既不能北来，百货价值亦将腾贵"，提出将漕米分省、逐年轮免之策。②此后，如遇京城米粮充足，则分别下令苏州、镇江、江宁、淮安等处，各截留粮米3万到15万石不等。因此，与顺治初年"节年拖欠多至数百万石"的情况相比，从康熙年间开始漕运显然已经进入了稳定时期，为清朝的政治与社会秩序提供了基础保障。

康熙二十年（1681）兵科给事中额伦疏言："漕运关系国计，运官职分虽卑，领运粮数万石。嗣后不必轮流坐派，请选年壮贤能者，庶克胜任。至运丁亦应令漕臣选殷实者充运，庶不致欠粮误漕。"另外，关于通惠河分司，因"向系三年更差，今一年一替，为期不久，则于河道淤浅之处不能悉知，挑修不能遍及，请仍三年更替"③。

---

① 《清世祖实录》卷一七，顺治三年六月戊午。
② 《清圣祖实录》卷一五三，康熙三十年十二月壬午。
③ 《清圣祖实录》卷九四，康熙二十年二月丁酉。

即使如此，运粮漕丁舞弊行为仍旧屡禁不止。乾隆元年（1736）谕总理事务王大臣："从前各省漕粮，从本省起运至通，因沿途塘铺兵丁并地方官员催趱不力，以致沿途有偷盗掺和等弊。且旗丁延挨，迟至冬底，运船冻阻，不能回空。后于雍正三、四年间严行催趱。各省漕粮，不过六七月间，全运抵通。不但运船无冻阻之苦，而漕粮亦少偷盗之弊，此中外所共知者。乃本年五月初间，漕粮头帮方运至通，其各省运船旗丁等，借口沿河淤浅，重运难行，且声言如今皇恩浩荡，又照昔年之例。你们塘铺，不必严催，因而塘铺兵丁，因循懈怠，一任旗丁延挨迟缓，其中不无勾通盗卖及掺和糠土之事。且冬底运船冻阻，不能回空，尤为可虑。"特别是漕粮自通运至大通桥交兑过程中，运粮经纪勒索甚重，"每米一石，领脚价银二分四厘。后因经纪等任意勒索，曾经题定，每米一石，准旗丁给经纪制钱二十二文。其额外勒索等弊严禁在案，今经纪等除得制钱二十二文之外，仍行勒索，以致旗丁受累，各

图3-2 《通惠漕运图》（局部）

出怨言"①。

　　清政府对于河道疏浚与治理也非常重视。康熙元年（1662）疏言："部议停差北河、中河、南河、南旺、夏镇、通惠诸分司，归并地方官。臣维河势变幻，工料纷繁，天时不齐，非水则旱，或绸缪几先，或补葺事后，或张皇于风雨仓遽之际，或调剂于左右方圆之间。北河所辖三千余里，其间三十余闸。中河所辖黄、运两河，董口尤为运道咽喉，青黄交接，浊流易灌。南河所辖在淮、黄、江、湖之间，相距窎远。南旺、泉源三百余处，近者或出道隅，远者偏藏僻壤。夏镇地属两省，凿石通漕，形势陡绝，节宣闸座，尤费经营。通惠浮沙易浅，峻水易冲，塞决之役，岁岁有之。若云归并府佐，则职微权轻，上下掣肘。至于地方监司，责以终年累月奔驰驻守，揆之事势，万万不能。分司与各道界壤迥不相同，应合而分：一闸座也，上流以为应闭，下流以为应开。一额夫也，在此则欲求多，在彼又复患少。不但纷竞日多，必致牵制误事。"②故呈请照旧制实施。乾隆二年（1737）谕总理事务王大臣："通州至天津一带河路，向系坐粮厅管理修浚。闻近年以来，淤浅之处甚多，粮艘及民船往来，殊属艰难。前命赵殿最、安宁前往直隶等，查勘水道。"③乾隆三十七年

---

① 《清高宗实录》卷一九，乾隆元年五月戊午。
② 《清史稿》卷二七九《朱之锡传》。
③ 《清高宗实录》卷四七，乾隆二年七月乙酉。

（1772），命尚书裘曰修协同直隶总督周元理浚永定河、北运河。①乾隆五十四年（1789），浚通惠河、朝阳门外护城河及温榆河。②嘉庆十二年（1807），仓场侍郎德文等请挑修张家湾正河，堵筑康家沟以复运道，御史贾允升请挑浚减河，均下直督温承惠勘办。承惠请浚温榆河上游。侍郎托津、英和偕德文等覆勘言："频年漕运皆藉温榆下游倒漾之水，以致泥沙淤积。若从上游深挑，直抵石坝，实为因势利导。惟地势高下，须逐细测量，俾全河毫无滞碍方善。"③一直到清末，对于运河的修浚都未停止。光绪十九年（1893），北运河上游潮、白等河狂涨，"水势高于堤颠数尺，原筑上堰，俱没水中，运河水旱大小决口七十余处，由津运京米麦杂粮千数百艘，在杨村阻浅，命鸿章将各口门堵合，并疏浚河身，停蓄水势，以利舟行"④。

  清代对于漕运官兵的设置，自康熙以来进行了诸多调整。因漕运关系国家粮储和都城秩序等重务，清代总体思路是委任专员管理，且强调其不参与地方政务之处理，属于中央垂直管辖之范畴。如康熙四十年（1701），兵部议覆天津总兵官言："通州迤南漕运孔道，该副将共辖十三营其相距远处难于统束。应将漷县、香河、杨村三营守

---

① 《清史稿》卷一三《高宗本纪四》。
② 《清史稿》卷一二九《河渠志四》。
③ 《清史稿》卷一二七《河渠志二·运河》。
④ 《清史稿》卷一二二《食货志三·漕运》。

备裁去,将务关营游击改为参将,设中军守备一员、千总二员、把总六员。除本营现有一千总外,添设千总一员,即将漷县、香河、杨村三营原设把总五员归并务关一营。"①雍正四年(1726),吏部等衙门议覆怡亲王允祥等疏言:"直隶兴修水利,请分诸河为四局,专官管辖以便稽查。南运河与臧家桥以下之子牙河,垣家口以东之淀河为一局,应令天津道就近控制,同知以下等员受其管辖。永定河为一局,应将原设之永定分司改为河道,驻扎固安,沿河州县以下等员听其管辖。其北运河为一局,应将原设之分司撤去,令通永道就近兼理。管河通判等员悉听统辖。苑家口以西各淀池及畿南诸河,绵亘五六百里,经州县二十余处,亦为一局。应将大名道改为清河道,移驻保定府。所有管河同知、州判以下等员悉听管辖。其天津、大名两道,既定为河道专司河务,所属州县钱粮、刑名事务,应各归该知府考成。通永道所属永平一府州县事务,亦归该知府考成。其通州以下无知府之八州县,仍令通永道兼管,一应水田沟洫各该道督率经理。钱粮虚冒、工程修废悉归直隶总督考核。"②此后对通惠河两岸闸官、营汛等,均各设兵。③

---

① 《清世祖实录》卷二〇三,康熙四十年二月庚辰。
② 《清世宗实录》卷四一,雍正四年二月甲戌。
③ 《清高宗实录》卷六三二,乾隆二十六年三月辛亥。

二、仓储体系

仓储是漕运体系的关键环节,是维持政权稳定运行的重要保障。古代中国以农业为根本,历朝统治者将农业生产以及粮食储备作为基本国策,《礼记正义·王制》曰:"国无九年之蓄,曰不足;无六年之蓄,曰急;无三年之蓄,曰国非其国也。三年耕,必有一年之食,九年耕,必有三年之食。"[1]意思是国家如果没有可供九年食用的粮食储备,就是财政匮乏;如果没有可供六年食用的粮食储备,就是财政出现了危机;如果没有可供三年食用的粮食储备,那么国家就几乎到了灭亡的边缘了。在中国古代封建社会,自春秋战国乃至明清,历朝始终把粮食储备的数量作为衡量国力强盛与否的重要指标。

北京地区的仓储始自金朝海陵王迁都燕京之后。与迁都同步,庞大的皇室贵族、文武官僚及其下属也随之进入燕京。金中都设立以来,制定了相应的人口鼓励政策,"凡四方之民欲居中都者,给复十年,以实京城"[2],很快地区人口"殆逾于百万"[3]。当然,百万人口之数并不准确,据《金史·地理志上》记载,金泰和七年(1207),中都

---

[1] 郑玄注:《礼记正义》卷一二《王制》。
[2] 《金史》卷八三《张浩传》。
[3] 《金史》卷九六《梁襄传》。

路户口总数达到了478051户[1];韩光辉先生据此推断中都城市人口已达到6.2万户40万人左右[2],不过,这也代表燕京地区成为中国北半部政权中最大的城市(北宋东京鼎盛时的人口约为150万人[3])。为供给中都粮食,漕运和仓储体系便是金朝需要着力建设之要务。

金朝的漕粮仓储分设在中都城和通州,由中都都转运司衙门负责。"金于通州置丰备、通积、大仓三仓。"[4]《金史·百官志三》记载:"都转运司使,正三品,掌税赋钱谷、仓库出纳、权衡度量之制;同知,从四品;副使,正五品;都勾判官,从六品,纪纲众务分判勾案,惟南京勾判兼上林署丞。户籍判官二员,从六品,旧止一员,承安四年增置一员,不许别差,专管拘收征克等事。支度判官二员,从六品,掌勾判分判支度案事。盐铁判官一员,从六品。都孔目官二员,勾稽文牍。知法二员,从八品。"其中都转运司的设置为:都转运司使1人,正三品,掌税赋钱谷、仓库出纳、权衡变量之制。同知是从四品,副使是正五品,协助正使处理公务。下属有都勾判官,从六品;户籍判官2人,从六品;支度判官2人,从六品;盐铁判官1人,从六品;都孔目官2人,负责管理文书;知

---

[1] 《金史》卷二四《地理志上》。
[2] 韩光辉:《北京历史人口地理》,北京大学出版社,1996年,第67页。
[3] 朱士光主编:《中国八大古都》,人民出版社,2007年,第329页。
[4] (嘉靖)《通州志略》卷三《漕运志》。

法2人，从八品。除此之外还有吏员，女真族8人，汉族90人；抄事1人，译史3人，通事1人，押递50人，监运的公使80人。较为特别的是，"惟中都路置都转运司，余置转运司"①。

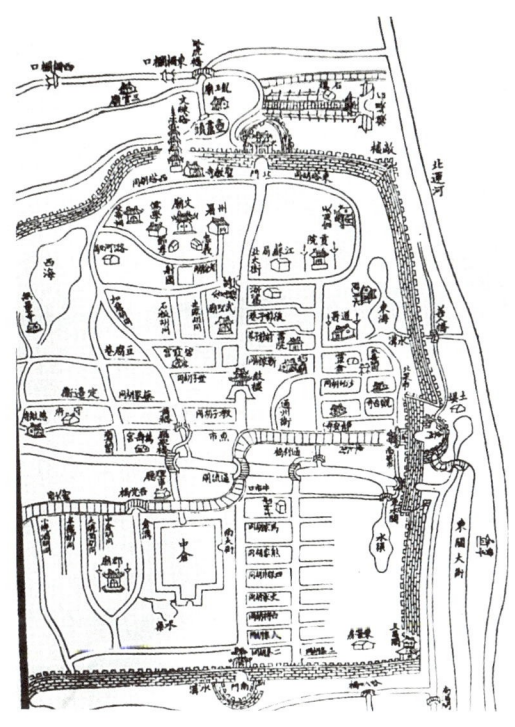

图3-3 通州城池与粮仓分布（局部）

金章宗泰和年间制定的法令《泰和定律》规定：京仓

---

① 《金史》卷五七《百官志三》。

和外路各仓分别设仓使1员，以掌管仓廪蓄积、缴纳租税、支给禄廪等事。另设副使1员，职掌同于仓使，协助仓使。再设攒典，掌管收支文历、行署案牍。凡是每年收粮在1万石以上诸仓设2人；一万石以下诸仓设1人。仓子，掌管仓粮出纳、盘量及守护等事，在仓官的统管之下：凡是每年收粮30万石以上诸仓设20人，20万石以上诸仓设15人，10万石以上诸仓设13人，5万石以上诸仓设10人，4万石以上诸仓设6人，3万石以上诸仓设4人，2万石以上诸仓设3人，1万石以上诸仓设2人，不及1万石诸仓只设1人。金中都各仓不在这个限制之内，无论大小，都随仓设有仓子13人。通州各仓因仓群规模大，因此，通州四仓共设128人，平均每仓大概30人。以上是"中都并外路京、府仓设官并依此置。惟通州仓设使、副外，各增置判官一员"。从以上条律可以看出，金中都各京仓及通仓各仓都设仓使、副使、攒典。此外，通州共有4仓，共设仓子128人，平均每仓30人左右。这说明通州各仓漕粮储存量比京仓要多，规模也大。如果比照地方官仓，金中都各京仓的规模，相当于储粮10万石以上的大仓，通州各仓比储粮30万石以上的最大的官仓还要多出10名仓役，可见其规模之大应为金朝之首。[1]

元大都仓储系统的建立，始于中统年间。元人王恽

---

[1] 于德源：《北京的漕运和仓场》，同心出版社，2004年，第90页。

记述:"庚申年春三月十七日,世祖皇帝即位开平府,建号为中统元年,秋七月十三日立行中书省于燕京……是月,创建葫芦套省仓落成,号曰千斯。时大都漕司、劝农等仓,岁供营帐工匠月支口粮。此则专用收贮随路攒漕粮科,只修应办用度及勘会亡金通州河仓规制。自是船漕入都,常平救荒之法,以次有议焉。"[1]通惠河浚通之后,带动了京城仓储事业的发展。最初供应京师的较大粮仓大多建在距离京城50余里的通州,自从通惠河开浚后,京城中陆续建起了一批规模宏大的粮仓。《元史·百官志一》记载,元代大都隶属京畿都漕运使的京仓计有22仓,修建时间、存储规模如下[2]:

万斯北仓,设于中统二年(1261),共有仓廒73间,储粮182500石。

万斯南仓,设于至元二十四年(1287),共有仓廒83间,储粮207500石。

千斯仓,设于中统二年(1261),共有仓廒82间,储粮205000石。

永平仓,设于至元十六年(1279),共有仓廒80间,储粮200000石。

---

[1] 王恽:《秋涧集》卷八〇《中堂事记上》。
[2] 《元史》卷八五《百官志一》;《永乐大典》卷七五一《仓·京诸仓》。

永济仓,设于至元四年(1267),共有仓廒73间,储粮207500石。

惟亿仓,设于皇庆元年(1312),共有仓廒73间,储粮182500石。

既盈仓,设于皇庆元年(1312),共有仓廒82间,储粮205000石。

大有仓,设于皇庆元年(1312),共有仓廒80间,储粮200000石。

屡丰仓,设于皇庆元年(1312),共有仓廒80间,储粮200000石。

积贮仓,设于皇庆元年(1312),共有仓廒60间,储粮150000石。

以上十仓,每仓各置监支纳1员,正七品;大使2员,从七品;副使2员,正八品。

丰穰仓,设于皇庆元年(1312),共有仓廒60间,储粮150000石。

广济仓,设于皇庆元年(1312),共有仓廒60间,储粮150000石。

广衍仓,设于至元二十九年(1292),共有仓廒65间,储粮162500石。

大积仓,设于至元二十八年(1291),共有仓廒58间，储粮145000石。

既积仓，设于至元二十六年（1289），共有仓廒58间，储粮145000石。

盈衍仓，设于至元二十六年（1289），共有仓廒56间，储粮140000石。

相因仓，设于中统二年（1261），共有仓廒58间，储粮145000石。

顺济仓，设于至元二十九年（1292），共有仓廒65间，储粮162500石。

以上八仓，每仓各置监支纳1员，正七品；大使1员，从七品；副使2员，正八品。

通济仓，设于中统二年（1261），共有仓廒17间，储粮42500石。

广贮仓，设于至元四年（1267），共有仓廒10间，储粮25000石。

丰润仓，设于至元十六年（1279），共有仓廒10间，储粮25000石。

丰实仓，设于至元四年（1267），共有仓廒20间，储粮50000石。

以上四仓，每仓各置监支纳1员，正七品；大使1员，从七品；副使1员，正八品。

　　以上22京仓共有仓廒1223间，于德源先生推算共可藏贮漕粮近306万石，接近元政府从江南向北方河、海漕运的总数。①元大都的城市人口通说为10万户，如《经世大典》中记载，至元三十年（1293）十一月朝官奏请购买蒿草时，元世祖即下旨不必购买，"大都居民十万，每户赋纳一车或一束"②即够使用。10万户居民，可折算成四五十万人口。韩光辉根据元大都城市"弓手"设置制度研究，推算元大都城市人口在元世祖至元八年（1271）时有11万余户，42万人；至元十八年（1281）时有近22万户，约88万人。及至元顺帝至正九年（1349）则有近21万户，计83万余人。最多的时候是元泰定四年（1327），多达21万余户，约95万人。③因此，即以人口最多时的城市居民95万人计算，京师22仓所存306万石仓粮可平均每人3.2石，将近一年的口粮。

　　通州共设置有13仓，《元史·百官志一》记载名称与《经世大典》不完全相同。于德源认为，因《经世大典》成书更早且记载比较详细，故以《经世大典》记载各通州仓为准④。具体情况如下：

---

① 于德源：《北京的漕运和仓场》，同心出版社，2004年，第153页。
② 《永乐大典》卷七五一一《仓·京诸仓》。
③ 韩光辉：《北京历史人口地理》，北京大学出版社，1996年，第84页。
④ 《元史》卷八五《百官志一》；《永乐大典》卷七五一一《仓·京诸仓》引录元《经世大典》。

迺积仓，共有仓廒70间，储粮172500石。设官监支纳1人，秩正七品；仓大使2人，秩从七品；仓副大使2人，秩正八品。

及姊仓，共有仓廒70间，储粮175000石。设官监支纳1人，秩正七品；仓大使2人，秩从七品；仓副大使2人，秩正八品。

富衍仓，共有仓廒60间，储粮150000石，设官监支纳1人，秩正七品；仓大使1人，秩从七品；仓副大使1人，秩正八品。

庆丰仓，共有仓廒70间，储粮175000石，设官监支纳1人，秩正七品；仓大使2人，秩从七品；仓副大使2人，秩正八品。

延丰仓，共有仓廒60间，储粮150000石，设官监支纳1人，秩正七品；仓大使2人，秩从七品；仓副大使2人，秩正八品。

足食仓，共有仓廒70间，储粮175000石，设官监支纳1人，秩正七品；仓大使1人，秩从七品；仓副大使1人，秩正八品。

广储仓，共有仓廒80间，储粮200000石，设官监支纳1人，秩正七品；仓大使2人，秩从七品；仓副大使2人，秩正八品。

乐岁仓，共有仓廒70间，储粮175000石，设官监支纳1人，秩正七品；仓大使2人，秩从七品；仓副大使2人，秩正八品。

盈止仓，共有仓廒80间，储粮200000石，设官监支纳1人，秩正七品；仓大使2人，秩从七品；仓副大使2人，秩正八品。

富有仓，共有仓廒100间，储粮250000石，设官监支纳1人，秩正七品；仓大使2人，秩从七品；仓副大使2人，秩正八品。

南狄仓有仓廒3间，德仁府仓有仓廒20间，杜舍仓有仓廒3间，设官情况均未载。

明朝漕粮运至北京之后分别存在运河终点的通州和北京城，分别在两地建有京仓和通仓。其中京仓主要供应京师百官、驻军之用，通仓供应昌平、密云、蓟州等地的军队口粮。京仓与通仓的收贮比例，原规定为京仓四分，通仓六分，但历年的漕粮存贮状况亦有所调整。如正统元年（1436），"运粮四百万石，京仓收十之四，通州十之六"[1]。成化年间户部会六部等衙门官议漕运事宜，"兑运米以十分为率，京仓收六分，通州仓收四分，支运俱通州仓收"[2]。京仓与通仓的六四比例也成为当时运京漕粮储藏的基本格局。

---

① 《明英宗实录》卷九，宣德十年九月壬辰。
② 《明宪宗实录》卷四六，成化三年九月癸酉。

明成祖登基后，为给迁都北京做准备，在运河及京通两地开始新建仓廒。如永乐五年（1407）"以淮安、河南漕运皆至通州，特命增设左卫，建仓庾以贮所漕运之粟"①。永乐七年（1409）"设北京金吾左右、羽林前、常山左右中、燕山左右前、济阳、济州、大兴左、武城中左右前后、义勇中左右前后、神武左右前后、忠义左右前后、武功中、宽河、会州、大宁前中、富峪、蔚州凡三十七卫仓及锦衣中、怀来守御二千户所仓。每仓置副使一员"②，为以后京仓规制的形成奠定了基础。永乐十三年（1415）行在户部言："漕运至者渐多，请发民置仓贮之。上曰东作将兴，不可役民，民失春种则一岁之计废，可令法司除死罪外出徒流以下定等第输作，后不为例"③。永乐十六年（1418）九月，"设北京坝上、义河、北高、汗石桥、南石渠、黄土、北草场七仓，置仓大使、副使各一员，隶北京顺天府"④。

永乐年间主要是在元代旧仓基础上的翻修，从宣德以后京、通仓廒的建造工作全面展开。如宣德七年（1432），工部奏"北京及通州增置仓厂历久未完，今漕运将至，

---

① 《明太宗实录》卷七三，永乐五年十一月戊辰。
② 《明太宗实录》卷九四，永乐七年七月丁丑。
③ 《明太宗实录》卷一六〇，永乐十三年正月甲子。
④ 《明太宗实录》卷二〇四，永乐十六年九月己丑。

无所置顿，请增军夫八千人助役"①。景泰六年（1455）二月，增置通州仓。②天顺三年（1459）二月，增置通州大运仓。③天顺四年（1460），命通州草场新盖仓廒，名曰大运南仓。④天顺五年（1461），增置通州大运仓100间。⑤弘治八年（1495），户部奏于通州旧城西增置仓厂168间。至嘉靖四十一年（1562）基本完备，计京仓数目为56，通仓数目为16。

明代在通州建有大运西仓、大运中仓、大运东仓、大运南仓。根据嘉靖《通州志略》记载，各仓主要情形如下。

大运西仓，在旧城西门外新城之中，俗称大仓。永乐年间建。廒97连，393座，计2018间，囤基844个。内有大督储官厅1座，监督厅1座，各卫仓小官厅6座，筹房各2间，井2口，各门执斛厅各1座，西南北三门各3间。

大运中仓，在旧城南门里以西。永乐年间建。廒45连，145座，计723间，囤基222个。内有大官厅1座，东门执斛厅1座。南北二门内各有增福庙，前接1轩，作执斛厅。各卫仓小官厅5座，筹房各2间，井1口，东南北三

---

① 《明宣宗实录》卷八七，宣德七年二月戊午。
② 《明英宗实录》卷二五〇，景泰六年二月丙申。
③ 《明英宗实录》卷三〇〇，天顺三年二月庚辰。
④ 《明英宗实录》卷三一六，天顺四年六月丙辰。
⑤ 《明英宗实录》卷三二六，天顺五年三月戊午。

门各3间。

大运东仓，在旧城南门里以东。永乐年间建。廒15连，41座，计205间，囤基108个。内有神武中卫仓小官厅1座，执斛厅1座，神南右北三门各1间。

大运南仓，在新城南门里以西。天顺年间添置。廒28连，123座，计615间，囤基292个。内有各卫仓小官厅4座，筹房各2间，各门执斛厅各1座，东北二门各3间，内板木厂1处，门1间，官厅1间。每年收贮各运松板棱木，专备铺垫各廒用。①

明代对于漕粮的搬运和存储，曾出台诸多措施并不断调整。嘉靖七年（1528）总督仓场尚书李瓒"以通惠河既开，粮运俱由水路，经纪人役不论阴晴，急于往来，强行搬运，任雨淋漓，并无苫盖。一增入仓，不容搁阻。疏请禁止，必待晴明方许驳运。或如原拟，水陆并进"。对此，嘉靖帝回复曰："往因陆路艰阻，以致漕运稽迟，今修复闸运，正款岁漕早完，省费恤军。舟车填拥，源源入仓，其事甚善。乃不厌迟而厌达，不患少而患多，何故？此必在仓人役及仓前歇家欲以留难规利，驾言惑人。况雨水不常，中途难测，必待晴明，是终无驳载之期。其称水陆并进，本系原拟，不知何人阻遏，不容陆运。户部查究施行，令起粮官阴雨毋得起驳。仍多置席以备苫盖，或舟担

---

① （嘉靖）《通州志略》卷三《漕运志》。

席棚，以防不测。粮运既到，即令督促入仓，随便堆放，多方添处囤积，通融拨派厂口。收粮委官每日在仓，及时晒晾。上紧收受，自后在舟在途，雨湿责在管运。若到仓稽留被雨，责之管仓。仍痛革科索运军、刁难车户积弊。如有违犯，听巡仓御史访奏。国计重事，要在协谋共济，慎毋阳诺阴沮及心有偏系致中奸邪之计。"①

清代定都北京后，为保证庞大的军队、官衙供给，继续改造和增建粮仓，建成京师十三仓和通州东西二仓。清初北京设有8处京仓，分别是禄米仓、南新仓、旧太仓、富新仓、海运仓、北新仓、兴平仓、太平仓。以后经过康熙、雍正、乾隆历朝增修，京仓共增至13处。其中，禄米仓、南新仓、兴平仓、旧太仓、海运仓、北新仓、富新仓等7仓都是沿用明代旧仓，且名称未改。明代太平仓原在北京城西部的今平安里太平仓胡同，清初改设太平仓于城东朝阳门内，与禄米仓同在一处，康熙四十四年（1705）又迁于朝阳门外以南城墙下、护城河西侧，原旧仓廒并入禄米仓。

京师十三仓的官粮主要用来供给勋贵、百官和八旗官兵，青黄不接时也少量用于京师的赈济平粜。《日下新讴》载：京城内外设禄米、南新、旧太、海运、北新、富新、兴平、太平、万安、裕丰、储济、本裕、丰益十三仓及通

---

① 《明世宗实录》卷八九，嘉靖七年六月庚戌。

州东西二仓，每仓满汉监督各一员，专司出纳，共储粮300万石。其中王公、文武各官俸米30余万石，例在通仓开放；八旗兵饷260余万石，统归京仓支给。有诗曰："天庾如林十五司，岁常三百万供支；通仓一分开官俸，九分京仓赡八旗。"[①]这些京仓大多分布在北京城东部接近通惠河西端码头附近，而且大多是沿用明代旧京仓。今北京东城区朝阳门附近仍有海运仓、禄米仓、北新仓、北新桥等地名，就是清京仓遗址。

各京仓的方位、沿革、规模如下。

禄米仓，位于朝阳门内，旧与太平仓共建一处。原建仓廒23座。康熙四十二年（1703）添建5座。四十四年（1705）太平仓迁出后，旧有仓廒21座尽归禄米仓。五十八年（1718）添建4座。雍正元年（1723）添建4座。共计57座。

南新仓，位于朝阳门内。原建仓廒46座。康熙三十三年（1694）添建5座，四十二年（1703）添建10座，五十五年（1716）添建5座。雍正元年（1723）添建9座。乾隆元年（1736）添建1座。共计76座。

旧太仓，位于朝阳门内。原建仓廒68座，康熙五十年（1711）仓监督宁古礼捐建1座，五十六年（1717）添建8座。雍正元年（1723）添建3座。乾隆元年（1736）添建9

[①]《日下新讴》，载《文献》第11辑，书目文献出版社，1982年，第202页。

座。共计89座。乾隆五十年（1785）被焚6座，至光绪朝以前共有83座。

海运仓，位于东直门内。原建仓廒40座，康熙二十二年（1683）添建14座，三十二年（1693）添建6座，五十五年（1716）添建15座。雍正元年（1723）添建5座。乾隆元年（1736）添建20座。共计100座。

北新仓，位于东直门内。原建仓廒60座。康熙三十二年（1693）添建2座，五十六年（1717）添建12座。雍正元年（1723）添建6座。乾隆元年（1736）添建5座。共计85座。

富新仓，位于朝阳门内北侧。原建仓廒21座，康熙四十四年（1705）添建13座，四十六年（1707）添建13座，四十七年（1708）添建5座，五十六年（1717）添建8座，六十一年（1722）添建4座，共计64座。

兴平仓，位于朝阳门内北侧。原建仓廒59座，康熙五十六年（1717）添建9座。雍正元年（1723）添建12座。乾隆元年（1736）添建1座。共计81座。

太平仓，位于朝阳门外。原建仓廒30座，康熙四十九年（1710）归并大通桥号房，将号房改为仓廒10座；五十六年（1717）添建15座，六十一年（1722）添建25座。乾隆元年（1736）添建6座。共计86座。

万安东仓，位于东便门外裕丰仓北侧。原为储济仓新建仓廒，乾隆四年（1739）将储济仓新建仓廒48座归并万安仓管理，名曰万安东仓，至光绪朝以前共有108座。

万安西仓，位于朝阳门外，原为万安仓。原建仓廒42座，乾隆元年（1736）添建3座，共计45座。四年（1739）将储济仓新建仓廒48座归并万安仓管理，名曰万安东仓。其旧仓廒名万安西仓。

裕丰仓，位于东便门外护城河北岸，雍正六年（1728）建，共计仓廒63座。

本裕仓，位于德胜门外清河，康熙四十五年（1706）建，共计仓廒30座。

丰益仓，位于德胜门外安河桥，雍正七年（1729）建，乾隆四年（1739）之前丰益仓共有仓廒15座，其后增至

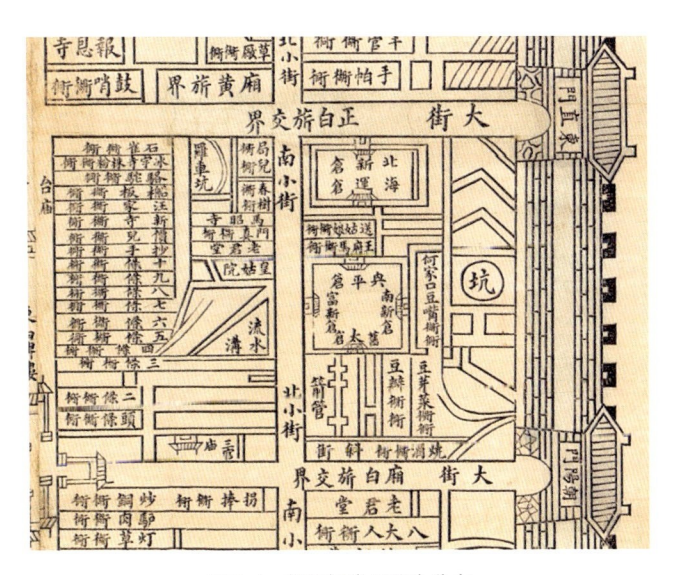

图3-4 朝阳门附近粮仓分布

30座。①

清代漕粮仓储事关重大，同时也是官员舞弊之源，积弊丛生。故有清一代对两地仓场管理也进行了诸多整治和改革。康熙二十四年（1685），谕户部"大通桥等仓尚有积弊，应将各部院曾经保举者差遣，其内务府保举者停差"②。

雍正元年（1723），仓场总督李英贵等条奏仓场事宜四款：

> 漕兑定例。原带耗米，以备晒扬折耗，不准旗丁批抵，听作仓中折耗。旗丁应给照米三升八合。查米既入仓廒，复行照出，恐滋弊端。请将此项米石留仓，量给价值。仓差满汉监督各一员。请嗣后于部员内，择家道殷实、操守清勤者题补。再于现行各监督内，择其操守清廉、米好数足者，题留复任二年。再于候补候选人员内，择其年力精壮、才猷敏达者，题请补用。给与本衔食俸，以为养廉之资。其应补应选之缺，咨部仍行补选。一年差满，果操守清廉，米好数足，亦题留复任二年，共三年，准作试俸三年。任满之日，任内

---

① （光绪）《顺天府志》京师志《仓库》。
② 《清圣祖实录》卷一二三，康熙二十四年十二月甲辰。

米数谨慎收贮，数目充盈，题明交与吏部。以应升之缺即升。若改易操守，偷盗仓粮者，照侵欺钱粮例，尽法治罪。仓场衙门，有查仓、查船及大通桥石土两坝、五闸等处，巡查诸事，旧止设笔帖式四员。请添满、汉司官四员，同笔帖式在臣衙门差委稽察。该员果能实力办事，访察利弊，三年后亦照监督以应升之缺即升。笔帖式俟五年俸满，以应得之缺即用。倘查验不实、徇私隐蔽及怠惰误事者，严加参处。①

对于到京漕米的收贮关系粮储安全，但其中因官员、漕丁以及经纪共同参与，故而成为清代仓储管理中弊政突出且强化治理的重要方面。嘉庆十四年（1809）谕内阁："南粮运送赴通，路途遥远，转运维艰。每年修治河道动辄数百万，全为漕米而设，其需费实属浩繁，必须慎重收储，方可豫备支放。"因此，"若坐粮厅草率验收，仓官等又不加意护惜，以致霉变朽坏不堪食用，是将小民正供所入弃如土苴，其暴殄实为可恨"。对于当年镶白旗支放甲米一事，据该旗都统等奏称"北新仓米色霉烂，难于全数支领"，当即派委官员分别前往北新、禄米、南新、海运、富新、兴平等各仓进行查验。据称："米色有甫经发

---
① 《清世宗实录》卷三，雍正元年正月壬寅。

变,尚分颗粒者,亦有霉烂太甚,现已结块者。"针对此次发放霉坏藏米事件,将相关官员按照情节严重程度分别革职查办,"除北新仓监督灵椿、和泰二员先已革职外,所有米石霉变较多之禄米仓监督观保住、赵玉,南新仓监督祥庆、廷璧,海运仓监督扎勒杭阿、张倧龄,兴平仓监督珠隆阿、郑裕国均着革职离任。至部议该员等照例限一年赔完即准复还原职之处,不足示惩。将来赔完后,亦不准竟复原职,均着降一级调用。如赔补不完,照例不准补用。其霉变较少之富新仓监督麟祥、范正容亦均着照议降三级离任。限一年赔完,赔完后准复原职。如逾限不完,即实降三级调用"①。不过,清代中后期之后,运京漕米发块、霉变现象增多,如道光十二年(1832)称"二进帮船米石发块过多"②,道光十三年(1833)"此次大通桥运到旧太仓豆十车,据称该仓监督查验,均系潮润红朽,不堪入仓"③。

为保障沿途漕运能够顺利运抵京师,清代曾对运丁之设置和保障出台了诸多措施。康熙二十年(1681)二月户部遵上谕:"通州坐粮厅、京城左右二翼仓、宝泉局、大通桥、通州西仓、中南仓、张家口、杀虎口,此九差原系

---

① 《清仁宗实录》卷二〇八,嘉庆十四年三月辛酉。
② 《清宣宗实录》卷二一六,道光十二年七月乙丑。
③ 《清宣宗实录》卷二三三,道光十三年三月庚辰。

臣部官员差遣"①。九月再次强调："积贮为国家大计，运漕米充实京仓，最为紧要。旗丁人等挽运勤劳，宜加存恤。朕顷巡行近畿，至通惠河一带，见南来漕艘旗甲人丁，资用艰难，生计窘迫，深为可悯。若不预为筹画，恐其苦累难支，以致沿途迟滞，贻误仓储，所关匪细。前以军需浩繁，漕运额设钱粮，节经裁减。今应作何酌复款项，尔部详议具奏。"不久，户部议覆，"复运丁工食银十五万两"②。

清朝末年，南北大运河失修，转运困难。道光六年（1826）开始试行海运，漕粮由海船运到天津卸岸，然后自天津用小船沿北运河运至通州，再经通惠河入京。光绪二十二年（1896）京津铁路竣工，二十六年（1900）以后漕粮改用火车运入北京，不再转道通州。自此通州西、中两仓废弃不用。

金元以来北京地区这些规模巨大的粮仓，在漫长的历史进程中大多数已无存。现仍有遗迹可循的，主要有南新仓、北新仓、禄米仓3处，其现状大致如下。

南新仓现存有一小段仓墙和3座仓廒，前后出檐，廒顶开天窗一扇，后改为三扇，廒底砌砖，每廒五楹，是北京现存规模最大、保存最完好的皇家粮仓。1984年南新仓

---

① 《清圣祖实录》卷二八，康熙八年二月己巳。
② 《清世祖实录》卷九七，康熙二十年九月壬申。

成为北京市文物保护单位，同时成为北京颇有名气的时尚休闲场所和魅力独具的特色街区，9座仓廒在不改变建筑架构的前提下，分别被改造为酒吧、特色餐馆、画廊、影视和体育俱乐部等。2013年被公布为全国重点文物保护单位。

北新仓现存仓廒7座。周有围仓墙，内为廒座，围墙及仓廒均为城砖砌筑，大小与禄米仓廒座相仿，仓房为悬山合瓦顶，五花山墙，每廒5间，前出轩，目前保存较完整。

禄米仓位于朝阳门内南小街，现存仓廒3座，均用城砖砌筑。仓内原有明代历任仓场监督题名碑，其中刻有海忠介公瑞曾为仓场监督。仓房坐北朝南，仓合瓦悬山顶，两山为五花山墙，每廒5间，仓顶上开气窗，下有通气孔。现为北京市文物保护单位。

第四章　商业市镇

运河的开辟不仅有力地促进了国家统一进程并保障了都城秩序的稳定，同时作为南北经济交流大动脉，在中国经济发展历程中也起到了关键作用。北京自建都开始，便将运河修浚及漕运开展作为王朝国家治理的重要内容，有力促进了以都城为中心的交通和市场体系的建立和完善。特别是元明清时期，南北贯通的京杭大运河不仅有效沟通了南北区域的贸易往来，也带动了运河沿线城市商业的发展。围绕运河商品贸易、城镇崛起而形成的文化类型，成为中国运河文化的主要构成。

一、万货别区——元大都

通惠河开通后，漕船自此经由大运河直达大都城，城内的积水潭一带"扬波之橹，多于东溟之鱼；驰风之樯，繁于南山之笋"，既是粮食码头，也是鼎盛的商业街市。元人李洧孙《大都赋》写道："京师亿万鼓腹舍哺，凿会通之河，而川陕豪商、吴楚大贾，飞帆一苇，径抵辇下。……百廛悬旌，万货别区，匪但迩至，亦自远输。甗甀、貂豹之温，珠琚、香犀之奇，锦纨、罗氍之美，椒桂、砂芷之储，瑰绣耀于优坊，金璧饬于酒垆。"①来自全国各地的商品汇集于大都，带来了城内商业的鼎盛。元人姚长者，曾"以为京师天下之都会也，东至于海，西逾于昆仑，南极交广，北极穷发，舟车所遇，货宝毕来"②，在长达十年的大都贸易中，累资巨万。

黄文仲在《大都赋》中写道：

论其市廛，则通衢交错，列巷纷纭。大可以并百蹄，小可以方八轮。街东之望街西，仿而见，佛而闻；城南之走城北，去而晨，归而昏。华区锦市，聚万国之珍异；歌棚舞榭，选九州之秾芬。……繁庶之极，莫得而名也。若乃城闉之外，则文明为舳舻之津，丽正为衣冠之海，顺则为南商之薮，平则为西贾之派。天生地产，鬼宝神爱，人造物化，山奇海怪，不求而自至，不集而自萃。……一日之间，一巷之内，重毂数百，交错阗阓，初不计乎人之肩与驴之肩。③

---

① 于敏中等：《日下旧闻考》卷六《形胜》引元人李洧孙《大都赋》。
② 陶宗仪：《南村辍耕录》卷七《姚长者碑》。
③ 沈榜：《宛署杂记》卷一七《民风一·土俗》引元人黄仲文《大都赋》。

大都城的繁华也让当时来到这里的意大利人马可·波罗十分震惊，在其游记中这样说道：

> 郭中所居者，有各地来往之外国人，或来入贡方物，或来售货宫中。所以城内外皆有华屋巨屋，而数众之显贵邸舍，尚未计焉。……外国巨价异物及百物之输入此城者，世界诸城无能与比。盖各人自各地携物而至，或以献君主，或以献宫廷，或以供此广大之城市……百物输入之众，有如川流不息。……此汗八里大城之周围，约有城市二百，位置远近不等。每城皆有商人来此买卖货物，盖此城为商业繁盛之城也。①

在大都城的商市中，粮食的买卖是影响最大的贸易项目之一。随着大都的城市经济不断发展，汇聚到这里的人口也越来越多，从而对粮食的需求量也越来越大。除了元政府每年从江南海运和漕运大量粮食到京城，以供帝王、贵族和官员、士兵、工匠食用外，大多数居民的粮食则是依靠粮商们运送到京城来出售。因为粮食的价格比较便宜，获利空间较小，故而商人们往往采用成本较低的水运

---

① 冯承钧译：《马可波罗行纪》第94章《汗八里城之贸易发达户口繁盛》，上海书店出版社，2001年，第237—238页。

方式。而一旦水运受阻，就会导致大都城的粮价暴涨，给居民带来巨大损失。为此，元政府曾多次下达命令，以保证运粮商船的行驶畅通。如至元二十九年（1292）正月，主持监察工作的御史台上奏称："大都里每年百姓食用的粮食，多一半是客人从迤南御河里搬将这里来卖有。来的多呵贱，来的少呵贵有。如今街下有来的米，比已前贵有。这米贵了的缘故，官船搬运官粮诸物呵，船户每倚着官司气力，'坏了官船也'么道，却夺要了客人每的船只，与了钞，放了，不与钞呵，教百姓每船运官物。更有气力的人每行呵，客人每根底阻当。为那般呵，客人每来的少的上头，米贵了有。"①据此可知，运河沿途的官员们，以征用商船运送官物为由，对粮商加以勒索，从而导致运粮不畅，使大都城的粮价不断上涨。

鉴于漕运的畅通对于京城粮食供应之影响，元政府投入了大量人力、物力以保障漕运的畅通。时人作诗称："汉家鼎定天西北，万乘千官必供亿。近年职贡仰江淮，海道转输多覆溺。……役徒三万期可毕，一动虽劳终古利。裹粮荷锸去莫迟，行看连樯东过蓟。……从今粒米斗三钱，狼藉都城乐丰岁。"②事实上，不仅是粮食运输要通过漕渠，其他物资也有很多是由此输送到大都城的。

---

① 《通制条格》卷二七《杂令·拘滞车船》。
② 《秋涧集》卷一〇《通漕引》。

二、百货云集——明北京

明清时期国内统一市场基本形成，运河作为远距离商品流通的主要通道，无疑在以北京为主要消费中心的商业贸易网络中有着重要地位。明中叶至清中叶的三四百年间，运河的商品流通量远远超过其漕粮运输量，运河在南北经济交流中也承担着重要功能。商品流通的兴盛，促进了京城商业的发展。明代张瀚在《松窗梦语》中记载："京师负重山，面平陆，地饶黍谷、驴马、果蓏之利，然而四方财货骈集于五都之市。彼其车载肩负，列肆贸易者，匪仅田亩之获、布帛之需，其器具充栋与珍玩盈箱，贵极昆玉、琼珠、滇金、越翠。凡山海宝藏，非中国所有，而远方异域之人，不避间关险阻，而鳞次辐辏，以故畜聚为天下饶。"[1]

明代随着漕粮由海运转向河运之后，运河的运输能力比元代有了明显提升。随着会通河以及大通河的修浚和贯通，京杭大运河成为国内最重要的航运通道。明代规定漕船可附带一定数量的免税土宜，弘治年间规定每船不得超过10石，嘉靖时期增加到40石，到万历年间再次增加到60石。同时，当时允许携带的土宜范围也在不断放宽，这一部分货物也成为运河商品流通的重要组成部分。万历

---

[1] 张瀚：《松窗梦语》卷四《商贾纪》。

二十六年（1598），意大利传教士利玛窦沿运河进京时便根据漕船土宜的贩运情况写道："无数为朝廷运送物品的船只来到北京，其中有许多船并未满载。商人们乘机以非常低的价格租用这种空船上的面积。这种办法所供应的比当地产品还要多，从而解决了匮乏并减少了赈济之需。所以人们说北京什么也不生产，但什么也不缺少。"[1]明代全国设立的八大钞关，除位于长江沿线的九江关之外，其余七处均位于运河。运河沿线商品流通的发展，也有力地促进了沿河城镇的发展。永乐二十一年（1423）山东巡按陈济称："淮安、济宁、东昌、临清、德州、直沽，商贩所聚，

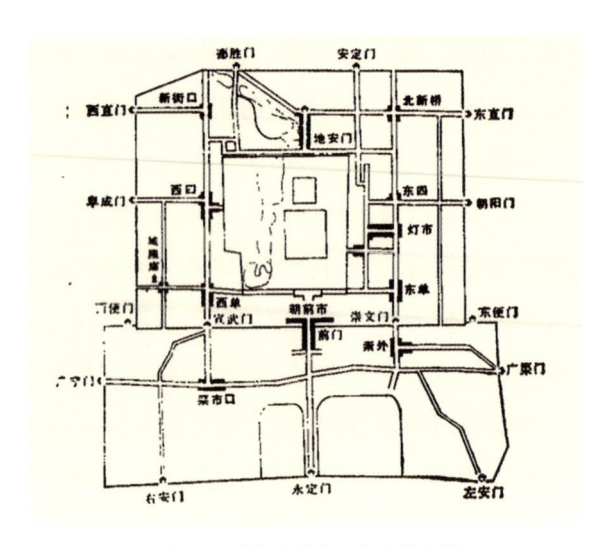

图4-1　明代京城商业街市分布图

---

[1]《利玛窦中国札记》，中华书局，1983年，第327页。

今都北平，百货倍往时。"[1]北京消费中心的形成，形成了以运河为主轴的商业贸易范围，特别是沿线的临清、淮安、扬州、苏州等"俱系客商船只辐辏之处"[2]。

明代疏通大运河之后，元代曾依赖于漕粮运输而兴盛起来的城北鼓楼商业区日渐衰落。嘉靖年间外城修建之后，宣武门、正阳门及崇文门作为内外城通道而带动了邻近地区商业的发展，"前三门"则成为北京城经久不衰的商业中心。

棋盘街位于大明门与正阳门之间，《谷山笔麈》记载："大明门前府部对列，棋盘天街百货云集，乃向离之景也。……五部在天街之左，天下士民工贾各以牒至，候谒未出，则不免盘桓天街，有所贸易，故常竟日喧嚣，归市不绝。"[3]《皇都积胜图》展现了明代中后期北京城的繁华景象。该画作的地域范围从卢沟桥经广宁门进入北京城区，经正阳门、棋盘街、大明门、承天门、皇宫等街市，向北延伸至居庸关。画面中描绘了街市商业景象，市中车马行人熙熙攘攘，茶楼酒肆店铺林立，招幌牌匾随处可见。《长安客话》对棋盘街也有描述："府部对列街之左右，天下士民工贾各以牒至，云集于斯，肩摩毂击，竟日喧嚣，

---

[1] 沈榜：《宛署杂记》卷七《河字·廊头》。
[2] 《明经世文编》卷七八《清溪漫稿·疏·灾异陈言》。
[3] 于慎行：《谷山笔麈》卷三《囯体》。

此亦见国门丰豫之景。"①

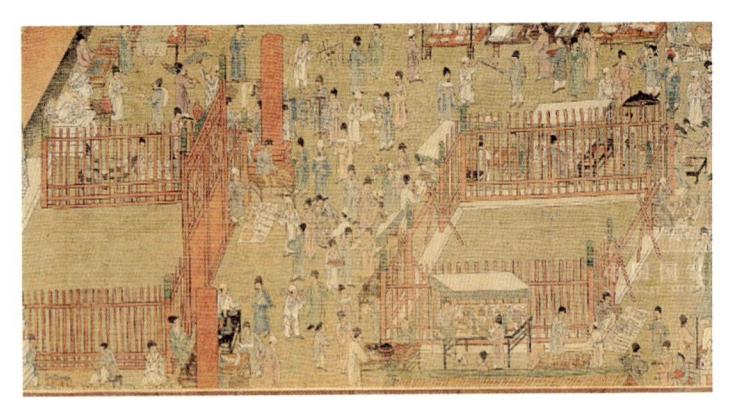

图4-2 《皇都积胜图》（局部）

明代内城的东四牌楼及西四牌楼地区是另外两处重要商业区。东四牌楼商业区被时人称为东大市，因其位于运河商货进城之交通要道而逐渐兴盛起来。东大市附近设立多处仓储专门用以存储运京的漕粮，这里除元代设立的七座仓储外，明代又增设禄米仓、新太仓、旧太仓、南新仓、富新仓和海运仓。明代灯市从宫城之内迁移到了东华门附近，随着灯市作为明代北京城内重要的定期市集的兴盛，也带动了灯市口地区商业贸易的发展。明代灯市主要陈设于今灯市口大街、灯市口西街、灯市口北巷、同福夹道一带，创设灯市的目的则是"太祖初建南都，盛为彩楼，招

---

① 蒋一葵：《长安客话》卷一《皇都杂记》。

俫天下富商，放灯十日"，迁都北京之后仍袭旧制。清代灯市移至外城，灯市口作为地名得以保留。明代每逢灯市开市几日，这里"长安东陌游人乐，开市荧煌竞挥霍。元日元宵半月忙，奇灯奇货千家错，商贾骈肩利往来"[①]。

西四地区的商业中心位于西四牌楼附近，称为西大市。永乐迁都北京之后，外地货物进城除可由水路经东边朝阳门之外，由西北地区经陆路而至的商货可走西侧西便门进城，并集聚在西直门及阜成门附近，由此造就了西四牌楼附近商业区的繁荣。据载，明代北京居民日常饮食消费所用的牛、羊等牲畜都来自西北地区，并集中在西大市地区进行贸易，久之这里便形成了专门的骡马市、羊市及猪市。同时，城内燃煤多由北京西山运来，也都集中在西大市销售。西四牌楼附近商业的发展，也带动了本地区休闲娱乐业的兴盛。当时西四牌楼附近集中了众多的戏院和妓院，如西安门外的砖塔胡同，为当时著名的"歌吹之林"。

定期市集是古代城市商业贸易的重要形式。明代北京城主要有三处重要的定期集市：上元节灯市、城隍庙庙市以及内市。时人所述当时国内著名的市集，包括"天下马头，物所出所聚处。苏杭之币，淮阴之粮，维扬之盐，临清、济宁之货，徐州之车赢，京师城隍、灯市之骨董"[②]。

---

① 蒋一葵：《长安客话》卷四《郊坰杂记》。
② 王士性：《广志绎》卷一《方舆崖略》。

明代灯市原设于五凤楼前,后迁至东华门外。《日下旧闻考》记载:"前明灯市在东华门王府街东,崇文街西,亘二里许。南北两廛,即今之灯市口也。市之日,凡珠玉宝器以逮日用微物,无不悉具。衢中列市,棋置数行相对,俱高楼。楼设氍逾帘幕,为宴饮地。一楼每日赁值至有数百缗者,皆豪贵家眷属也。……自正月初八起,至十八日止,乃十日,非五日也。"①来灯市的商贾众多,据称"明朝京师灯市……灯贾大小以几千计,灯本多寡以几万计,自大内两宫与东西两宫及秉刑、司礼、世勋、现戚,文武百僚,莫不挟重赀以往,以买之多寡较胜负,百两一架、二十两一对者比比。灯之贵重华美,人工天致,必极尘世所未有,时年所未经目者,大抵闽粤技巧,苏杭锦绣,洋海物料,选集而成,若稍稍随俗,无奇不敢出也"②。明人谢肇淛记载:"余在燕都,四度灯市,日日游戏……每岁正月十一日起,至十八日止,则在东华门外,迤逦极东,陈设十余里,谓之灯市。则天下瑰奇巨丽之观毕集于是,视庙中又盛矣。"③

庙市以城隍庙市最繁华,"都城之西,都城隍庙在焉。每月朔暨望,则商贾毕集,大者车载,小者担负,又小其小者挟持而往。海内外所产物咸集焉。至则画地为限

---

① 富察敦崇:《燕京岁时记》"灯节"条。
② 郝敬:《谈经》。
③ 谢肇淛:《五杂俎》卷三《地部一》。

界，张肆以售。持金帛相贸易者，纵横旁午于其中，至不能行，相排挤而入，非但摩肩接踵而已"[1]。"月朔望、念五日，东弼教坊，西逮庙墀庑，列肆三里。"城隍庙市物品丰富，交易繁荣，"图籍之曰古今，彝鼎之曰商周，匜镜之曰秦汉，书画之曰唐宋，珠宝象玉、珍错绫锦之曰滇粤闽楚吴越者集"[2]。可见庙市商品除日用品之外，还有诸多珍奇商品。在此经营的商人甚至还有远涉重洋的外国商人。明人郝敬所著的《谈经》记载，"碧眼胡商，飘洋番客，腰缠百万，列肆高谈"。及至庙市开市当日，"官为给假，使为留车，行行观看，列列指陈。后必随立以扶手，舁之以箱匣，率之以纪纲戚友。新到之物必买，适用之物必买，奇异之物必买，布帛之物必买，可以奉上之物必买，可贻后人为镇必买，妾媵燕婉之好必买，仙佛供奉之用必买，儿女婚嫁之备必买，公姑寿诞之需必买，冬夏着身之要必买，南北异宜之具必买，职官之所宜有必买，衙门之所宜备必买"[3]。

除城隍庙会外，东岳庙会规模亦十分可观，《宛署杂记》载，"是日行者塞路，呼佛声振地"，[4]其规模之大由此可见。东岳庙坐落于朝阳门外神路街北口，因明代建城后

---

[1] 《明文海》卷二八八《送司训徐君序》。
[2] 刘侗、于奕正：《帝京景物略》卷四《西城内》。
[3] 郝敬：《谈经》。
[4] 沈榜：《宛署杂记》卷一七《民风一·土俗》。

漕船及商船无法直接抵达积水潭,只能改由陆路经由朝阳门进城,由此东岳庙渐趋兴盛起来。明代东岳庙会除每年三月二十八日为东岳大帝诞辰之日外,每月的初一和十五均有庙会,其中尤以三月二十八日东岳大帝诞辰日最为热闹,是日"都人陈鼓乐、旌帜、楼阁、亭彩,导仁圣帝游。帝之游所经,妇女满楼,士商满坊肆,行者满路"①。

三、天下总汇——清京师

与明代运河作为全国范围内最重要的商业通道稍有不同,清代运河的商品运输量虽比明代有较大提升,但同时长江与海运贸易也有了长足发展。因此从国内商品流通的整体布局来看,运河虽在国内贸易体系中的地位有所下降,但仍旧是北京最重要的商业通道之一,无论是海运还是河运商货,最后到达天津后都必须经北运河抵达京城。雍正年间朝阳门至通州石道碑文记载:"自朝阳门至通州四十里,为国东门孔道。凡正供输将,匪颁诏糈,由通州达京师者,悉遵是路。潞河为万国朝宗之地,四海九州岁致百货,千樯万艘,辐辏云集。商贾行旅,梯山航海而至者,车毂织络,相望于道。盖仓庾之都会而水陆之冲逵也。"此后,乾隆年间的"重修朝阳门石道碑文"中亦载,"直省漕艘估舶,帆樯数千里,经天津北上,至潞城而止,

---

① 刘侗、于奕正:《帝京景物略》卷二《城东内外》。

是为外河。引玉泉之水，由京师汇大通桥，东流以达于潞，用以转运者，是为内河。……故自太仓官廪兵糈，暨廛市南北百货，或舍舟遵陆，径趋朝阳门。以舟缓而车便，南北之用有不同也。其间轮蹄络织，曳挽邪许，欢声彻昕夕不休，故常以四十里之道备水陆要冲"①。

清代漕船可携带土宜数量由明代的60石增加到150石，商品类别如"食物、纸张、瓷器、糖、醋、油、酒、杂货、竹木器等项，均为京师日用必需之物"②。据乾隆五十二年（1787）的崇文门税关档案记载，当年南来漕船共有3400余艘，所带土宜有茶叶、白糖、各色纸张、槟榔、白蜡、柏油、桐油、姜黄、鱼胶等商品计有20余种。③清代北京地区发达的商品贸易也可根据崇文门征税情况来观察。康熙年间史料记载："京师崇文门一关，五方物产、九土财货，莫不聚集于斯。"④雍正年间记载："崇文门乃五方辐辏之地，商贩多于外省。"⑤乾隆《北京形势大略》又言：崇文门又曰海岱，其名"言山陬海澨，皆梯航纳贡，税课可在焉"。⑥

---

① 于敏中等：《日下旧闻考》卷八八《郊垧》（东一）。
② 《宫中档乾隆朝奏折》第64辑，台北故宫博物院，1988年，第390页。
③ 中国第一历史档案馆：乾隆五十二年八月初九日绵恩奏折。
④ 李华：《明清以来北京工商会馆碑刻选编》，文物出版社，1980年，第191页。
⑤ 《崇文门商税则例现行比例增减新例》，雍正七年三月二十八日。
⑥ 杨从清：《北京形势大略》，1938年双肇楼校印本，第460页。

地方时鲜的采供，也是明清时期北京与周边地区往来的重要内容，并主要经由运河运输到北京。以天津为例，因临河靠海，多产鱼虾蟹蚌。明代正德皇帝多次派遣宦官前往天津收缴新鲜鱼虾，称之为"打鲜"。正德十三年（1518），巡按江西监察御史范辂上疏，弹劾御马监太监毕真依附刘瑾作威作福，其中之一就是"先朋逆瑾，在天津打鲜，借瑾声势吞噬无厌，往来徐扬之间，科敛民财，以数万计民，皆衔入骨髓"①。清初为防止郑成功从海上突袭，朝廷禁止渔民出海捕鱼。到康熙年间放开海禁，此后天津海口共有渔船400多艘，每年两季出海。这些海船捕捞的鱼类主要输往北京，渔船从海口运至北京要缴纳五道税：第一道税叫作黑土课米银，第二道税在海口，第三道税则是关钞，第四道税在通州马家桥，第五道税为崇文门税关。"每届冬季，崇文门进呈冬笋及冰鲜鱼。冬笋来自楚、皖，分年进京，楚笋当年，则入京在秋杪，皖笋当年，则入京必冬初也。冰鲜产于津沽，以总督署前玉带河所产者为上品，即银鱼也。"②《燕京岁时记》记载天津海货进京情况：三月，黄花鱼大量进京，"初次到京时，由崇文门监督照例呈进，否则为私货，虽有挟带而来者，不敢卖也"。此外，天津周边亦有多种特产供应北京，如宝坻的大蒜、

---

① 《明武宗实录》卷一五九，正德十三年二月戊子。
② 徐珂：《清稗类钞》第1册，中华书局，1984年，第410页。

静海的甜萝卜、蓟县的栗子以及红果等，在丰收季节均作为贡品运往京城。

天津作为北京的出海口，每年由闽广商船所带的糖、纸张等，大多经由天津贩往北京售卖。档案记载，"天津关税有闽广客贩杂货洋船一项，每年于夏秋之间乘风进口，船大货多，钱粮因而丰盛，故津关旺月每年俱在于六、七、八、九等月"[1]洋船进口之时。雍正元年（1723），至少有福建龙溪、晋江、同安等县的5艘海船抵津贸易[2]；三年（1725），至少有7艘闽船抵达天津[3]；七年（1729）六、七两月，有22艘闽广商船"陆续抵关"[4]；九年（1731），有53艘海船抵津[5]；十年（1732），共有45艘海船抵津[6]。闽广海船所载商货以糖、瓷器、纸张、茶叶等为大宗。以雍正九年（1731）的53艘海船为例，其中有45艘载有糖货，共计34100余包（桶、篓）；有10艘载有瓷器，共计54万余

---

[1] 中国第一历史档案馆：乾隆八年闰四月二十九日三保奏折。
[2] 《雍正朝汉文朱批奏折汇编》第1册，第817—818页，雍正元年八月十一日直隶巡抚李维钧奏折。
[3] 《雍正朝汉文朱批奏折汇编》第6册，第12、74、269页，雍正三年九月初一、九月初七、十月初三直隶总督臣蔡珽奏折。
[4] 《雍正朝汉文朱批奏折汇编》第15册，第904页，雍正七年七月二十七日直隶总督唐执玉奏折；第16册，第324页，雍正七年八月初九日唐执玉奏折。
[5] 《雍正朝汉文朱批奏折汇编》第21册，第611—618页，雍正九年十二月十五日直隶总督刘於义奏折。
[6] 《雍正朝汉文朱批奏折汇编》第23册，第570—572页，雍正十年十一月初十日直隶总督李卫奏折。

件；12艘载有纸张，23艘载有茶叶；其他商货还有苏木、胡椒、干鲜果品、药材、海味等。随船北上的这些纸张多产自闽江上游的延平、邵武二府，在天津过关验货后由运河转运北京。①

表4-1 雍正九年53艘抵津海船运载商品示例

商品种类	商品数量	船只	船籍
糖	白糖17033包，松糖16427包（篓），冰糖672桶	45艘	福建晋江、同安、龙溪、莆田、闽县；浙江鄞县
瓷器	粗瓷器：碗盘茶盅酒盅等512620件+5篓 细瓷器：五簋碗、宫碗等28890件	10艘	福建晋江、莆田、闽县
纸张	48233篓+1205块	12艘	福建闽县、莆田
茶叶	2108篓+1594斤	23艘	福建晋江、同安、龙溪、莆田、闽县
其他	苏木22800斤、胡椒71包，橘饼500余桶、乌梅、槟榔、元眼、桂圆、佛手等500余篓（桶、包），陈皮、橘皮、门冬、枳实、栀子、香附等260余袋（包），绍兴酒451坛、笋396篓、姜140桶，以及烟、花生、鱼翅、紫菜、海粉、红曲、白矾、生漆、松香、鱼鳔、鞭杆等	40艘	福建晋江、同安、龙溪、莆田、闽县

资料来源：《雍正朝汉文朱批奏折汇编》第21册，雍正九年十二月十五日直隶总督刘於义奏折

---

① 许檀：《清代前期的沿海贸易与天津城市的崛起》，载《城市史研究》第13—14辑，天津古籍出版社，1997年，第91页。

道光年间监察御史任伯寅奏称："查国朝设立崇文门税务，为天下总汇之区。每岁额征正余银三十万两。自烟、酒、茶、布及一切杂项，计货取税，皆有定例。"①其中从江浙等地运输来的南货当中主要有茶叶、酒等。清代茶叶贸易实行茶引制度，在各省过关输税时一律"截角"，如运至京城售卖则要"戳去中间"。乾隆二十三年（1758），浙江行销顺天茶引，共计1.9万余道。②另据统计，乾隆中期北京城内茶商字号数有100余家，到乾隆末年城内茶铺多达二三百家。③纸张由福建运来。史载，京师"延、邵二郡纸商，每岁由闽航海……得顺抵天津"，于"岁之冬十月，售纸入都"④。京师居民喜食闽广等地所产槟榔，竹枝词记载："槟榔名号聚都门，口袋盛来紧系身。"⑤

作为内外城的往来孔道，宣武门、正阳门和崇文门一带是清代北京城内最为集中和繁华的商业街市所在，所谓"前三门外货连行，茶市金珠集巨商"⑥。其中宣武门附近有琉璃厂，这里是北京最重要的文化消费市场所在地。正阳

---

① 中国第一历史档案馆：道光二年十二月初三日监察御史任伯寅奏折。
② 《清朝文献通考》卷三〇《征榷五》，浙江古籍出版社，2000年，第5129页。
③ 歙县会馆编：《重修歙县会馆录》，道光十四年刻本。
④ 李华编：《明清以来北京工商会馆碑刻选编》，文物出版社，1980年，第99页。
⑤ 学秋氏：《续都门竹枝词》，载《清代北京竹枝词（十三种）》，北京古籍出版社，1982年，第63页。
⑥ 《日下新讴》，《文献》第11辑，第212页。

门为前三门的中心,市集繁华,交易日盛。崇文门因为税关所在地,也是外城核心的商业中心所在地。

正阳门因处于外城前三门商业区之中心,尤较他处繁华,"市肆……正阳门外尤盛"①。《日下旧闻考》载:"今正阳门前棚房比栉,百货云集,较前代尤盛。足征皇都景物殷繁,既庶且富云。"②正阳门外大街两侧有各类专业性市场。肉市位于正阳门外大街东侧,这里是北京主要的饮食消费处,"高楼一带酒帘挑,笋鸡肥猪须先烧。日下繁华推肉市,果然夜夜是元宵"③。肉市主要为饭馆酒肆所集,热闹景象每至深夜尚不停歇。珠市位于正阳门大街西侧,"当正阳门之冲,前后左右计二三里,皆殷商巨贾列肆开廛",市中贸易鼎盛非比寻常,"凡金琦珠玉以及食货如山积,酒榭歌楼,欢呼酣饮,恒日暮不休,京师之最繁华处也"④。正阳门南侧街市名东西巷,东为帽巷,西为荷包巷,这里也是百货售销处,道光时期专有诗文描述:"五色迷离眼欲盲,万方货物列纵横。举头天不分晴晦,路窄人皆接踵行。"⑤其热闹景象可见一斑。

---

① 洪大容:《湛轩书外集》卷九,载《燕行录》第49册,第20页。
② 于敏中等:《日下旧闻考》卷五五《城市》。
③ 得硕亭:《草珠一串》,载《中华竹枝词》,北京古籍出版社,1997年,第145页。
④ 俞蛟:《梦厂杂著》卷二《春明丛说》。
⑤ 杨静亭:《都门杂咏》,载《中华竹枝词》,北京古籍出版社,1997年,第188页。

宣武门附近以东侧的琉璃厂最为繁华,这里是清代北京最集中的文化消费市场。辽金时期琉璃厂是北京的东郊,元代在此设官窑烧制琉璃瓦;明代营建京城,琉璃厂的规模得以进一步扩大。清初琉璃官窑西迁琉璃渠,此处渐成京师书肆集聚处。及至乾隆年间,琉璃厂除有大量书肆外,又成古董、碑帖等物贩售之处。乾隆年间朝鲜燕行使者称,"市中多书籍、碑版、鼎彝、古董",市集周长"可五里,虽其楼槛之豪侈不及他市",不过市中"珍惟奇巧充溢罗积"①。嘉庆年间诗文言:"琉璃厂甸又新开,异宝奇珍到处排。妇女摩肩车塞路,都言看象早回来。"②及至道光年间,竹枝词记载有"新开厂甸值新春,玩好图书百货陈"③。

宣南地区是明清以来士人生活的主要区域,这里士商云集,文化兴盛,拥有着独树一帜的地域文化特征。明清以来,大量的文人雅士在此居住和交游,使这里成为名噪一时的"宣南士乡"。明清时期宣南地区是会馆最集中的区域,这里也成为外地士人寄居及叙事的重要场所。宣南地区是明清时期最核心的商业区,这里有着大栅栏商业

---

① 洪大容:《湛轩书外集》卷九,载《燕行录》第49册,第217—218页。
② 得硕亭:《草珠一串》,载《中华竹枝词》,北京古籍出版社,1997年,第156页。
③ 杨静亭:《都门杂咏》,载《中华竹枝词》,北京古籍出版社,1997年,第179页。

区、琉璃厂等不同类型的商业圈，是宣南士人日常消费的重要去处，他们的喜好曾引导了北京城的消费风尚。其中开市于康熙年间的琉璃厂书市是宣南士人逛游的重要去处。琉璃厂书市始于康熙年间，乾隆因修《四库全书》，琉璃厂书市逐渐发展起来。当时琉璃厂的书肆多达数十家。晚清时期较为知名的有宝名斋、宝森堂等。琉璃厂的书铺经营广泛，除了面向学者、藏书家销售古籍以外，还售卖当时科举考试、翰林院考试等各种考试的辅导用书。因此，琉璃厂"已隐然为文化之中心，其地不特著闻于首都，亦且驰誉于全国也"[1]。

崇外地区因是掌管所有进城货物税收的崇文门税关所在地，物流畅达，商贸兴盛，因而得以跻身"前三门"之列。《日下新讴》载："万方辐辏极繁华，名称纷乘乱如麻。"[2] 崇外有花儿市，这里是北京通草、绢花的集中地，"梅白桃红借草濡，四时插鬓艳堪娱。人工只欠回春手，除却京师到处无"[3]。

清代北京地区定期的商业集市中，灯市一般在正月十五前十日始设，"京师灯市，始正月八日至十三日而盛，十七而罢，市规也"。明代灯市设于东华门外灯市街，清初

---

[1] 孙殿起：《琉璃厂小志》，北京古籍出版社，1982年，第1页。
[2] 《日下新讴》，载《文献》第11辑，第203页。
[3] 杨静亭：《都门杂咏》，载《中华竹枝词》，北京古籍出版社，1997年，第188页。

移至"正阳门外及花儿市、菜市、琉璃厂店诸处,惟珠市口南为盛"。灯市期间街市喧阗,货物集中,"灯花、百货、珠石、罗绮、古今异物,贵贱杂沓"①。乾隆年间,灯市已成北京城最热闹之节市,"市之日,省直之商旅,夷蛮闽貊之珍异,三代八朝之骨董,五等四民之服用物,皆集"②。

内城作为旗人居住地,乾隆年间随着城市经济的发展,棋盘街更为热闹,"天下士民工贾各以鍱至,云集于斯,肩摩毂击,竟日喧嚣"③。皇城东侧的东四牌楼一带有估衣市,"东四牌楼一带哗,提衣高唱乱如麻。二千四百三十八,者件衣儿该卖他"④。清代北京城内的估衣市场较为繁荣,"街前镇日乱邀呼,四季衣裳遍地铺。还价问渠何着恼,大家拉倒莫含糊"⑤。东单牌楼因临近贡院,每逢春秋会试,士子多在此落脚,消费市场呈现季节性的活跃,竹枝词言:"缎号银楼也快哉,但能管事即生财。休言刻下无生意,且等明春会试来。"⑥每至会试日期,东单牌楼附近"人数骤增至

---

① 《宛平县志》卷一《风俗》。
② 于敏中等:《日下旧闻考》卷四五《城市》。
③ 于敏中等:《日下旧闻考》卷四三《城市》。
④ 杨米人:《都门竹枝词》,载《清代北京竹枝词(十三种)》,北京古籍出版社,1982年,第21页。
⑤ 《燕台口号一百首》,载《中华竹枝词》,北京古籍出版社,1997年,第122页。
⑥ 得硕亭:《草珠一串》,载《中华竹枝词》,北京古籍出版社,1997年,第145页。

数万,市侩行商,欣欣喜色"①。

内城商业以庙市为主要的交易模式。东、西四牌楼因分别有东、西庙而成为内城最为繁华的市集所在,东为隆福寺,西为护国寺。明末清初,这两处庙会市场即已十分兴盛,"古寺松根百货居,珍奇满目价全虚"②。东城隆福寺庙会为每月初七、初八③,其间"一城商侩货物所凑集",集市"广庭可方百步,周设帟幕,百(日)用百物无不具,烂然如彩云朝霞。民物丛聚,摩戛不可行"④。西城护国寺庙会则逢每月初九、初十,正所谓"西城市罢向东城,庙会何年刻日成"⑤。庙市当日一般在天亮之前开始设摊,"万

图4-3 大栅栏商业街

---

① 震钧:《天咫偶闻》卷三《东城》。
② 钱澄之:《都门杂咏》,载《中华竹枝词》,北京古籍出版社,1997年,第19页。
③ 《日下旧闻考》卷四五《城市》载:隆福寺每月逢九、十开市,庙会当日"百货骈阗,为诸市之冠"。
④ 洪大容:《湛轩书外集》,载《燕行录》第49册,第214页。
⑤ 佚名:《燕台口号一百首》,载《中华竹枝词》,北京古籍出版社,1997年,第121页。

货云屯价不赀,进城刚趁亮钟时。西边护国东隆福,又是逢三庙市期"[1]。嘉庆年间得硕亭在《草珠一串》中称:"东西两庙货真全,一日能消百万钱。"[2]东西庙市所售货物种类繁多,上自贵族所好,下自黎民百姓日常所用,无所不备:"东西两庙最繁华,不数琳琅翡翠家。惟爱人工卖春色,生香不断四时花。"[3]此外,隆福寺庙会还出售各色虫鸟,"市陈隆福鸟堪娱,奇异难将名字呼"[4]。

《朝市丛载》记载:"京师地面辽阔,惟前三门为天下仕商聚汇之所。"[5]清末正阳门外的廊房胡同及周边商业区统称为大栅栏商业区,这里店铺林立,商旅拥滞,"凡天下各国,中华各省,金银珠宝、古玩器玉、绸缎估衣、钟表玩物、饭庄饭馆、烟馆戏园,无不毕集其中。京师之精华,尽在于此;热闹繁华,亦莫过于此"[6]。同治年间竹枝词言:"行人拥挤笑肩摩,处处招呼卖什么?休笑不

---

[1] 蒋沅:《燕台杂咏》,载《中华竹枝词》,北京古籍出版社,1997年,第62页。
[2] 得硕亭:《草珠一串》,载《中华竹枝词》,北京古籍出版社,1997年,第145页。
[3] 杨静亭:《都门杂咏》,载《中华竹枝词》,北京古籍出版社,1997年,第188页。
[4] 杨静亭:《都门杂咏》,载《中华竹枝词》,北京古籍出版社,1997年,第189页。
[5] 李虹若:《朝市丛载》例言。
[6] 仲芳氏:《庚子纪事》。

堪珠宝市，廊坊三巷更偏多。"[1]1900年义和团火烧德记药房，延烧铺户"一千八百余家"[2]，兴盛的正阳门外大栅栏一带因大火而渐趋萧条。竹枝词对此亦有反映："大栅栏前热闹场，无端一炬烬咸阳。……百万商民齐束手，市廛景象太萧条。"[3]直到1901年建前门火车站，大栅栏才再度兴盛起来。

四、畿辅襟喉——通州城

通州历史起源很早，两汉时期这里已形成聚落，并在金朝正式得名通州："天德三年升潞县为通州"，取"漕运通济"之意。[4]元明清定都北京后，通州地区因居京城以东，是运河漕运的关键节点，成为"日下冲繁第一州"。嘉靖《通州志略》载："通州上拱京阙，下控天津，潞、浑二水夹会于东南，幽燕诸山雄峙于西北。实水陆之要回，为畿辅之襟喉，舟车之所辐辏，冠盖之所往来。"[5]通州的兴起，与其拥有得天独厚的地理位置并作为京东重要的水陆交通码头密切相关，所谓"上拱神京，下控徐兖，

---

[1] 李静山：《增补都门杂咏》，载《中华竹枝词》，北京古籍出版社，1997年，第233页。
[2] 仲芳氏：《庚子纪事》。
[3] 复侬氏、杞庐氏：《都门纪变百咏》，载《中华竹枝词》，北京古籍出版社，1997年，第252页。
[4] 于敏中等：《日下旧闻考》卷一一一《京畿》。
[5] （嘉靖）《通州志略》卷一《舆地志》。

襟河带海，为国家转漕之通衢。凡川原薮泽之雄，鱼盐畜牧之利，旗地屯田之所纷错，水舟陆车之所往来，固天府之奥区，左辅之雄藩也"①。

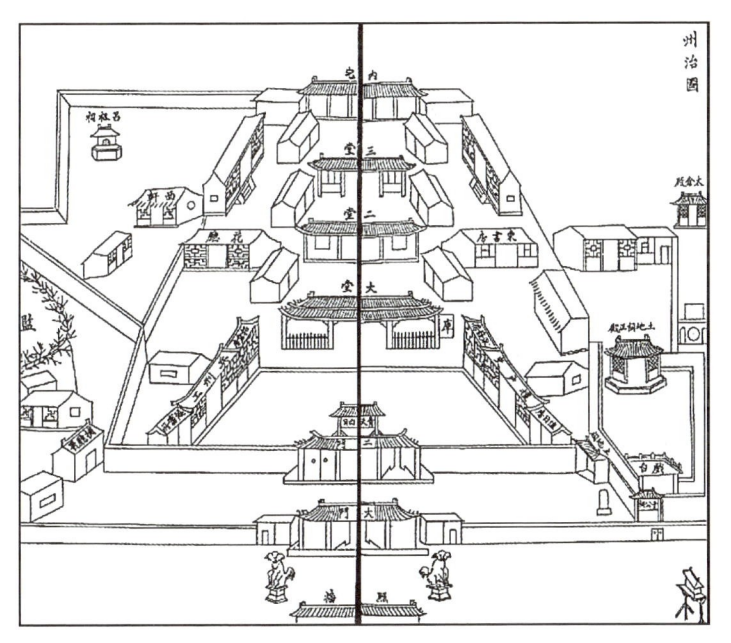

图4-4 光绪九年通州州治图

约在北齐天保年间，潞县县治迁徙于今通州旧城北部区域（大成街北侧）。唐高祖武德二年（619），在潞县城中设置玄州署，领潞县、三河县。贞观元年（627）废除玄州。因水患频仍，潞县治所曾迁至安乐城。水患解除后，

① （光绪）《通州志·序》。

县治又迁回原处。金天德三年(1151)迁都燕京,开启了北京作为政治中心的都城时代。因潞县为漕运重地,遂新置通州于此,自此作为北京水路门户地位得以确立,这在通州的发展历史上具有重要意义。

明洪武元年(1368),鉴于通州为大运河北端重要码头,既是水陆交会要地,又是北平守军之命脉,于是派遣燕山侯孙兴祖率人重新修筑通州城池,"通州城,明洪武元年裨将因旧址修筑"。城设四门,建有城楼,东曰"通运",西曰"朝天",南曰"迎薰",北曰"凝翠"。正统十四年(1449),为防范蒙古瓦剌部侵犯北京城,保护通州城外西仓,总督粮储太监李德及镇守通州指挥使陈信联名上奏,请求抢筑新城,将西仓围于城中,设西、南二门,并建有城楼。新城"甃以砖,周围七里有奇,东连旧城西面,为门二,一曰南门,一曰西门,各有楼,高止丈余,不及旧城一半"①。正德六年(1511)右都御史李贡奏请再次增修新城,增高主墙、修筑垛墙并增建炮台,"新城旧基增筑五尺,其外为砖,内实以土,上复为垛墙六尺有咫,而长、广皆如其数。又为敌台,其西南为瓮城,重门悬桥皆旧所未有"②。万历十九年(1591),以蓟州人王森所创闻香教危及京师,密云兵备道王见宾奏请重修新城。崇祯四

---

① (光绪)《顺天府志》地理志三《城池》。
② 李东阳:《重修通州新城记》,载于敏中等:《日下旧闻考》卷一〇八《京畿·通州一》。

年（1631），工部尚书范景文奏请修旧城北门扇形月城，设上、中、下三层炮台，且于旧城东北角，新城西南角至关重要处修筑炮台。清康熙九年（1670），知州宁完福统一新旧二城规制。康熙五十九年（1720），朝鲜贡使李宜显途经通州城，对"城壁之坚致"印象尤其深刻。至乾隆三十年（1765），拆除旧城西门以南城垣，新、旧两城合二为一。明代通州设水马驿，宣德八年（1433）改建。行在工部奏报"通州水马驿，俱隘陋弊坏，外夷朝贡使臣往来者多，无宿顿之舍，请增广并为一所"，并令尚书等督办。①

作为漕粮中转码头，通州城的粮食贸易非常鼎盛，这里是华北区域颇具盛名的米粮贸易中心。乾隆年间，直隶总督胡季堂调查并奏报：

> 通州地方为水陆总汇之区，凡山东、河南及直隶之大名、天津，江南之徐州等处出产麦石，各处商人每年自二月开河以后，陆续装运来通，数至五六十万不等。该州东关有永茂、永成、福聚、涌源四大堆房，每石无论停贮久暂，得价一分，租给商人堆贮，陆续卖给京城及通州本地铺户。当年销售大半，至次年新麦运到，则将上年之麦全行粜完，从无堆积。此历年兴贩消售之成规也。

---

① 《明宣宗实录》卷一〇四，宣德八年八月辛巳。

乾隆四十二年（1777），商人张圣如等220余家商户，从全国各处贩运小麦近54万石来到通州城进行贸易，可见通州的粮食贸易量极为可观。[①]道光九年（1829），在《通州舟楫录》中记载了当时商船往来的兴盛场景："沿江数十里，帆樯簇立，所装载皆米谷与材木，自南方运至者也。皆木绵为袋，或扛下江边露积，往往如丘陵。木则输入江岸木厂，而未及者亦露积如山。皆长松作板或圆柱。连数十里不绝，其余杂物不可弹记。船之大小虽或不同，制样则如一。船底先排横木，上布松板以防浸湿，上加板屋为物货装积之所。"[②]从米谷、木材到杂货等商品，都是当时通州地区贸易的主要种类。

通州作为漕运终点，城内形成了以漕粮运输、收贮等为中心的物流体系；与此同时，作为重要的商品流通枢纽，也带动了商业和服务业的发展。乾隆时朝鲜使者李喆辅认为，通州是天下财富集中之地，"繁华佳丽甲于诸处"。同治时朝鲜使者柳厚祚路经通州，见到左右店铺，以黄金为装饰，繁华程度几乎与皇城不相上下："左右市廛饰以黄金，物货之盛，人物之繁，与皇城几为相等"，确为"日下冲繁第一州"。朴趾源在《热河日记》中记载：

---

① （乾隆）《通州志》卷一○《艺文》。
② 金景善：《出疆录》，载《燕行录全集》第72册，第476页。

天下船运之物，皆凑集于通州。不见潞河之舟楫，则不识帝都之壮也。下船登岸，车马塞路不可行。既入东门，至西门五里之间，独轮车数万，填塞无回旋处。遂下马，入一铺中。其瑰丽繁富，已非盛京、山海关之比矣。艰穿条路，寸寸前进。市门之匾曰"万艘云集"，大街上建二檐高楼，题曰"声闻九天"。[①]

图4-5　1900年前后的北运河

此外，在另一位朝鲜使者李显宜的行记中，对于通州城内的繁华景象也有详细记载：

街路之上，往来行人及商胡之驱车乘马者，

---

① 朴趾源：《热河日记》，载《燕行录全集》第54册，第105页。

填街溢巷，肩摩毂击，市肆丰侈，杂货云委，处处旗牌，左右罗列。如绒裘、皮袜、红帽、子书、磁器、米谷、羊猪、葱白菜、胡萝卜之属等，或聚置廛上，或积在路边，车运担负，不可尽数。至如壕堑之深广，城壁之坚致，楼榭台观之壮观，署宇仓厂之宏大，非如沈阳之比。真畿辅之襟喉，水陆之要会也。①

明清通州关厢井巷繁多，有旧城前后左中右所、旧城东大街路南、东大街路北、西大街路西、北大街路东、北大街路西；新城西大街路南、西大街路北、南大街路东、南大街路西；旧城东关厢、南关厢、北关厢；新城南关厢、西关厢，这些地方都是人居稠密之所。通州专业性市场分布于州城各主要街口，其中"米市在州城鼓楼前东街口，柴市旧在州南门内大街，今在南门外石桥南，猪市在州南门外，牛市在州城中十字街，骡马市在牛市东小市，鱼市旧在州城内鼓楼前西街，今在十字街南，南北果市旧在州东门内，今在鼓楼后"。除集市外，每年大大小小的庙会、香会、药王会也是通州百姓与各地商帮从事商贸的好时机，如关帝庙有庙会"香会陈积，百货互相市易，演剧礼神，游人杂沓"，娘娘庙有庙场，孤山庙有庙场，广

---

① 李显宜：《陶谷集》，载《燕行录全集》第35册，第372—373页。

福寺有庙场，药王庙有庙场，九神庙有庙场，这些庙宇寺观每年都举行一定日期的庙会，南北商货如同山积，交易量十分庞大。①

明清时期通州以其夜市之繁荣而闻名。乾隆五十六年（1791），金士龙作为朝鲜使者前往北京，正月二十八日返程途中在通州留宿，初更时与另外两位使者出游，见当时"店门市肆上下烛光照耀，开门迎客。有卖针者，有买茶者，有击钟诵经者，到处如是，可谓不寂寞"②。咸丰初年朝鲜使者姜长焕进京路过通州，游览夜市后记载："有群胡数百，两两成列，各持彩灯，远近通明如白昼……列队随行者又不知其数。"③

作为运河的北部端点，通州成为当时往来运河文士的吟诵对象。元代诗人贡奎在《二月十二日达通州》中写道："河冰初解水如天，万里南来第一船。彻夜好风吹晚霁，举头红日五云边。"描述其初抵通州、遥望大都所感。在另一首《通州道中》称："万雉参差云雾开，四千里外客重来。平冈日出车牛喘，古道尘飞驿骑回。白玉至今传楚璞，黄金自古说燕台。高楼红旆应如昨，莫遣新愁到酒杯。"这也是他在大都任职后，再次前往通州游历时写下。元人张翥之《早发潞阳驿》称："征车如水辔如丝，望入

---

① （光绪）《通州志》卷一《疆域·市集》。
② 金士龙：《燕行录》，载《燕行录全集》第74册，第297页。
③ 姜长焕：《北辕录》，载《燕行录全集》第77册，第115页。

金河欲曙时。万里山川环拱抱,九天宫阙起参差。风林泥泥秋多露,野淀棱棱晓有澌。三十余年观国愿,白头今日到京师。"另有《至通州》诗云:"驿卒争鸣鼓,舟人喜下桅。依然今日到,却似去年回。岸黑秋涛缩,川红夕照开。君恩忘险阻,不觉畏途来。"当时通州作为水陆码头所在,这里是他们进京的前站,也是离京的最后一站,具有特殊意义,也因此留下了诸多关于离别的吟诵佳作。①

明代通州名士马经纶与大思想家李贽的交往,在通州文化交流史中也有着重要地位。万历年间,马经纶在通州城南的文昌阁前莲花庵,建立闻道书院,并邀请李贽北上讲学。李贽(1527—1602),字宏甫,号卓吾。初姓林,名载贽,福建泉州人,祖籍南安。李贽为嘉靖三十一年(1552)举人,曾任河南共城教谕、国子监博士。李贽是明代卓越的大思想家,著有《藏书》《续藏书》《焚书》《续焚书》等,又批点《水浒传》《西厢记》《拜月亭》《琵琶记》。但因激烈反对专制主义,李贽多次受到打击与迫害。马经纶不顾时忌,时与李贽交游,此后马经纶又将李贽迎至通州别业莲花寺,并为其修造"假年别馆"。万历三十年(1602),因东林党人、礼科给事中张问达奏劾李贽"惑乱人心""狂诞悖戾","将李贽解发原籍治罪。仍檄行两

---

① 郑永华:《试论通州运河与元代以来的南北文化交流》,载《北京史学论丛》(2017),社会科学文献出版社,2018年,第359-361页。

畿各省,将贽刊行诸书并挟简其家未刊者,尽行烧毁,毋令贻乱于后"。

位于通州的李贽墓"冢高一丈,周列白杨百余株",墓前立二碑,"一曰李卓吾先生墓,秣陵焦竑题;一曰卓吾老子碑,黄梅汪可受撰,碑不志姓名乡里,但称卓吾老子也"。李贽墓后来遭受多次毁坏,1983年迁至西海子公园。焦竑撰书的"李卓吾先生墓"青石墓碑,至今仍然矗立。碑阴由詹轸光所书的《李卓吾碑记》述其始末,其《吊李卓吾先生墓二首》誉称"燕赵古来多慷慨""侠骨不防燕市死"。

明清时期曾有大量文人来到通州拜谒李卓吾先生墓。明人池方显《谒李卓吾墓》诗称:"半生交宇内,缘乃在玄州。闽楚竟难得,佛儒俱不留。世人同喜怒,大道任恩仇。我亦寻知己,依依今未休。"浙江会稽人陈治安作有《感李卓吾》:"通州郭北门,迎福寺西隅。立石表卓吾,望见为欷歔。……公仕有苦操,晚岁独逃虚。极口诋凡人,髡首勒藏书。气味非中和,难为日用糈。留诸尊俎间,宁不菖歜如。"并控诉"理教卫士"对李贽的迫害:"胡乃迫之死,使其愤满舒。乾坤饶怪异,公异而见祛。"[①]文人的往来与交流,进一步提升了通州在运河文化史中的重要地位。

---

① 刘侗、于奕正:《帝京景物略》卷八《畿辅名迹》。

五、京东码头——张家湾

明清时期，张家湾是大运河北端重要漕运枢纽，号称"京东第一大码头"。明代《长安客话》称："张家湾为潞河下流，南北水路要会也。自潞河南至长店四十里，水势环曲，官船客舫、漕运舟航骈集于此。弦唱相闻，最称繁盛。"[1]康熙十年（1671）在《重修张家湾大王庙碑记》中记载："越潞河之南厥地距十余里，镇以张家湾名，稽元明以来为惠通之要津焉。叠以高垒，临以河干，漕艇之所辐辏，经商之所归极也。"[2]清代重修广福禅寺碑，记曰："州南十里一曰张家湾，挹潞水之灵，拱燕山之秀，绿原高厚，碧波萦绕，嘉木丛青，远峰削翠，凡朝贡□□商旅之出入皆道经于此。"[3]由此可见张家湾的地理位置极为重要。

据学者推测，北齐时就在张家湾设有戍所，不过当时主要还是森林地带。相传辽代萧太后在此设养马圈。郭守敬开通惠河经此汇入潞河，在高丽庄设"广利闸二"。明代《漕河图志》记载："广利闸在张家湾中马头西，上至通流下闸十一里，下至闸河口三里。"[4]明代此处为大运河

---

[1] 蒋一葵：《长安客话》卷六《畿辅杂记》。
[2] （雍正）《通州新志》卷六《碑记》。
[3] 《重修广福禅寺碑》，载北京石刻艺术博物馆：《新日下访碑录》（大兴卷、通州卷、顺义卷），北京燕山出版社，2016年，第122页。
[4] 于敏中等：《日下旧闻考》卷一〇九《京畿·通州二》。

北端漕运码头，"每岁漕运自张家湾舍舟陆运"，为运河水陆要冲。当时由全国各地贩运到北京地区的茶叶、布匹等商货以及南来北往的士商行旅也都从张家湾转驳，"士大夫往来京师，多假道通潞，故其地张家湾、河西务诸名，最熟人口"[①]。明代礼部尚书、大学士徐阶在《张家湾城记》中记载："自都门东南行六十里，有地曰张家湾，凡四方之贡赋与士大夫之造朝者，舟至于此，则市马僦车，陆行以达都下，故其地水陆之会而百物之所聚也。"[②]

图4-6　张家湾

明代北运河又称白河，白河和温榆河在通州城北关附

---

① 陈康祺：《郎潜纪闻三笔》卷五《通州为潞县旧治》。
② 徐阶：《世经堂集·张家湾城记》，载《明别集丛刊》第2辑第43册，黄山书社，2015年，第341页。

近合流，然后经通州城东关，东南流至小圣庙，转向西南流，经上码头、皇木厂、张家湾，然后折向东流，经何各庄、烧酒巷、里二泗再向东南流，迤逦南下至天津。明代通惠河自北京东便门外大通桥东流，至通州城西北沿护城河向南流，至西水关流入城内，经通流闸，从东水关流出，经东城墙向南流，过南浦闸向南流，经土桥到达张家湾城东入运河。凉水河自马驹桥入通州境，向东流至高古庄再向东北流，至张家湾城西有萧太后河汇入，然后经张家湾城南入白河。自通州以下至张家湾，有白河、温榆河、通惠河、浑河共四条河汇流，故张家湾以下的运河又叫作"泗河"，因此《长安客话》记载："泗河，在潞县东四里，即运河也。四水会流，故名泗河。"[1]

明嘉靖四十三年（1564），为保护漕运并拱卫京师，顺天府尹刘畿奏请修筑张家湾城。明万历年间的通运桥碑文中记载："张家湾向无城垣，嘉靖庚戌□□□变，世宗皇帝谕创造焉。"工程进行很快，"阅三月竣工，周围九百五丈有奇"，高"二丈二尺"，"内外皆甃以砖。东南滨潞河，西北环以濠池"。城不方正，随河就势，只是北垣稍直，余墙均有弯曲。四面各建有城门楼一座，互不直对，东垣西折处开辟一便门，又建水关三处。此后，此后分别在万历三十三年（1605）、四十年（1612），崇祯四年

---

[1] 蒋一葵：《长安客话》卷六《畿辅杂记》。

（1631）进行重修。此外，城中"建屋若干楹，遇警则以贮运舟之粟，且以为避兵者之所舍，设守备一员，督军五百守之"①。完工之后，徐阶称："而湾之人，南北之缙绅，中国四夷朝贡之使，岁漕之将士，下逮商贾贩佣，胥恃以无恐，至于京师，亦隐然有犄角之助矣。"②可见张家湾不仅是京城商贸之转运枢纽，也是重要的军事防御之所。

1937年卢沟桥事变后，张家湾城为日寇占领，开始拆城墙，建炮楼。1945年9月，日本投降，国民党军队接管，开始拆除各城楼。现存张家湾城遗址位于张家湾镇张家湾村原村址南口两侧，萧太后河北岸。西段长约200米，只余内瓮砖壁，残高1.3米；东段长约120米，其中近南门一段20米。1992年，按照原貌重修。此外，东垣西折北转处，尚余残段50米，高2米多，北门两侧城基尚余80多米，被土掩埋。旧址到处可见城砖残块，且有不少带印记者，诸如"直隶常州府无锡县造""嘉靖三十八年窑户耿珍造"等，可知当时的城砖大多由苏皖地区烧制，由大运河运来建设北京。1995年9月，张家湾城与南门外明代通运桥一起，被列为北京市文物保护单位。

明清时期，张家湾成为大运河北部终点，这里也成为重要的商品集散地。弘治元年（1488）三月，朝鲜人崔溥

---

① （康熙）《通州志》卷二《建置志》。
② 崔溥：《漂海录》卷二，三月二十七日。

来到张家湾，称这里是"诸路贡赋、朝贡、商贾之船之所集处""百货汇集处也"①。明清时期张家湾设有巡检司、提举司、宣课司、盐仓检校批验所、料砖厂等机构。自天津行销北京地区的长芦盐，也由水路运送至此，"长芦运盐，多系水道……北河则运至张湾"②。天启三年（1623）七月，朝鲜使臣李民宬描述道："过张家湾，河之湾曲，连檣簇立几数千余艘。……有城子，城中廛肆甚盛。"③清初张家湾仍旧为大运河北端重要的商业码头。荷兰人约翰·尼霍夫（Johan Nieuhof）作为荷兰公司的特使来到中国，他在其著作中描述道：

> 张家湾离潞县六十里，位于运河左岸。该地人口众多，有一个防御用的坚固城楼。城中央有一座漂亮的牌坊，是用灰色石头建造的。城南有一座五个拱洞的石桥，桥两旁都建有房屋。该城长约四十二步，所有运往北京的货物都在此地和通州卸下，转用驴子和大车运载，由陆路载到北京。这些驴子和大车常在此地等待运送货物。④

---

① 徐阶：《世经堂集·张家湾城记》，载《明别集丛刊》第2辑第43册，黄山书社，2015年，第341页。
② 王守基：《盐法议略》。
③ 李民宬：《朝天录》，载《燕行录全集》第14册，第313页。
④ 约翰·尼霍夫：《荷使初访中国记》，厦门大学出版社，1989年，第80页。

张家湾是京东重要的粮食贸易区，在《清高宗实录》中记载："查南北运河贩麦商船，多赴张家湾起卸，由京商转运至京。"清代中俄茶叶贸易开始利用运河进行运输，张家湾成为山西商人向蒙古、俄罗斯地区运输茶叶的重要码头。《通州湾立规碑记》中记载了茶叶到达通州湾的规则，嘉庆十八年（1813）《茶叶规程》的《新立碑规》中记载了茶叶抵达通州张家湾的规则。1860年英法联军攻占张家湾，在这里发现了大量运往俄国的茶叶，"在这个城镇里缴获了300000磅茶叶"。据当时的记载："张家湾是一个由很破旧的城墙所围住的小镇。……那儿大概有10000人口。镇上可见到打包准备运往俄国市场的大量砖茶，总价值估计有25万英镑，小帆船可以通过白河的支流直达张家湾。"[1]

清代张家湾发达的转运贸易催生了地区服务业的发展，带动了牙行等货行的发展。其中写船行是为水运服务的牙行，抗（扛）脚行是专营货物装卸的牙行，杂税揽头行当属包含纳税服务在内的牙行；车行的分工更为细致，装货品种、地点及转运方向等均有分工，如湾东装载发京客粮食盐行、湾西店装载起京曲小车行、上关装载起京曲米南酒小车行、四外起京曲行等，都是专营起京商货的；其他如钱粮小车行、下水小车行、行李小车行等，均各有

---

[1] 乔治·奥尔古德：《1860年的中国战争：信札和日记》，中西书局，2013年，第77页。

分工。张家湾的曲、酒交易也有相当规模，不仅有零卖曲行和烧酒行，还设有起京曲行以及专门转运篓曲和曲米、南酒的车行。其中粮食行分工极为细致，张家湾当时有籴买杂粮行经纪31名、粜卖杂粮行经纪11名、街市斛斗行经纪6名、零江米行经纪11名。[1]

张家湾作为运河枢纽，在南北文化交流史中有着特殊地位。有红学家认为曹雪芹逝后所葬的北京东郊，可能即是张家湾以西的曹家坟。1968年平整田土时，村民李景柱曾挖出墓碑一块，其上刻有"曹公讳霑墓"字样，落款为"壬午"。虽然该墓碑的真伪仍未明确，但曹家与通州运河之间存在着密切的文化关系，却是毋庸置疑的。曹家先祖曹振彦以上三旗包衣起家，其后代历受恩宠，曹玺、曹寅、曹颙、曹頫均出任江宁织造。尤其是曹雪芹的祖父曹寅，官至江宁织造、通政使兼巡视两淮盐课御史，康熙帝六次南巡，四次都由其在江宁织造府。曹家三代四人任职江宁织造60余年，"实维亲臣、世臣"，成为康熙帝安插在江南的亲信耳目。不过雍正帝即位后，随着曹頫被控骚扰驿站、亏空帑项、转移财产等罪而遭籍没，曹家迅速破败。[2]曹家以江宁织造臻于极盛，最后又败于江宁织造任

---

[1] 许檀：《明清时期的通州商业》，《中国社会经济史研究》2021年第3期，第1—10页。

[2] 黄一农：《e-考据时代的新曹学研究：以曹振彦生平为例》，《中国社会科学》2011年第2期，第189—207,224页。

上。或许正是这一荣衰对比鲜明的家族人生经历，促成曹雪芹创作出了不朽名著《红楼梦》。而这与南北交通枢纽的通州，亦不无关系。

曹家频繁往返于京城与江宁织造署之间，在有"大运河第一码头"之称的张家湾，曾开有"本银七千两"的当铺。据考证，曹家当铺在通运桥南东西向街道的路北十里街西花枝巷，今尚存基址。附近小花枝巷内，还有名为"曹家井"的遗址，传说原本也是曹雪芹家的水井。曹家还在张家湾开有盐店，其址在十里街西端南侧。张家湾与红学文化有着"不解之缘"。其实《红楼梦》的酝酿与产生，也与运河带来的南北文化交流有着直接渊源。曹雪芹出生于南京江宁织造府，幼年起受到江南文化的深刻熏陶与教育。《红楼梦》开端从大运河南端最繁华的苏州说起，其后叙述全书主角林黛玉北上投亲，从维扬登舟，沿着京杭大运河北上，历时80多天到达京城，而以"黛玉自那日弃舟登岸时，便有荣国府打发了轿子并拉行李的车辆久候了"的描述，拉开整部《红楼梦》悲欢离合的人生大戏。[①] 有人甚至推测，《红楼梦》中描写的花枝巷、馒头庵、葫芦寺等场景，其原型就在曹雪芹熟稔的通州张家湾附近。时人曹代萧有诗云："潞水东湾四十程，烟光无数紫云生。

---

① 郑永华：《试论通州与元代以来的南北文化交流》，载《北京史学论丛》（2017），社会科学文献出版社，2018年，第359—361页。

王孙驰马城边过，笑指红楼听玉筝。"①

六、漷县与河西务

北运河自通州北关流出后，经张家湾镇向东南蜿蜒流入漷县境内，依次流经榆林庄、长陵营、马堤、马头等村落；与此同时，漷县镇域内的港沟河自西北流向东南，斜穿吴营村、靓庄、许各庄、漷县村、西黄堡、柏庄等村落，最终在香河境内汇入北运河，流经漷县辖域的凉水河、凤港减河也分别在榆林庄村和外域同北运河相汇。《读史方舆纪要》载："漷河，在县西，一名新河，自卢沟河分流至县界，析而为三：其正河为漷河，东入白河；其一为新庄河，南流入武清县界；其一为黄沤河，东注马家庄飞放泊。"而漷县的兴起，与北运河漕运活动密切相关，由此带动了市镇的形成与发展。

汉代漷县地区是泉州县境内一座村庄，称霍村镇，东西两侧均为湖泊沼泽，毗邻"方数百里"之延芳淀。辽金元时期，这里湖泽密布，鸟集鳞萃，是少数民族皇室及贵族的游猎之所。"辽每年季春，弋猎于延芳淀，居民成邑，就城故漷阴镇。"辽圣宗时，萧太后临朝听政，每年春季，帝后及王公大臣均至此进行狩猎活动，放海东青猎擒天鹅。《辽史·地理志》记载："延芳淀方数百里，春时

---

① 蒋一葵：《长安客话》卷六《畿辅杂记》。

鹅鹜所聚，夏秋多菱芡。国主春猎，卫士皆衣墨绿，各持连锤、鹰食、刺鹅锥，列水次，相去五七步。上风击鼓，惊鹅稍离水面。国主亲放海东青鹘擒之。鹅坠，恐鹘力不胜，在列者以佩锥刺鹅，急取其脑饲鹘。得头鹅者，例赏银绢。"① 另外，《辽史·营卫志》详细记载了春捺钵的具体场景：

> 皇帝正月上旬起牙帐，约六十日方至。天鹅未至，卓帐冰上，凿冰取鱼。冰泮，乃纵鹰鹘捕鹅雁。晨出暮归，从事代猎。鸭子河泺东西二十里，南北三十里，在长春州东北三十五里，四面皆沙堝，多榆柳杏林。皇帝每至，侍御皆服墨绿色衣，各备连锤一柄，鹰食一器，刺鹅锥一枚，于泺周围相去各五七步排立。皇帝冠巾，衣时服，系玉束带，于上风望之。有鹅之处举旗，探骑驰报，远泊鸣鼓。鹅惊腾起，左右围骑皆举帜麾之。五坊擎进海东青鹘，拜授皇帝放之。鹘擒鹅坠，势力不如，排立近者，举锥刺鹅，取脑以饲鹘。教鹘人例赏银绢。皇帝得头鹅，荐庙，群臣各献洒果，举乐。更相酬酢，致贺语，皆插鹅毛于首以为乐。赐从人酒，遍散其毛，弋猎网钩，春尽

---

① 《辽史》卷四〇《地理志四》。

乃还。①

金代析出潞县南部与武清县北部区域新设一县，称漷阴县，县治设在霍村镇中，以其在漷河之南故名漷县。元至元十三年（1276），将漷阴县升为漷州，领武清和香河二县，其治所迁往河西务。元代延芳淀逐渐由大湖泊缩小为若干小河淀，此前大规模的春捺钵活动也变为"飞放"。《元史》记载："冬春之交，天子或亲幸近郊，纵鹰隼搏击，以为游豫之度，谓之飞放。"②王恽《大都路漷州隆禧观碑铭》详细记述了元代的游猎活动：

漷州，距今新都东南百里而近，本汉泉州地，辽为镇，而亡金县焉。……建元以来，春秋澄融之际，上每事羽猎，岁尝驻跸，民庶睹羽旌之光，临乐游豫之有赖，故生聚市哄，旋踵成趣。③

明洪武十四年（1381），漷州降级称漷县，属通州辖区。正德初年，京畿农民起义军声势浩大，危及漕河与京师，知县郭梅主持修筑漷县土城，周长仅"二里许"，亦无城壕。嘉靖二十二年（1543），巡视直隶监察御史阎

---

① 《辽史》卷三二《营卫志中》。
② 《元史》卷一〇一《兵四》。
③ 王恽：《秋涧先生大文集》卷五七《大都路漷州隆禧观碑铭》。

委、通州州同陈昶，主持增修，周长扩至三里，四面各建城门楼一座，仍为土城，"高一丈二尺，上阔一丈，下稍倍之"。三十五年（1556），知县吕哲予以重修，并在四门题额，北曰"拱阙"，南曰"迎薰"，东曰"临津"，西曰"通都"。万历四年（1576）霸州兵备道道台曹当勉与知县李子擢、宋祉，相继予以修葺，并在三面新开护城河，新建南北城门楼。南城门楼沿旧称，北城门楼改称"巩京"，东西开设小门各一座且建小门楼。嘉靖三十七年（1558），

图4-7 《通惠河漕运图卷》（局部）

因雨水冲刷，城墙多处被毁，知县艾友芝予以重修。崇祯八年(1635)，张献忠等推翻明朝的义军势力盛大，京畿各县形势紧张，知县涂应召劝民捐修城池，城墙增高拓宽，护城河亦略增宽。清顺治十一年(1654)，雨季，河水泛滥，冲毁西、南、北三面城垣；东垣断如冈阜，惟门独存。未及修复，便于顺治十六年(1659)撤县，并入通州。通州绿营兵守备官徐达予以略加修葺，嗣后失修，门倒墙倾。所以清初沿运河北上的荷兰使者，途经漷州时称"这是个小城"。同治七年(1868)，复筑土城，周长2公里。目前漷县城遗址位于漷县镇漷县村南部以及西部地区。

河西务今属天津市武清区，元明清因漕运而兴。《元史》记载："都漕运使司，秩正三品，掌御河上下至直沽、河西务、李二寺、通州等处攒运粮斛。至元二十四年(1287)，自京畿运司分立都漕运司，于河西务置总司，分司临清。运使二员，正三品；同知二员，正事一员，从八品。案牍二员，内一员兼照磨，司立三十三人，通事、驿史各一名，奏差役十六人，典吏一人，其属七十五人。"至元二十五年(1288)置漕运司，领接运海道粮事。[1]从以上官员配置来看，设置于河西务的漕运使司一职极为重要。

河西务是京东重要的水陆码头。元明清三代，这里一

---

[1]《元史》卷八五《百官一·户部》。

直是"极冲要"的大型驿站。至元二十四年(1287),治河西务马驿,为元代1591处驿站之一。明洪武二年(1369)改河西水驿。驿站分为马驿、水驿两类,河西驿属水马合一的驿站。清代每个驿站设驿马33匹,马夫165名,纤夫99名,还有轿夫、递夫若干。水路自是以运河为脉,而驿道则是从北京逶迤而下,在河西务城西折弯向南。《长安客话》记载:"河西务,漕渠之咽喉也。江南漕艘毕从此入……滨河建有龙祠,以时祭祷。西岸旅店丛集,居积百货,为京东第一镇。"[1]

明清时期河西务是重要的钞关所在地。明置户部分司、巡司,清设游击、管河主簿、巡司于此。明代米万钟撰有《重建河西务汉前将军关壮缪侯庙记略》,对于当时河西务有过详细描述:"距雍奴东北一舍,而遥有关市焉。以其在白河之西,曰河西务,居然重镇也,故榷部驻是。"[2]宣德年间户部在运河沿线的重要码头设钞关,天津关即位于此。按照规定,凡进京商船均需在河西务领取红单,至京城崇文门再凭单缴纳税课。直到清康熙四年(1665),天津关移至天津三岔口附近。

明清时期河西务作为运河漕船及商船行经之地,以及重要的税关所在地,舟行往来十分繁忙。明隆庆六年

---

[1] 蒋一葵:《长安客话》卷六《畿辅杂记》。
[2] 于敏中等:《日下旧闻考》卷一一二《京畿》。

（1572）在今土城村修筑砖城，周六百三十五丈，高二丈，底二丈，宽一丈。城周设四门，东门寅宾，西门拱阙，南门阳明，北门澄清。城内有清真寺以及镇河关帝庙；城南有风景秀丽的南荡。同年，武清县知县李贲有诗云："铁瓮新城十万家，闾阎旧俗竞繁华。堤连第宅功勋店，岸拥旌旗使者艖。税榷五材充国计，商通四海足生涯。会同诸夏咽喉处，名利烟波炫晚霞。"①

清代南来北往的商船行旅，带动了河西务的兴盛，这里商民攒聚，舟航辐辏，被称为"京东第一镇"。顺治十二年（1655）荷兰人约翰·尼霍夫随团来到中国，在进京途中经过河西务，对此地地物风貌描写道："七月十一日，我们来到河西务。此地距天津一百八十里，位于运河的左岸。该城方圆步行约半个小时，有一道城墙，郊区沿运河两岸伸展颇远。所有前往北京的船都必须经过此地，在此缴纳通行税。所以这个小镇非常有名。"②时人曾作《河西务》一诗称："驿路通畿甸，敖仓俯漕河。骑瞻西日去，帆听北方过。燕蓟舟车会，江淮贡赋多。近闻愁米价，素食定如何？"③

---

① 蒋一葵：《长安客话》卷六《畿辅杂记》。
② 包乐史、庄国土：《〈荷使初访中国记〉研究》，厦门大学出版社，1989年，第80页。
③ 杨匡和：《傅与砺诗集校注》，云南大学出版社，2015年，第184页。

第五章　水利设施

大运河北京段经过的区域，自然地理状况复杂，虽然在开凿和工程建设中大大增加了工程难度，但也产生了众多因地制宜、因势利导的工程实践。大运河北京段的工程体系和技术手段，在上千年的实践过程中不断成熟和完善，或为束缚，或为抵御，或为引导，或为调节，功能不一，但最终都是为了达成"水德含和，变通在我"的理想目标，实现人与自然、人与水的和谐共生。

一、河道遗址

历史上的北京地区，河流纵横，水源充沛，虽然比不上水网密布的江南，但也具备非常优越的水利交通条件。为减少运河开凿与疏浚的工程量，大运河北京段在运河水道的选择与走向上，充分利用了史前与历史时期自然河流的故道，充分体现了因地制宜、因势利导的水利规划的智慧。

（一）通惠河

通惠河开凿后，漕船可以自通州入闸，逐级西行一直到大都城下，自城南水门入城，经宫城附近河流抵达积水潭。元末朝政腐败，通惠河上源渠道破败淤塞，沿河闸口多有毁坏，通惠河也在明初洪武年间逐渐废弃。永乐帝迁都北京后，为修建北京城，曾疏浚通惠河故道，以便运送漕粮和建筑物资等，但时间不长，就再度废弃。明代中前期，曾多次疏浚通惠河，然均未成功。清康乾时期，经过疏浚，通惠河漕运再度兴盛起来。到了清末，海运和铁路兴起，逐渐替代了运河的功能，光绪二十七年（1901）通惠河全线停运。

民国时期，林传甲编纂的《大中华京兆地理志》对通惠河有以下记载：

> 通惠河，一名闸河。因昔日漕运，全恃各闸以蓄水，每一闸，闸上之水，或比闸下之水，差至丈余，元郭守敬所测定。元明清三代利用之，特设闸官，以司启闭。又名玉河，因近源多出自玉泉山。或名御河，因导什刹海入禁苑，为南、北、中三海，由御河桥流出，而后会护城河而东也。其实各城皆有闸，两闸之间可行船，漕运全盛之时，船只众多，沿河盘闸之民，皆食其利。京兆地方，人工

所造之河，以此为最。京师各沟洫，污浊所归，秋冬水尤臭，不能生存鱼鳖，不如上源西山泉水也，源出昌平白浮，下达通县，会于潞水。[1]

新中国成立后，通惠河成为北京市中心区重要的排水及工农业输水河道，但因年久失修，河道淤塞严重，排水能力低下。1958年，在高碑店村修建新拦河闸（高碑店闸），1978年改建，新闸位于旧闸的北面。1993年初，北京市开始实施通惠河整治工程，在两岸修建污水截流管道，使污水不再排入通惠河。2009年春，朝阳区启动通惠河滨水文化景观带建设，利用通惠河水系形成景观长廊，发展文化休闲、生态环境展示等产业；9月，在通惠河南岸庆丰闸旧址南侧建成庆丰公园。庆丰公园西起灵通观桥，东至庆丰桥，全长2300米，占地面积26.7公顷，是通惠河朝阳段沿线的重要景观带。

图5-1 《通惠河漕运图卷》（局部）

---

[1] 林传甲：《大中华京兆地理志》，武学书馆，1919年，第45页。

玉河故道为元代通惠河的上段，明代开始将由玉泉山至大通桥的一段称为玉河。由于水量减少，漕运功能弱化，玉河河道被逐渐填埋。明宣德七年（1432），皇城外扩，将东不压桥以南至长安街的河段纳入皇城内，玉河彻底丧失了漕运功能，从此只供排水用。清代，玉河被称为"御河"或"御沟"。虽然清代至民国时期也曾进行疏浚，但改变不了玉河逐渐断水并趋于消亡的趋势，玉河从万宁桥至大通桥段于1956年彻底消失。2007年，东城区进行御河环境整治工程，在靠近地安门东大街北侧发现有铺设规整的石条。北京市文物研究所对发现的古代遗存进行了抢救性考古发掘，东不压桥的整体轮廓得以重见天日。随后，根据遗迹走向和文献资料，发掘出万宁桥和地安门东大街之间的玉河遗址。2017年，对西城区明清时期的西板桥及河道遗址进行了考古发掘。

北京市文物局发布《近年来北京大运河文化带的重要考古发现》，详细介绍了相关遗址的发掘情况：

> 东不压桥，为西南、东北向，桥拱上部已不存在，残存金门、金刚墙、雁翅、裹头及少量拱券石。两侧引桥保存较好。桥总长推测为47.1米，西引桥长20.75米，东引桥已发掘15.75米，最宽处10.5米，最窄处6.5米，金门宽5.6米，拱券残高0.53—1.65米，引桥最上部为桥面石。澄

清中闸修建于东不压桥上游的雁翅上，闸口宽6.1米，残高1.2米，门槽宽0.27米、进深0.25米，闸底已被破坏。西板桥遗址南北走向，平面呈正方形，边长6.5米，拱圈净跨2米，高1.7米。河道清理长度29米，泊岸保存较好。

（二）北运河

北运河发源于燕山南麓，上流为温榆河，有大小支流30多条，分别流入南沙河、北沙河以及东沙河，进入昌平后汇为温榆河，流经顺义、朝阳，在通州北关入北运河。民国时期的《大中华京兆地理志》对于北运河河道情况记载如下：

> 京兆地方，昔年通道于东南各省，逾河、逾淮、逾江、逾浙，莫若运河之纵贯南北，而北运河遂为南漕北来之通道，且运盐则近自长芦，运铜则远及云南。铁路未通以前，洋广杂货，由海舶运天津者，莫不由北运河至通州，自通州而下达天津，亦为京货南行所取道。今铁路交通，形势一变，白河改流，形势再变。西人世界，图以直隶为白河流域，或以北运河为纲，称北河流域，然通县之人，则喜用潞河之别称，然潞河非至远之源也。今京兆地方，设北运河防局，以总河防。

铁路虽通，运河亦终古不废也。①

新中国成立后，政府开始大规模治理北运河。1950年，修复北运河主干大堤，当时主要是由河北省组织，采取以工代赈的方式进行。1958年，在温榆河支流东沙河上修建十三陵水库，这也是北运河河道治理中最为重要的工程。十三陵水库于1958年7月1日竣工，仅用时160天，可蓄水7300万立方米。1964—1965年改建后，库容达到8100万立方米。1984年再次修建补水渠，从白河堡水库南干渠引水，有效补充了水库水量。此后，北运河流域还先后修建了响潭、王家园、沙峪口等中小型水库。1960年，开始修建运潮减河，从通县北关闸开挖分洪河道，经王家场、古城等处，向东北入潮白河。1970年，根据《温榆河整治计划》，挖通河道并修建水闸。在北运河主干北京段，1972—1973年完成通县北关闸至牛牧屯引河口41.9公里的河段治理；1992年对杨洼至牛牧屯左堤进行复堤加固，部分堤段裁弯取直。此外，在温榆河至北运河河道中，还修建了多处水闸。1959—1960年建成昌平沙河镇沙河闸，1973年建成榆林庄东闸，等等。

近年来，北京市围绕大运河文化带建设，着力延续运河千年文脉。一是将从源头、中间重要节点到通州全线的

---

① 林传甲：《大中华京兆地理志》，武学书馆，1919年，第47页。

各级各类文物纳入保护范围，沿线50余处水源、闸、桥梁、古遗址、古建筑等遗产点位经过摸底修缮，成为"文化明珠"持续点亮运河沿线。二是对大运河进行全面考古发掘，2021年以来开展考古发掘项目140余项，发掘面积约13万平方米。其中，汉代路县故城遗址及其周边系列考古成果，被评为2016年度"全国十大考古新发现"。三是持续完善大运河沿线文化遗产保护，包括推进大运河源头遗址公园建设，完成白浮泉遗址及周边考古发掘，考古勘探面积1.03万平方米。四是整体塑造大运河沿线风貌，2019年10月3日大运河通州城市段通航，2021年6月26日大运河北京段通航，2022年6月24日京杭大运河京冀段62公里实现全线通航。五是依托运河水系资源和景观空间，建设全线滨河绿道及重点游船通航河道，焕发大运河都市亲水空间魅力。传承千年的大运河在城市的沧桑巨变中，正在不断书写新的篇章。

（三）坝河

坝河为高梁河分支，历史悠久。早在三国时期，樊晨在今德胜门附近引高梁水东至今通州，形成了这条河道的雏形。金代曾利用这条河道开展漕运。在通惠河开凿以前，元代通过这条河从通州运粮到大都城，命名为坝河。今坝河西起光熙门，东至朝阳区东郊温榆河，主河道全长约22公里，基本在朝阳区内。元代坝河水量不大，且因玉泉水引入大都城供饮用,坝河经常淤浅,逐渐废弃。

1950年初,经北京市郊区工作委员会设计批准,于1950—1952年将坝河干流和支流北小河,按5年一遇排水标准施工。1966年朝阳区疏挖北岗子至河口12.2公里河道,最大泄洪能力从83立方米每秒增加至139立方米每秒。并建三座闸门控制。1971年又疏浚后提高泄洪能力到247立方米每秒,增建一座闸。1975年坝河开始全面治理,至1978年完成,在坝河上共建7座闸控制排水,与700年前修坝数目一样。2011年又进行大规模治理和景观建设。[①]

坝河至今大致保留基本河道,是市内运河遗迹中保存较多的,虽有部分填埋,但大体完好。因为尚未进行系统修复整理,两岸自然景观较差。沿河区域维护较好,建设有坝河休闲公园,面积17.04公顷,公园配置景观林带、河流水系,配有健步道、景观桥、健身器材等设施,还设计有亲子花园、绿野花境、梅园等主题区域。

(四)长河

长河原是历代京城的引水河道,郭守敬引白浮泉及西山诸泉水通过这条河道入大都城,再连接通惠河,以兴漕运。《长安客话》记载:"桥跨高粱河,故名。离西直门

---

① 蔡蕃:《大运河——都城命脉》,北京出版社,第196页。

仅半里许。兹水源发西山，汇为西湖，东为小渠，由此入大内，称玉河。方之关中，可比浐灞。水急而清，鱼之沉水底者，鳞鬣皆见。春时堤柳垂青，西山朝夕设色以娱游人。都城士女借草班荆，曾无余隙，殆一佳胜地也。"[1]这里高粱河、玉河都是指长河。《日下旧闻考》记载："水从玉泉来，三十里至桥下，夹岸高柳，丝垂到水，绿树绀宇，酒旗亭台，广亩小池，荫爽交匝。岁清明日，都人踏青，舆者、骑马、步者，游人以万人计。浴佛日、重午，游亦如之。"[2]长河从西山山麓通过昆明湖，至海淀麦庄桥，折向东南，遇西直门注入北护城河，再东流至德胜门入积水潭。长河在明代晚期逐渐淤塞，清乾隆帝兴修水利，于乾隆十六年（1751）完成了对长河的清挖河底、局部拓宽和整理泊岸的工程。作为皇城通往西郊的御用水路，这也是一条可以灌溉普通农田的河道。晚清以后，河道逐渐废弃。

民国时期的《玉泉源流之状况及整理大纲计划书》对泉源情况进行了详细记载，其中长河情况如下：

> 长河在昆明湖之东南，自秀漪桥至长春桥，共有涵洞八处，流出之水，分灌六郎庄、巴沟、南

---

[1] 蒋一葵：《长安客话》卷三《郊坰杂记》。
[2] 于敏中等：《日下旧闻考》卷九八《郊坰》。

所、圣化寺、白房子、宝贞观一带水田。此水去路多东北行，经由西苑操场濠沟，东流沿海甸大道，又北至蔚秀园，南又西流，分入蔚秀园，并会西来之水，东北行，往红桥以东，注于下清河。在长春桥以南，长河本身有一支河，绕石佛寺之西，经广源闸之东，至白石桥，仍入于长河，此支河现已干涸。又紫竹院，有泉眼二，一在苇地北岸，一在紫竹院外，其水量甚微，仅维持方丈之地，不致干涸。至白石桥以下之长河，内有通农事试验场之水口七处，现在仅通四口，余均闭塞。又长河之水，至高梁桥东，复分二道，南行者往阜成闸，北行者乃往松林闸，皆属护城河矣。[1]

长河河道维护较好，新中国成立以来，长河沿岸景观不断升级。2022年，北京市实施"南长河沿线整治提升项目纳入疏整促专项行动重点区域综合整治任务"。该项目东起中关村南大街，西至西三环北路，设计总长度为1.5公里，分为景观工程、生态工程、美化工程。其中景观工程中，专门整治河道岸坡和滨水步道，建设滨水平台，提升了滨水植物景观；生态工程在南长河国家图书馆段、广

---

[1]《玉泉源流之状况及整理大纲计划书》，《中华工程师学会学报》1928年第15卷，第9—10期。

源闸段，实现道路雨水收集、生态治理后再排入河道，建设全线生态净水设施；美化工程则开展河道沿线的桥底装饰、河道沿线、景观平台、景观小品、绿地种植亮化。这次整治打通了桥梁下穿空间，解决滨水道路与白石桥、西三环北路的市政公路贯穿问题，同时在现状基础上建设紫竹院东二门，使长河滨水步道直接接入公园游步道，实现"南长河广源闸—紫竹院—国家图书馆—首体"段全线贯通成环，打造长河中游段2.2公里滨水游览空间。

（五）白浮泉

白浮泉是元代通惠河的水源，又称龙泉、神山泉。《元史·河渠志》记载："上自昌平县白浮村引神山泉西折而南，过双塔、榆河、一亩、玉泉诸水，经瓮山泊至西水门入都城"，"南汇为积水潭，东南出文明门，东至通州高丽庄入白河"，最后"入于潞河，以便漕运"。郭守敬在白浮泉下筑白浮堰，截水西流，汇聚玉泉山诸泉水后，东南汇入瓮山泊，沿高梁河经和义门北注入积水潭。元末明初，白浮堰瓮山段被毁，水源渐渐断流。明永乐朝在源头处修建了九龙池，水自青石雕成的九个龙头中喷出，取名九龙池，又有"九龙戏水"之称。《长安客话》载："白浮山在昌平境南，上有二龙潭，其水流经白浮村。元郭守敬筑堰，引水使西会马眼等诸泉，折而南流，入于潞河，以便天下漕运，堰即以白浮名。起自白浮村至青龙桥，延袤五十余里。"①后来泉水渐渐干涸，仅存九个喷水龙头。

1989年在原基础上仿建碑亭一座。出水处砌九个龙头，因水源早已枯竭，仅有小股水流从龙口流出。都龙王庙始建于元，明清重修，为祭祀、祈雨之所。庙坐北朝南，由照壁、山门、钟鼓楼、正殿及配殿等建筑组成。1989年对都龙王庙进行了修缮，现在龙山度假村内。2017年昌平已经启动北京大运河文化带源头"白浮泉遗址"的修缮和保护工作，其中白浮泉遗址在2017年前完成腾退，占用遗址的龙山度假村年底前整建制移交区政府。2018年启动对白浮泉遗址、都龙王庙、龙泉禅寺的修缮，复建白衣庵和古戏楼，再现当年的"一泉三庙一楼"景观，并规划建设大运河源头遗址公园。同时建设白浮瓮山河（京密引水渠）文化景观带，整治河岸两侧环境，对沿线文物古迹进行标识；依托大运河源头、白浮瓮山河的水文化历史资源，建设水文化博物馆。

（六）玉泉山泉水

玉泉山泉水是北京近800年来重要的地表水源。玉泉山系西山东麓支脉，是永定河冲积洪积扇的山前溢出带，地下水丰富，流泉迂回密布，泉水晶莹如玉，故称玉泉池，山亦因此得名。玉泉水系曾是北京城最主要的水源、

---

① 蒋一葵：《长安客话》卷六《畿辅杂记》。

排水河道。玉泉山得名于金朝，碑记中载："燕城西北三十里，有玉泉自山而出，泓澄百顷。及其放乎长川，浑浩流转，莫知其涯。"①

由于玉泉山风景秀美，且距城不远，很早就被利用开发为离宫别苑。辽代在玉泉山建起了北京西北郊最早的皇家园林——玉泉行宫。金代又建有芙蓉殿，金章宗曾多次游历玉泉山，将玉泉山瀑命名为"玉泉趵突"，为"燕京八景"之一。元明时期玉泉山作为皇帝游幸之所，元世祖在此建昭化寺，明英宗又建上、下华严寺。清康熙十九年（1680）将原有行宫、寺庙翻修一新，总名"澄心园"，后

图5-2　玉泉趵突

---

① 《元一统志》卷一《上都路》。

改称"静明园"。乾隆时也曾亲临游历，留下了大量御制诗文。元代从玉泉山下引出一条金水河，《元史·河渠志》记载："金水河其源出宛平县玉泉山，流至和义门南水门入京城，故得金水河名。"①

民国时期的《玉泉源流之状况及整理大纲计划书》，关于玉泉山泉水情况记载如下：

> 静明园之玉泉，涌现于玉泉山脚，计东西共有七源，此源均系裂泉，即泉源经行河底或地面之下，随处有泉涌上，在水面作气泡状者，是也。源之处所，就以各该地之名，名之，其在园内东北部者，曰永玉，曰宝珠，在东部者，曰静影涵虚，稍南曰坚固林，在园内之西部者，曰裂帛湖，中曰趵突泉（即龙王堂之第一泉），西曰进珠泉。永玉、宝珠、静涵三处，有南北出水闸二，在北者一孔，流出之水，除灌输功德寺一带水田外，流往青能桥西面，由地下涵洞，流经萧家河，入下清河。在南之闸为五孔，有桥，名曰五孔桥，流出之水，东流经新闸桥，入颐和园之昆明湖。其在坚固林之东者，有涵洞一，无闸。裂帛湖之东，有闸一，流出之水，均与五孔闸之水会

---

① 《元史》卷六四《河渠志一》。

流,并入颐和园之昆明湖。又第一泉之东,有南北二闸。北闸之水东流,合坚固林、裂帛湖,两处之水,以同注于昆明湖。南闸之水则径入高水湖。至迸珠之水,自行流出一闸口,以入高水湖,然今已不通,只东向以合流于第一泉之水。五泉之中,以第一泉源为最大,静涵、迸珠次之。裂帛湖,坚固林,永玉与宝珠诸泉,面积既小,水量亦微,又次之,然询诸山民,以今较昔,连岁泉源,俱形大减。且第一泉之南部,与迸珠泉之北部苇塘,全形干涸,此水量不旺之情形也。[1]

丰沛的玉泉山泉水曾经是北京城区重要的水源,瓮山泊、长河、积水潭、金水等均由此流析而来,在各历史时期的北京地区的城市用水和农田灌溉均有重要作用。特别是元中统三年(1262),郭守敬开玉泉水通漕运,为元代京杭大运河的南北贯通奠定了重要基础。时至今日,随着地理环境的变迁,泉水已不复从前,而以其为发端的域内水道,至今仍在影响着北京的城市建设与文脉形成。

---

[1] 《玉泉源流之状况及整理大纲计划书》,《中华工程师学会学报》1928年第15卷,第9—10期。

（七）瓮山泊

昆明湖上接玉泉，下引长河，构成了元明清时期北京城市水系的上源，被称为"帝都之龙脉"、北京城的"文化之源"。而昆明湖的形成，也是缘于山泉汇聚。玉泉山脚下往北，西山山麓沿线还有很多出水丰沛的泉脉。瓮山后面有玉龙泉、双龙泉、青龙泉、月儿泉、柳沙泉等，再往北去直到今昌平境内又有冷泉、温泉、黑龙潭、马眼泉、沙涧泉、一亩泉、双塔河、虎眼泉、白浮神山泉等。这些泉水汇成小河穿行于山间沟谷，或积聚成潭、汇储成湖，受瓮山阻挡，玉泉山诸泉的部分水流在此潴留，形成了一片半月形湖泊——瓮山泊。金朝有计划地扩大、疏浚了玉泉山水流往"金湖"的天然渠道，增加了其水源和蓄水量。元时的瓮山泊湖面扩大，俗称大泊湖，游船络绎不绝，周边苑囿名胜云集。从辽金时期开始，这里就以周边丰富的水源和优美的自然环境逐渐成为封建王朝的离宫别苑，明清以后更由于成熟的园林体系、开阔别致的居住空间，成为达官贵人聚集之处。

民国时期的《玉泉源流之状况及整理大纲计划书》详细记载了瓮山泊周边的水源情况。

> 昆明湖之进水处，以受五孔桥流来之水，为量最多。余由高水湖之水，入头和园西墙各涵洞。

至其出水口，约有四处。在颐和园北墙者，有小闸一，地名垂虹桥，水流出后，经象鼻坑，又东流，过大有庄，与由颐和园东墙出口之水（此处闸门俗称为出水闸，居园东墙之北部），会而东流，经自得园之北，计分二道，一沿石路东流，至圆明园西墙外之护墙河。一沿水田之西，经将军庙，转往西北，包围水田，至圆明园西北角，复与沿石路之水合流。所有圆明园北墙一带水田，均受其灌溉。此水尾闾，北行，经前河沿村之桥东，入下清河焉。又园内谐趣园以南，有水一股，南流，出园墙，经东宫门前石桥下，南行会二龙闸之水，以东流，灌溉营市街南面之水田。又东经马场桥，又北行入圆明园，即环绕圆明园内各湖，再东经东墙之七孔闸，以注于下清河。颐和园新宫门之南，有涵洞四，流出之水均灌溉六郎庄一带水田。灌溉既毕，均东北流，往涵德闸（闸已废圮），复流经西苑操场濠沟，经宪兵营南面，东流至庆王府花园，过红桥而绕清华园之东南，北至大石桥以东，注于下清河。至于昆明湖之南端，则秀漪桥湖水，即由桥下流入长河。①

---

① 《玉泉源流之状况及整理大纲计划书》，《中华工程师学会学报》1928年第15卷，第9—10期。

今日，坐落于颐和园公园内的昆明湖，可分为大湖、西湖和后湖三个部分，水面占颐和园公园总面积的3/4。其中大湖即昆明湖，西湖又可分为南北两个区域，北面称"团城湖"，南面称"西南湖"。后湖为昆明湖绕流万寿山后山脚下的溪河，还可分为后湖和谐趣园湖两部分。而这方风景秀美的大湖，不仅成为颐和园重要的景观构成，同时因其由水源工程、调蓄水库、节制闸工程、堤坝桥梁等水利工程构成，入选北京市首批水利遗产。

（八）积水潭

积水潭是元代大都城的漕运码头，也是通惠河在大都城的终点，元代又称"海子"。通惠河的开通，使积水潭成为漕运码头，因而，元人对积水潭也进行了相应的整治。"海子岸上接龙王堂，以石甃其四周。海子一名积水潭，聚西北诸泉之水，流行入都城而汇于此，汪洋如海，都人因名焉。"[1]瓮山泊的水通过长河、高梁河至义和门（今西直门）水关入大都城，汇入积水潭。当时的积水潭包括现在的前海、后海和西海的全部，相当于什刹海的两倍。漕船络绎不绝地聚集到这里，将全国各地的物品运进大都城。沿岸遍布货栈商肆，官僚机构和权贵活动场所也在周边兴起。元大都的建设，是围绕积水潭而布

---

[1]《元史》卷六四《河渠志一》"海子岸"。

局的。

侯仁之曾经专门论述了北京历代城市建设中的河湖水系及其利用情况：

> 从大都城的整体规划来分析，控制其平面布局的决定因素，还不是坝河，而是太宁宫以北那一段高梁河上的积水潭。整个大都城在平面设计上的中轴线，正是紧傍积水潭的东岸才确定下来的。中轴线的起点，即在积水潭的东北岸上，也就是全城设计的几何中心，就地筑有"中心之台"作为标志。……根据已复原的大都城平面图进行分析，十分明显的是大都西墙的位置，刚好在积水潭西岸以外，其间仅容一条顺城街的宽度。紧傍积水潭的东岸，又已确定为全城的南北中轴线。这就说明这积水潭东西两岸之间的宽度稍加延长，便是全城宽度的一半。也就是说东城墙也应该建筑在这同一宽度的地址上，只是由于当时现场上可能有沼泽洼地或其他不利因素，其位置不得不稍向内移……至于南北两面城墙的位置，则是根据从先前已确定的全城几何中心，沿中轴线向南，在皇城南墙与旧中都城北墙之间的适当地点，选定南墙的位置，然后以同等的距离，选定北城墙的位置。结果就构成了大都城南北略长的长方形

轮廓。①

明清以来,积水潭附近成为众多民居园林的聚集区,也是都人日常游览的胜地。《大清一统志》记载:"积水潭在宛平县西北三里,东西亘二里余,南北半之。西山诸泉从高梁河流入北水关,汇此。折而东南,直环地安门宫墙,流入禁城,为太液池。元时既开通惠河,运船直至积水潭。自明初改筑京城,与运河截而为二,积土日高,舟楫不至,是潭之宽广,已非旧观。故今指近德胜桥者为积水潭,稍东南者为十刹海(即什刹海),又东南者为莲花泡子,其始实皆从积水潭引导成池也。"②

民国时期荷花市场的开设,也带动了本地区商业、服务业的繁荣。作为城中珍贵的大面积水域,积水潭的湖光山色,尤为北平市民所热衷。1937年,有位署名"柘"的作者在《忆故都积水潭秋色》中写道:"故都北平,不像江南似的到处有水,所以不论水池子或者水塘,都把它比做汪洋大海而富贵起来了!三海以外,再添个十刹海,十刹海以外,还有个积水潭,这些都是水的名胜,如果在江乡水国看来,那便算得什么?"不过,在作者看来,积水潭虽不比江南水乡之辽阔,但也有其独特精致。"惟其

---

① 侯仁之:《北京城的生命印记》,生活·读书·新知三联书店,2009年,第97—98页。
② 于敏中等:《日下旧闻考》卷五三《内城·西城四》。

北地少水，所以看到水的风景，格外来的可爱。尤其是在'红萝花深水国秋'的秋天，仿佛就有江南秋水野塘的意境！积水潭在故都德胜门的西边，在清代，每年的洗马盛典，便在那里举行的。在从前，本名莲花池，后来又叫做净液湖；在它西边的土山上面，有座乾隆年间建筑的汇通祠。"在他看来，"到了傍晚，远处西山的暮霭，映照得全潭烟柳模糊。这是三海风景所没有的"[①]。1947年的《北平市都市计划》，提出永远保留积水潭、什刹海、北海等处河道湖泊，应"加以疏浚，通行游艇，沿岸开辟园林道路，建设天然公园"[②]。时至今日，这几处湖面仍旧是北京风景秀美的旅游胜地。

二、水闸堤坝

"水德含和，变通在我"是郦道元《水经注》中对人水关系的理想追求。北京段大运河的水工设施，主要包括闸、坝、堤等的建设，正是对这种人水关系的重要实践。

（一）水闸形制

闸，古称"水门""斗门"，是运河上用以节水过船的关键水利设施。《畿辅安澜志》载："凡河渠坝闸之政，令

[①] 柘：《忆故都积水潭秋色》，《生百世》1937年第1卷，第10期。
[②] 陈乐人主编：《二十世纪北京城市建设史料集》，新华出版社，2007年，第87页。

以通朝贡，漕天下实京师，地高平则水疾泄，故为堨以蓄之。水积则立机引绳，以挽其舟之上下，谓之坝；地下迤则水疾涸，故为防以节之。水溢则缒起悬板，以通其舟之往来，谓之闸。皆置吏，以司其飞挽启闭之节。"①可见闸之一物，主要是通过闸板之启闭，以节水、行船。为疏通漕运河道，金朝采用设闸的方式以调节水势。乾隆《通州志》载："金都于燕，东去潞水五十里为闸，以节高良河、白莲潭诸水，以通山东、河北之粟。"②

图5-3　20世纪20年代北京东南角楼及水闸

元代疏浚通惠河工程中，其中较大的设计便是沿线闸座的修造。《元史》记载："疏凿通州至大都河，改引浑

① 《畿辅安澜志·卫河》卷七《修治》。
② （乾隆）《通州志》卷三《漕运》。

水溉田，于旧闸河踪迹导清水，上自昌平县白浮村引神山泉，西折南转，过双塔、榆河、一亩、玉泉诸水，至西水门入都城，南汇为积水潭，东南出文明门，东至通州高丽庄入白河，总长一百六十四里一百四步。塞清水口一十二处，共长三百一十步；坝闸一十处，共二十座，节水以通漕运，诚为便益。"所设各闸之名称，"广源闸、西城闸二，上闸在和义门外西北一里，下闸在和义、水门西三步；海子闸在都城内；文明闸二，上闸在丽正门外水门东南，下闸在文明门西南一里；魏村闸二，上闸在文明门东南一里，下闸西至上闸一里；籍东闸二，在都城东南王家庄；郊亭闸二，在都城东南二十五里银王庄；通州闸二，上闸在通州西门外，下闸在通州南门外；杨尹闸二，在都城东南三十里；朝宗闸二，上闸在万亿库南百步，下闸去上闸百步"①。实际上，当时通惠河水道上共新修建闸门10处，规划每处闸门是上、下两座闸，共20座。规划中每处设上、下二闸，施工时海子闸和郊亭闸根据需要改为上、中、下三闸，因而总闸数为24座。但是每处上、下二闸距离长短不一，有的达三五里。经过明清的修治改造，闸座的结构与布置已经发生了很大改变，目前大运河上现存的水闸遗迹，基本是明清留下来的闸坝结构。

明清通惠河实行剥运，每座闸门的上游都开有月河，

---

① 《元史》卷六四《河渠志》。

在月河进水口处设有滚水坝。闸的上下游都建有泊船码头供搬运使用，岸上有管理人员的公馆、兵房和临时仓库等附属建筑，形成一个完整的转驳枢纽。根据《通惠河志》的记载，闸坝及公署建置如下。

闸坝建置

庆丰上、下二闸，在大通桥东五里。至元二十九年始建木闸，名籍东闸。至顺元年重建石闸，改名庆丰。本朝成化、正德、嘉靖年凡三修之。

平津上、下二闸，在庆丰闸东十一里，下闸去上闸四里。至元二十九年始建木闸，名郊亭闸。延祐以后重修石闸，改名平津。本朝成化、正德、嘉靖年凡三修之。

普济下闸，在平津下闸东十三里。至元二十九年始建木闸，名杨尹闸。延祐以后重修石闸，改名普济，上闸废。本朝成化、正德、嘉靖年凡三修之。

通流闸，在普济闸东十二里。至元二十九年始建木闸，延祐以后重修石闸，改名通流。本朝成化、正德、嘉靖年凡三修之。

石坝一座，在通州北关外，嘉靖七年新创，工程之费于闸半之。

公署建置

大通桥督储馆一座，头门三间，耳房十间，大厅五间东西厢房六间，高云亭三间，厨房二间，嘉靖七年新建，所欠者后堂而已。又虑骤雨粮无堆垛，议盖厂房四十间，尚因循焉。

庆丰闸公馆一座，头门一间，耳房六间，正厅三间，厨房一间，闸官公廨前后六间，龙王庙一座，嘉靖七年新建。

平津上闸公馆一座，头门一间，耳房二间，正厅三间，厢房四间，厨房一间，嘉靖七年新建。

平津下闸公馆一座，头门一间，耳房二间，正厅三间，厢房四间，厨房一间，嘉靖七年新建。

普济闸公馆一座，头门一间，耳房二间，正厅三间，厢房四间，厨房一间，嘉靖七年新建。

石坝公馆一座，头门三间，正厅三间，厢房六间，后厅三间，厢房四间，厨房一间。

天妃宫一座，嘉靖七年新建。

都水分司一座，坐落通州旧城内，头门三间，正厅五间，后厅五间，后堂五间，前后左右厢房共十二间，厨房四间，嘉靖八年该臣题奉钦依新建。[1]

---

[1] 吴仲：《通惠河志》卷上《闸坝建置》。

关于水闸的建造形制，乾隆《大清会典则例》记载："闸，迎水裹头各横长三丈。雁翅各斜长六丈。金门口宽二丈二尺。由身直长二丈四尺。分水雁翅各斜长八丈。裹头各横长三丈。砌石二十四层，高二丈八尺八寸。每丈用墙面石一丈，裹石一丈。裹石之后以河砖衬之，每丈用砖七十块。墙石之后下马牙桩，每丈每路二十段。入里下梅花桩，每丈每路十五段。墙石每丈扣生铁锭二个，熟铁锭二个，闸底铺石。悉照上下裹头迎水分水宽长丈尺铺砌。再于底石之下，每丈下梅花桩三十段，横竖扣生铁锭四个。闸上下每丈每路下关石桩二十根，外接筑三合土。每方用石灰十石，沙淤土九十石。三合土每丈下顶土桩二十段，三合土上下口。每丈下关土桩每路二十段，两墙各二十四层。除盖面一层外，其余每层金门两墙下板双槽，并上下裹头迎水分水雁翅转角，共十有六处，每处用熟铁锭二个。闸板二槽，用木厚八九寸。长如金门口宽之制，每块用铁环二个。启闭用苘麻绳二条，绞关石六块。每块长五尺，每石一丈。用灌砌石灰一石，每河砖一块，用灌砌石灰一升。每灰一石，用糯米汁五升。三合土每灰一石，用汁米六升。每米一石，用熬汁柴二十束。"[1]

为便于漕船沿通惠河航行进入大都，郭守敬在开凿通惠河时为调节水位和水量，修建了大量河闸。同时在运河

---

[1] （乾隆）《大清会典则例》卷一三二《工部·都水清吏司·河工二》。

上架设桥梁，以便交通。因为运河的消失，加以城市建设，桥梁无法承载现今大规模的交通运输量，多被拆毁重修。河闸也仅有小部分水闸留存在废弃的运河古道中，或者部分修复，大多数都难觅踪影。

广源闸为通惠河上水闸之一，始建于元至元二十九年（1292）。《长安客话》记载："出真觉寺循河五里，玉虹偃卧，界以朱栏，为广源闸。俗称豆腐闸，即此闸。引西湖水东注，深不盈尺。宸游则堵水满河，可行龙舟。缘溪杂植槐柳，合抱交柯，云复溪上，为龙舟所驻。每通惠河水涸，漕运不前，则遣官于此祭祷诸水云。"[1]桥为南北向方孔石平桥，长10余米，两旁泊岸尚存元代镇水兽四只。1999年长河改造，改建成水泥桥面，现在桥东北侧有龙王庙一间，雁翅上镇水兽仍存。现在广源闸虽然失去截水功能，但闸体上的桥梁仍作为交通桥使用。

元代郭守敬主持开凿通惠河，出丽正门与文明门之间的南水关，东南流经惠和上、下闸（今已无存）后，又经庆丰上、下闸，上闸开下闸关，下闸开则上闸关。《日下旧闻考》载："庆丰闸在都城东王家庄，至大通桥八里。至元二十九年建，有上下二木闸，名籍东。至顺元年易以石，改名庆丰。嘉靖七年并二闸为一。"[2]震钧《天咫偶闻》

---

[1] 蒋一葵：《长安客话》卷二《郊坰杂记》。
[2] 于敏中等：《日下旧闻考》卷八九《郊坰》。

图5-4　二闸修禊

载："自五月朔至七月望，青帘画舫，酒肆歌台，令人疑在秦淮河上。"①嘉庆年间诗人得硕亭咏"二闸"云："乘舟二闸欲幽探，食小鱼汤味亦甘。最是王东楼上好，桅樯烟雨似江南。"现存为庆丰上闸遗迹。今河道仍保留元代虎皮石河墙及闸门槽。1998年修复庆丰闸，建汉白玉雕拱桥一座，长38米，宽4.4米，高7.8米。闸为拱形结构，栏板望柱均采用元代模式。桥西南、北两岸护坡上安置重5吨的元代镇水兽、石刻青龙和驷马等吉祥物。闸区北岸修

---

① 震钧：《天咫偶闻》卷八《郊坰》。

建仿元代屋脊式房屋，遗址旁立有一通仿元代庆丰闸碑。

平津闸位于北京市朝阳区高碑店乡高碑店村西北，始建于元代。为通惠河上的第三闸，原名郊亭闸，元延祐年间改建石闸，更名平津闸（分上、中、下三闸）。平津闸是通惠河段上唯一保存下来的漕运码头遗址。闸口呈对头燕翅形，巨大的长方条石有序叠压，石与石之间挖槽用银锭形铁固定。闸口长13.9米，两边对称堤坝54.44米，南侧保存完好，占地780平方米；北侧因湖水侵蚀残存堤坝约30米，占地400余平方米。闸口附近还先后建起龙王庙和将军庙，同平津闸一起被称作"一闸两庙"。2009年第三次全国文物普查，在勘察通惠河水利设施时，发现高碑店村通惠河边俗称"老闸口"的地方，经核实为平津闸上闸，保存较为完整。

元至元二十九年（1292）在和义门外高梁河上所建的一座闸桥合一的单孔石拱桥，名高梁闸。《日下旧闻考》载："高梁闸在西直门外迤北一里，至元二十九年建，名西城闸。"此后，"承安三年，命勿毁高梁河闸，从民灌溉"[①]。原桥为青白石桥台带八字翼墙，桥台西面为闸台，原桥长20.5米，宽7.07米，净跨径5.58米，两侧有石护栏。桥西原有乾隆十六年（1751）所建倚虹堂，南岸有船坞。1982年，市政改造时，把桥以东改为暗河，桥体北移

---

① 于敏中等：《日下旧闻考》卷九八《郊坰》。

1米，在今址重建。

澄清闸位于鼓楼南海子东岸万宁桥西，元至元二十九年（1292）建，初名海子闸。此后为节制水流保证玉河航运船只的通行，又在澄清闸下游设置了两座新闸。这三座闸自上而下分别名为：澄清上闸、澄清中闸和澄清下闸。元延祐年间改为石闸，并于明宣德七年（1432）和正统四年（1439）重修。"上闸水高下闸十尺，下闸高普济闸七尺，俗呼下闸曰花儿闸。"[①]澄清中闸是漕船行至运河终点码头什刹海的必经之路，为通惠河北段河道上的重要水工设施。随着明皇城墙外扩，玉河故道失去行船功能，澄清中闸被废弃不用，现仅存闸口遗迹。[②]

（二）水坝建造

元代开通惠河，自瓮山泊以下至通州高丽庄建闸24座以借水行舟，使船只可直达积水潭。元代几十年可谓通惠河全盛时期。明初白浮泉、瓮山河断流，积水潭以下一段河道又被围在皇城中，漕船改至大通桥。由于水源的枯竭，经几次改造，于通州建土石二坝，减少了闸座数目，改行驳运，施行的是水陆并运制。每座闸门上游都开月河，并在月河进出口设有滚水坝。并于闸的上下游建泊船

---

① （光绪）《顺天府志》河渠志十《河工六》。
② 遗址现状主要根据国家文物局主编的《中国文物地图集·北京分册》（科学出版社，2008年）及首都之窗相关内容整理。

码头供搬运使用。清代全力维持驳运，月河、滚水坝逐渐成为水闸的组成部分。

嘉靖年间，吴仲重修通惠河，改变原提闸过船驳运法而用搬粮过闸法，在河上修复五闸，并于近河口处左岸建滚水坝以截水溢洪。《河防一览》记载："滚水石坝，即减水坝也，为伏秋水发盈漕，恐势大漫堤，设此分杀水势，稍消即归正漕。故建坝必择要害卑洼去处，坚实地基，先下地钉桩，锯平，下龙骨木……方铺底石垒砌。雁翅宜长宜短，跌水宜长，迎水宜短。俱用立石拦门桩数层。其地钉桩须札鹰架，用悬碾钉下。石缝须用糯汁和灰缝，使水不入。如石坝一座，坝身连雁翅共长三十丈。坝身根阔一丈五尺，收顶一丈二尺，高一尺五寸。迎水阔五尺，跌水石阔二丈四尺。四雁翅各斜长二丈五尺，高九尺，用粗细石计长一千三百九十余丈。"[1]

无论是滚水坝还是减水坝的设置，都是按照河道水势情况而调节。《北河纪》载："每遇水潦须决坎河口以杀之，杀之不足则开滚水坝，又不足则开减水诸闸。"[2] 关于滚水坝的设置，《大清会典则例》记载："滚水坝，每座上裹头各斜长三丈，高一丈三尺二寸。上雁翅各长三丈，高一丈八寸。金门内身各长四丈，高九尺六寸。下雁翅各长

---

[1] 潘季驯：《河防一览》卷四《修守事宜》。
[2] 谢肇淛：《北河纪》卷四《坎河口记略》。

十丈，高一丈二尺。束水墙各长六丈，高一丈四尺四寸。下裹头各长四丈，高一丈五尺六寸。墙面石后衬裹石，裹石之后衬砌河砖。墙石之下，每丈每路下马牙桩二十段。入里每丈每路下梅花桩十五段。面石每丈接头扣生铁锭两个。与里石合缝处扣熟铁锭两个。照金门铺砌。坝底横长七十丈，上下坦坡，中铺石脊，宽二十丈。底石下，视土质之浮坚，定下桩之稀密，或上口下锁口桩二路，下口下关石桩三路，石缝每丈横竖扣生铁锭四个，联络一片，砌石、衬裹、衬砖、砌灰、灌汁、熬汁等项，均与建闸同。遇水势盛涨，即令开放，水从坝脊滚出。水涸之时，仍于脊上用柴土叠镶，关拦堵御。"①

（三）运河大堤

明清时期，堤防已经形成一套系统的工程建设体系，堤防工程有完善的修筑方法。《钦定大清会典事例》记载："堤坝各项工程，工之式，有堤，有埽，有闸，有坝，有涵洞，有木龙，有障，有簰。堤高一丈者，上宽三丈，下宽十丈。先于本土铲去地皮草根，坑洼不平之处，均填补整齐，施以水碱，然后加以新土，层层泼水夯碱，期于一律坚实，总以签试不漏为度。"②此外，关于堤坝建造制度，

---

① （乾隆）《大清会典则例》卷一三二《工部·都水清吏司·河工二》。
② 《钦定大清会典事例》卷六九三《工部三十三·河工·堤坝各项工程》。

《皇朝经世文统编》记载如下：

> 盖堤防之制，其基必倍广于顶，则水不能倾之。古圣人之一言，而作堤之法已备洵，言简意赅也。至于近世堤防之名不一，其去河颇远，筑之以备大涨者，曰遥堤；逼河之滨，以束河流者曰缕堤；地当顶冲，虑缕堤有失而复作一堤于内以防未然者，曰夹堤；夹堤有不能绵亘规，而附于缕堤之内，形若月之半者，曰月堤；若夹堤与缕堤相比而长，恐缕堤被冲则流遂长驱于两堤之间而不可遏，又筑一小堤横阻于中者，曰格堤，又曰横堤。堤防虽多，不出数者。其作堤之法，遥堤去河远，必相地势，因高而联络之。其余随流以防范焉。取土须远，堤根筑土必旋挑旋夯。若近堤取土，则基不固；土厚方夯，则筑不坚也。筑成验土，旧法插签灌水，水不即渗便为坚结。然插验之法务于连晴之后，其铁签须细直下直起方合。若辈作弊，签粗而摇宕之，则贴签之土先实，水亦不即渗，遂被掩饰矣，验时宜细察也。遥堤之外，离堤取土之地即可成小河，以资运料。缕堤逼流，排桩衬埽所不可少。若在顶冲险工，尤必用护堤埽也。堤土插柳可备卷埽，堤根蓄草，

亦足御波。随地制宜，皆不可不喻也。①

明隆庆之前，为保护河堤安全，规定自张家湾至瓜仪之间的运河河堤禁止居民居住。正统六年（1441）正月，曾迁徙张家湾至河西务沿河民舍330家，以碍漕船牵路之故。隆庆六年（1572），万恭总理河道，认为"运河之存也以堤，堤之固也以民"，于是召集居住在河堤上的居民，并与之约法三章："商贾辐辏者为上堤，岁输地租如例；民集而商贾不停者，为中堤，三载量征之；若野旷民稀者，为下堤，直令世业也，永务征。"此后不到半年，前往运河河堤居住者即达三千户，"循是行之，则二千四百里间，童叟往来，木树掩映，舟行两堤之中，亦天下之至安至适也"②。

古朴厚重，高大连绵的运河堤防是构成漕运时代运河的重要景观骨架，尤其北京小平原土质疏松，堤防修筑尤为坚实，且因历代修葺防护得当，成为平缓坦荡平原上的著名景观。运河堤防还是陆路进京驿道所在，大堤经层层夯筑而成，也是古代交通道路的珍贵遗存。乾隆《堤上偶成》一诗描绘"运河转漕达都京，策马春风堤上行"，便形象地描述了运河河道与堤岸景象。

---

① 邵之棠：《皇朝经世文统编》卷三二《地舆部七·河工》。
② 《行水金鉴》卷一二〇《浑水河》。

三、桥梁码头

作为河道两岸通行的主要凭借，沿运河两岸修建了诸多桥梁码头，这里不仅是河道两岸往来的通道，更以其精良的建筑形制、特殊的地理位置，在运河发展史、城市史和地区文化史中均有着重要的一席之地。北京地区古桥众多，时至今日，虽有古桥仍然发挥着通行作用，但大多数古桥则因为道路交通规划的变化，成为珍贵的历史文化遗产。今将史籍记载较多或尚存的运河桥梁，择要列举如下。

绣漪桥 建于清乾隆十五年（1750），是连接东堤与西堤、长河与昆明湖的水陆交通要道，乾隆皇帝称此桥为"湖口东南第一桥"。清代帝后多经长河从绣漪桥下进入昆明湖，为顺利通过皇家船只，当时将绣漪桥建成高拱形单孔桥，北京人习惯称它为"罗锅桥"。

白石桥 长河上的一座花岗岩石平桥，是明清两代帝后去西郊御苑时必经之地，也是京西重要大路通衢，至今桥身坚固稳定。据《顺天府志》载："白石桥在广源闸东二里，桥下有闸曰小白石桥，其稍西者曰高梁桥，在白石桥东五里，亦有闸，口青龙桥，在白石桥西二十里。"[1]目前白石闸尚存。

---

[1] （光绪）《顺天府志》京师志十五《水道》。

银锭桥 位于后海、前海之间。元时这里水面宽阔，明代海水变浅建起一座小桥，最早的银锭桥犹如一锭倒置的元宝，桥以形名，故名银锭桥。光绪《顺天府志》引《燕都游览志》称："银锭桥在北安门海子三座桥之北，此城中水际看西山第一胜处。"[①] "银锭观山"为"燕京八景"之一。

德胜桥 位于德胜门内大街，是后海与西海的分界桥，始建于明代。德胜桥上原有一只镇水兽，名为"镇海神牛"，1952年月牙河改造工程开始时"镇海神牛"尚存，进入修筑堤岸阶段后不知去向。1984年对德胜桥进行大规模修缮。1987年整修后海湖岸工程时，在德胜桥上下游两边护岸石墙的前面又加筑一道挡墙，使河道缩窄，将石桥的雁翅墙挡住大半，将翼墙全部挡住，桥上的八字栏杆也改短。1989年8月1日德胜桥被列为西城区文物保护单位。

万宁桥 位于北京城中轴线北段，在地安门以北、鼓楼以南的位置。始建于元至元二十二年（1285），初建时为木桥，后改为单孔石桥。由于与前门南北相对，京城百姓俗称地安门为后门，因而此桥也叫后门桥。漕运船只经通惠河直接驶入积水潭，而后门桥是积水潭的入口，并设有闸口，漕船要进入积水潭，必须从桥下经过。1953年河道上覆盖板，改为暗沟，澄清闸被埋。1984年5月24日，北京市政府将此桥列为北京市文物保护单位。1999年6月，

[①] （光绪）《顺天府志》京师志十五《水道》。

北京市政府批准市文物局对此桥进行大规模整修：桥下暗沟改明渠，恢复两侧水面，养护古河道堤岸，补充加固护栏，周围增建绿地。毁坏的桥栏杆按旧样做了修整，桥洞下和河岸边的水兽被原地保留，并且疏通了河道。1984年在什刹海地区大规模整治期间，对桥加以修复，改为汉白玉石桥。2001年于桥东南立一座石碑，碑阳镌刻杨萱庭手书的"银锭观山"四字，碑阴镌刻朱家溍撰文并书写的《银锭观山碑记》。

东不压桥 始建于元代以前，现为遗址状态。东不压桥整体呈西南、东北向，中间窄、两头宽，桥侧面呈弧形。桥两侧的引桥保存相对完整；清理出的桥面石以黄白色花岗岩与豆青石相间。

高梁桥 始建于元至元二十九年（1292），因横跨古高梁水而得名。高梁桥为青白石三孔联拱式，两侧有石护栏。桥西原有乾隆十六年（1751）所建的虹堂，南岸有船坞，民国时被拆卖。现在高梁桥为20世纪80年代初展宽路面时重修。桥上有闸，称高梁闸，又称西城闸。现闸已毁，仅存闸板一件。

大通桥 又称东便门桥，建于明嘉靖年间，清康熙时重建。《长安客话》载："出崇文门二里许，又大通桥。水从玉河中出，波流演迤，帆樯往来，直至通州桥下。"[1]20

---

[1] 蒋一葵：《长安客话》卷四《郊坰杂记》。

世纪50年代被拆除。

永通桥 又名八里桥，建于明正统十一年（1446）。永通桥是拱卫京师的三大桥之一，桥上汉白玉望柱上的石雕狮子各具形态，栩栩如生，可与北京著名的卢沟桥石狮媲美。永通桥护坡石上卧伏镇水兽四只，桥南朝东立清代雍正御制石道碑。通州八景之一的"长桥映月"，指的就是此地。1984年被公布为北京市文物保护单位。[①]

敕建永通桥碑记（李时勉撰）

通州在京城之东，潞河之上。凡四方万国贡赋由水道以达京师者，必萃于此，实国家之要冲也。由州城西行八里许有河，盖京都诸水会流而下东者。河虽不广，而水潦沮洳。每夏秋之交，雨水泛溢，尝架木为桥，或比舟为梁，以通道往来，数易而速坏，舆马多致覆溺，而运输者尤为艰阻，劳费烦扰，不胜其患。内官监太监臣李德等以其事闻上，欲于其地建石桥，乃命司礼监太监臣王振往经度之。命总督漕运都督臣武兴发漕卒，都指挥佥事臣陈信领之，工部尚书臣王巹等会计经费，侍郎臣王永和提督之，又命内官监太

---

① 遗址现状主要根据国家文物局主编的《中国文物地图集·北京分册》（科学出版社，2008年）及首都之窗相关内容整理。

监臣阮安总理之。安谓众曰：朝廷迁都北京，建万万世不拔之丕基，其要在于漕运实军国所资。而此桥乃陆道之通衢，非细故也，宜各尽其心，以成盛美。众咸曰：然。于是辟群材，集众工，诹吉兴役，万夫齐奋，并手偕作，未及三月，而功就绪。桥东西五十尺，为水道三券，与平底石皆交互通贯，锢以铁，券水石护铁柱，当其冲。桥南北二百尺，两旁皆以石为栏杆。作一牌楼，题曰"永通桥"，盖上所赐名也。又立庙祀河神，而以元帝镇之。坚壮完固，宏伟盛丽。经始于正统十一年八月二十七日，告成于十二月十九日。[1]

广利桥 元至元三十年（1293）通惠河修成后建木桥，因西侧建有广利上闸而得名。因桥面夯铺三合土，俗称土桥；明代改建为石桥，清乾隆四十二年（1777）重修。南北向，长11米，宽6米，净跨4.32米，矢高2.5米，雁翅长10.1米。两侧设青砂岩护栏。现存东南向雁翅上嵌砌圆雕镇水兽，长1.5米，宽0.8米；东北向雁翅壁嵌清代重修碑一方。重修广利桥碑清乾隆四十二年四月二十六日立。花岗岩质，嵌于广利桥东北雁翅石壁处。刻矩形边框，高0.41米，宽1.1米。

---

[1] （乾隆）《通州志》卷一〇《艺文·敕建永通桥碑记》。

通运桥 位于北京通州张家湾镇，因桥跨萧太后河上，俗称"萧太后桥"。原为木板桥，明万历年间改建为石桥，赐名"通运"，清咸丰年间曾重修。桥南北走向，三券联拱，长30余米，宽约8米，两侧有石护栏，望柱头上雕有形态各异的石狮。桥北端原有螭首方趺碑记两通，一为敕修通运桥碑，一为敕修福德古庙碑。通运桥曾为京东水陆要塞，桥侧曾建有福德庙和文昌祠。1995年，张家湾古城城址，包括城墙遗迹与通运桥被公布为北京市第五批文物保护单位。

张家湾城东门桥 明嘉靖四十三年（1564）建。横跨元代通惠河故道上，为独券平面石桥。东西向，长16米，宽5.4米，净跨5.7米，矢高2.55米。券顶上平铺条石二重，内外侧浮雕花纹。

虹桥 嘉靖四十三年（1564）重修。横跨通惠河河口西侧故道上，桥西为张家湾城东便门，北为运河码头下盐厂。桥南北向，单券石拱桥，残长13米，残宽4.8米，净跨6米，矢高3米。

宏仁桥 又名马驹桥，桥横跨凉水河上。明天顺七年（1463）建成九孔石拱桥，赐名"宏仁"。因南邻马驹里，故俗称马驹桥，为拱卫京师四大桥之一。清乾隆三十八年（1773）重修，改建为七孔。桥为南北向，长70米，宽6米。两侧置石护栏，望柱雕莲花。桥南端东西并列黄琉璃瓦歇山重檐亭两座。内立7米高螭首龟趺乾隆御书重修桥碑、碧霞元君庙碑各一座。

通济桥 嘉靖七年（1528）巡仓御史吴仲沿金代闸河故道重浚通惠河，自通州城北入白河（今北运河）。于河口稍西处建木桥，万历六年（1578）改建三孔石桥，自江淮地区所运漕粮经桥下驳运至京。因桥栏两端各置一圆雕卧虎武戗栏，俗称"卧虎桥"。1966年改建为钢筋混凝土桥，原桥基尚存，长21米，宽7米，桥北端重修通济桥碑身亦存。

码头作为运河河道与沿岸接驳之处，一般都位于水陆交通枢纽。码头的形成，往往也带动了周边地区的崛起。最为典型的是元代通惠河疏浚之后，漕船可直接抵达城内积水潭，由此形成了元代最重要的商业中心。明清时期运河终点改到通州，漕船一般停靠在石坝或土坝码头，在此或转运京仓，或抵通仓。

石坝码头 位于通州北关外，明嘉靖七年（1528）建成，为京杭大运河北端石坝码头。"每年正兑京粮自此搬入通惠河，由普济、平津、庆丰等闸，递运至大通桥以实京仓。"[1]清光绪二十七年（1901）北运河停漕废弃。1987年建新通济桥时出土大量城砖及条石。

土坝码头 位于通州城东关外，明嘉靖重修通惠河后，设置土坝码头。"明制：改兑通粮自此起车。"万历

---

[1] （乾隆）《通州志》卷二《漕运》。

十二年（1584）"郎中于仕廉查旧迹建新闸，通隄济漕蓄水运船以省车挽之费"，三十三年（1605）题定"通州同管辖每年漕粮至新旧城外起车，径入西仓、中南仓交纳"。清朝因之，"由仓场总督查派各帮，按本年抵坝漕粮计算，运留通仓三四十万不等，不分正兑改兑"①。经运河到达通州的漕粮验收后入袋，再转驳车运入通州各仓。

张家湾码头遗址 张家湾位于通州城东南约7公里处，张家湾码头形成于元代初期，万户张暄督运海运漕粮沿白河（今北运河）北上，以张家湾以上河道浅涩而无法北上通州，遂在张家湾停船卸载漕粮并转运大都城，张家湾自此逐渐发展成为京东漕运码头。自元至明代中前期，张家湾已成为京东地区第一大码头，有上码头、中码头、下码头三个码头群，上码头在今上马头村处，中码头在皇木厂村附近，下码头在张家湾城南一带。张家湾还是北京城最重要的客运码头，京城送别客人常至此分别。

里二泗码头遗址 位于张家湾镇里二泗村，自元代以来一直是运河北端的重要码头，现为一片开阔的空地。里二泗码头南为佑民观，原为天妃庙，明嘉靖十四年（1535）道长周从善奏请赐观额曰："佑民观"。元明清时期，此观供过往商旅及漕运官兵祈祷天妃保佑航行安全顺利而设。据考古勘探，码头在现在遗址高坡北边处，为城砖砌

---

① （乾隆）《通州志》卷三《漕运》。

垒，完整保存于地下。里二泗码头目前为平地，尚无解说牌说明该项遗址。复建的佑民观改为正南向，而原来为正北向。

潞河驿码头遗址 明永乐年间建于州城东门外偏南大运河西畔，为水陆驿。清康熙年间，因驿站南移至张家湾城南通运桥南端偏西，此处驿站废去，但驿亭与水驿码头尚存。今此驿码头遗址东距运河西岸近30米，距现地面约10米，花岗岩条石砌垒。2004年春因铺过河管道发现，取土竖井正凿其上，露出石壁长度如井宽4米，两端尚掩，长度不明。①

---

① 遗址现状主要根据国家文物局主编的《中国文物地图集·北京分册》（科学出版社，2008年）及首都之窗相关内容整理。

第六章 景观休闲

一、通州八景

　　运河的形成，是自然因素与人文发展共同作用的产物。随着历史上持续不断的运河修浚、漕粮运输、经济往来等活动的开展，运河与区域社会、文化、生活的关系不断紧密。中国自古就有依托自然景观，将历史情怀、山水美学融为一体，并以诗文、图画等多种元素为表现形式的叙事模式，形成内涵丰富的"八景""十景"文化。运河作为与北京地区历史进程息息相关的一条河道，是燕京地区极具代表性的景观。正如来京的英国使者记载："这条河，除了航程中所见的远近各种景色以外，本身是一片宏伟美丽的景象，与它的四周同样的丰富多彩。它在曲折的河槽中流过，两岸点缀着幽雅的别墅和迷人的园圃，远处广阔的田野与自然景色交织在一起。"[1]作为运河北端终点，

---

[1] 爱尼斯·安德逊:《在大清帝国的航行：英国人眼中的乾隆盛世》，电子工业出版社，2015年，第67页。

通州是一座因河而兴的城镇，鲜明的运河印记则是其传统八景选择的审美来源，形成了所谓"通州八景"，成为各个历史时期通州以及北京地区颇具人文内涵的文化景观。

古塔凌云　燃灯塔位于通州区东北、北运河起点西侧，是北京地区建筑年代最早、保存最完整的佛塔之一，与临清舍利宝塔、扬州文峰塔、杭州六合塔并称"运河四大名塔"，也是中国运河历史文化遗存的标志性建筑。关于燃灯塔建造的起始年代，现多认为建于北周，元明清历代均曾予以修缮。1900年八国联军侵占通州，佛塔曾遭受严重破坏，新中国成立之后得以修复。

燃灯塔原高48米，塔围44米，是一座砖木结构的实心密檐塔，平面呈八角形，四个正面辟拱门，斜面雕饰假窗。塔座是两层八角须弥座莲花台，上下角相错。塔身真空，共有13层，塔内置神台供燃灯古佛。全塔共悬铜铃2224枚，神像415尊。第十三层正南面置有一座《燃灯塔诗》石碑："巍巍宝塔镇潞陵，层层高耸接青云。明明光影河中现，朗朗铃音空里鸣。时赖周唐人建立，大清复整又重新。永保封疆千载古，万姓沾恩享太平。"[1]

燃灯塔是通州第一高塔，又位于运河终点，当时溯运河北上的行旅，在抵达终点之前首先映入眼帘的便是此

---

[1]　北京市文物局等：《北京文物建筑大系：桥塔（汉英对照）》，北京美术摄影出版社，2011年，第70页。

塔，故其被认为是通州的标志。燃灯塔又被当地人称作"通州塔"，据称明清时期漕船每过沙古堆村时，即有"三望通州塔"之景，所以民间有"先有通州塔，后有通州城"的说法。

图6-1 燃灯塔

"一枝塔影认通州"，矗立在运河侧畔的燃灯塔，往往是经由运河往来行旅的终点指向。明清时期众多往来通州之官宦士人，也曾对燃灯塔留下了众多脍炙人口的吟诵佳作和动人传说。明代江宁人倪有淳作《燃灯佛塔》言："塔质存胎佛，霜风剥几层。周朝疑问客，黄舍老容僧。远过河飞影，传闻鬼施灯。欲寻遗字迹，荒落不堪登。"

另有华亭汪历贤也有诗作称："燃灯何代佛,兹塔留显迹。凋谢金碧余,寂寥丘阜积。残铎时一鸣,岁月犹历历。窈然入古初,尘劫一朝夕。"[1]清代纪晓岚作有《燃灯佛塔》:

> 古有曰佑圣教寺者,今通州学宫也。宫墙外片地,故塔存焉。塔级十三,高二百八十尺,围百四尺,中空,供燃灯古佛。塔今剥尽,所存肤寸,则金碧琉璃也。今人自谓曰文巧已,然此古塔,工花纹,妍色泽,后世实莫及。佛,石佛也,石面亦剥尽,复存其坯未装时。塔有碣,楷书,续续字间存,周某号几年,矜古者相哗淆曰:"成周也!"佛法入中国,先汉明帝时,殆四百年,不知此北朝后周宇文氏也。成周纪年无建号,亦无今楷书。塔别存石一方,唐贞观某年尉迟敬德修。又一方,元至德某年笃烈图述再修。塔顶一铁箭贯之,传为金将杨彦升射者。天气清霁,塔影飞五里外,现白河水面,蠕蠕摇摇然。而旁近河乃无影。[2]

长桥映月　长桥即通州八里桥,因东距通州旧城西门

---

[1] 刘侗、于奕正:《帝京景物略》卷八《畿辅名胜》。
[2] 《纪晓岚全集》第8卷,大象出版社,2019年,第525页。

八里而得名，与卢沟桥、朝宗桥、马驹桥及安济桥并称为拱卫京师五大桥。光绪《通州志》记载："永通桥，在州城西八里，明正统十一年敕建，赐名永通，即今所称八里桥。东西五丈，南北二十丈。"八里桥最初为木结构，因此地处于通州驳运京城的漕粮、货物必经之地，往来货物行旅络绎不绝，后被改为石桥。《敕建永通桥碑》记载："由州城西行八里许有河，盖京都诸水之会流而（东）者。河虽不广，而水潦沮洳，每夏秋之交雨水泛，尝架木为桥，或比舟为梁，以通道往来。数易而速坏，舆马多致覆溺，而运输者尤为艰阻，劳费烦扰，不胜其患。"[1]明正统十一年（1446），改建为横跨通惠河的三孔石桥，明英宗赐名"永通桥"，桥头原有华表和石牌坊，附近建有河神庙。

永通桥位于通州至京城之咽喉，被称为"陆运京储之通道"。为便于漕船顺利经过，故而最中间的桥洞高达8.5米，因此有"八里桥不落桅"之说。每至漕船来京日期，桥下漕船穿梭不息，桥上载米车辆日夜不息，十分繁忙。"长桥映月"便是描述明月穿过永通桥映照在湖面的景象。明人王宣"光映素蟾涵宇宙，横绝清流跨两堤"，清人戴旋"坐听桥头逝水去，渐看皓月出银河"等诗句，都是对长桥盛景的精彩描述。

八里桥因位于水陆枢纽，战略位置十分重要。咸丰

---

[1] （光绪）《通州志》卷一〇《艺文》。

十年（1860）英法联军侵华，八月开始向北京进发。军机处相关档案记载，"张家湾等处马步队官兵，已于初一日酉刻全行拔赴八里桥一带扎守"，要求众兵"刻不忘战"，"如令该夷大队陆续到通，密迩京师，辰发午至，一旦猝不及防，深为可虑"①。谈判破裂之后，英法联军对守卫八里桥的清军发起进攻，僧格林沁尽管率部进行了坚决抵抗，但最终失败，正是由此英法联军长驱直入，一路抵达北京城下。八里桥之战的失败，也成为近代中国的屈辱一页。

柳荫龙舟 黄船坞位于通州城北五里处，嘉靖《通州志略》记载："城北五里许，河水潆洄，官柳民田阴森掩映，黄船十艘彩饰龙凤之形，常泊于此，名曰黄船坞是也。"②黄船坞所泊船只，主要为明代运输自南方采办的贡品。据《日下旧闻考》载，通州城北五里有黄船埠，"河水潆洄，官柳荫映。永乐中设黄船千艘，以其半轮往江浙织造，俗名黄船坞"。"黄船坞在州城北五里，船制今废"③。光绪《顺天府志》记载，黄船坞位于州北一里，"河水潆洄，永乐中设黄船十艘"，故俗呼黄船坞，"后移船天津"④。王宣诗作《柳荫龙舟》言："御舟连泊俯清漪，垂柳

---

① 中国史学会：《第二次鸦片战争》，上海人民出版社，1978年，第78页。
② （嘉靖）《通州志略》卷一《舆地志·景致》。
③ 于敏中等：《日下旧闻考》卷一〇九《京畿》。
④ （光绪）《顺天府志》河渠志三《水道二》。

阴阴翠作围。凤彩龙文壮图画,鸥沙鹭渚湿烟霏。云穑浓润涵朝雨,水殿高寒晃曙晖。"诗中生动描述了黄船坞附近的景象。

元明清时期北京地区聚集着来自全国各地的文人士子,他们大多经由运河往来京城。通州作为运河接驳枢纽,也成为元代以降文人送别的特定场所。折柳相送是古代文人送别之雅俗,明清时期的运河两岸杨柳依依,黄船坞地区官柳相映,文人雅士满怀离别愁绪自此登舟离岸,写下了众多流传千古的诗作。清代戴璠在其诗作《柳荫龙舟》中写道:"长夏浓阴分柳色,满江瑞霭护宸游。丁宁陌上还培植,不是河桥送别秋。"文人士子在通州的频繁往来,促进了地区的文化交流。

波分凤沼　嘉靖《通州志略》载,波分凤沼即"通惠河也,源自玉泉山会西湖流禁城,汇为太液池,南出都城至大通桥东下,波流演迤,夹堤绿柳,帆樯往来,直至通州。历东西二水门,东南入潞河"[1]。因通惠河自太液池流出,故有"碧水分香出御沟"的说法。宋起凤《稗说》"太液池"条中写道:"太液池一名海子,在禁城之西。从此皇墙凿石渠,引西山裂帛湖水入内,复经小南城御栅出,至外城东便门,注于会通河,达漕渠,始入海。"[2]太

---

[1] (嘉靖)《通州志略》卷一《舆地志·景致》。
[2] 《稗说校注》,宋起凤著,于德源校注,北京燕山出版社,2020年,第155页。

液池被称为凤沼,故由太液池流析而出的通惠河也被称为凤沼之波。

通惠河流过八里桥之后,逐渐由南流(西门减水闸、天桥湾土坯口)北泄(西海子西北响闸、葫芦头滚水坝)四闸坝,分泄多余河水。整条河道绵长,高低落差很大,景致十分优美。王维珍《波分凤沼》曰:"河流通惠旧知名,一派东趋九曲萦。凤沼斜分归板闸,鲸涛远望赴蓬瀛。欢忻鱼跃歌灵囿,蜒蜿龙旋绕禁城。云里觚棱双阙迥,恩波千载颂澄清。"[1]其中里河之北向减水闸,俗称响闸。河水自丈余高的响闸泄入减水河之后,气势如帘,浪花翻滚直趋运河,十分壮观。清人李庆保有诗形容此景言:"不是松涛卷,何来瀑布遄。奔腾归响闸,鸣咽泄长川。气欲危桥撼,声疑夜雨悬。如斯看逝者,即此悟悠然。"[2]

二水会流 嘉靖《通州志略》载:"白河之水自潮河出,而富河之水自白羊口,二水至州东北合而为一,以入运河,沙嘴斩然如削,天造奇观也。"[3]白河又称沽水、潞河,《日下旧闻考》载:"州东二十里白河,源出宣府卫龙门所东滴水崖,东流入密云县北境之石塘岭,过县西入通州界。其支流亦从石塘岭过怀柔县西、顺义县东,入通州东境合焉。东南经漷县、武清县东而入直沽,合卫河入

---

[1] 云亦编著:《大运河艺文录》,北京出版社,2018年,第139页。
[2] (光绪)《通州志》卷九《风土志》。
[3] (嘉靖)《通州志略》卷一《舆地志·景致》。

海。一名潞河，一曰沽水。"①以上为白河流经域内情况。富河是今日温榆河入通州界后俗名，元代是大都通往上都之咽喉，一直到明代温榆河都是供给昌平、密云守军漕粮的水道。明隆庆六年（1572），"户部奏请开浚榆河，自巩华城达于通州渡口，运粮四万石，给长陵等八卫官军月粮"②。白河与温榆河汇流处，则成为北运河的起点。关于两条河流的来源及汇流情况，光绪《顺天府志》中有如下记载：

> 北运河者，白河、潮河、榆河、沙河诸水之汇流也。其水未径通州以前，非漕运所经，无北运河名。白河源曰沽河。沽河，《水经》曰：从塞外来。……又东南过密云县西北，合白马关河，曰白河。……白河南过密云县西北，与潮河合。……榆河，古灅余水，讹为湿为温。……榆河既受通惠河，又东南八里，径通州城东。又五里迳茶棚村北，入于北运河。③

故而通州有"白富会处运河由"的说法。"二水会流"是北运河的起点，也是京师向东的交通要津。清代为便

---

① 于敏中等：《日下旧闻考》卷一〇九《京畿·通州二》。
② 《明神宗实录》卷六，隆庆六年十月甲寅。
③ （光绪）《顺天府志》卷三七《河渠志二·水道二·北运河上》。

于往来，在此架有浮桥。乾隆帝曾作诗曰："飞梁驾水响梢东，转漕连艘此处通。南望江乡渺何极，遥源犹忆自云中。"①此外，清代王维珍《二水会流》一诗也描绘道："二水光拖匹练秋，白河涛逐富河浮。甘芳谁判淄渑味，清浊原分泾渭流。万马声来燕北地，两龙飞下海东头。饮羊故道同源否，通潞亭边旧迹留。"②诗作形象描述了"二水会流"的场景，以及北运河帆船往来的繁荣景象。

万舟骈集 明清时期漕船和商船在通州抵达水路终点，在此转运陆路通道进城，特别是在漕运时期，大量漕船抵通，土坝、石坝前等待验粮、起米的"对漕船"骈集，十分忙碌。嘉靖《通州志略》记载："州城东自潞河驿以南，至长店四十里，水势环曲，官船客舫、漕运舟航骈集于此，沙鸟汀苹，村居岸柳，望之可入图画焉。"③明清时期额征漕粮400万石，另从苏、松、常、嘉、湖五府拨解粮食，每年要供应内府和京师各级官吏俸米，所谓白粮。明代天顺年间行走在运河中的漕船数近1.2万艘，到清代甚至将近1.8万艘。与此同时，随着明清时期国内商品经济的发展，运河中的远距离商品运输也占据主导，当时河上往来的还有商船客舫，这些船只都在通州泊岸。清人尹澍曾写诗赞美当年的盛景："天际沙明帆正悬，翩翩

---

① 云亦编著：《大运河艺文录》，北京出版社，2018年，第159页。
② （光绪）《通州志》卷九《风土志》。
③ （嘉靖）《通州志略》卷一《舆地志·景致》。

遥望影相连。漕艇贾舶如云集，万国舻航满潞川。"[1]

清代通州是"漕粮交卸之区"，且规定"向来旗丁余米，准在通州变卖以资日用"，使得这里也成为兴盛的米粮贸易中心。乾隆年间，直隶总督胡季堂奏报："通州地方为水陆总汇之区，凡山东、河南及直隶之大名、天津，江南之徐州等处出产麦石，各处商人每年自二月开河以后陆续装运来通，数至五六十万不等。该州东关有永茂、永成、福聚、涌源四大堆房，每石无论停贮久暂，得价一分，租给商人堆贮，陆续卖给京城及通州本地铺户。"乾隆四十二年（1777），张圣如等220余户商人贩运53万余石麦粮到此销售。[2]除粮船外，大量商船也在通州停靠。乾隆年间，英国使团途经通州时在行记中记载道："货品有的是来自南方各省的茶叶、丝织品和瓷器，有的是来自鞑靼区的皮货，我们非常有兴趣地看到货品中居然还有少量的英国布匹。"[3]18世纪途经通州的朝鲜使臣对于通州的繁华极为感慨，"至河边，河广且清，舟楫之盛可敌长城之雄，巨舶十万艘皆画龙"[4]。通州城外的运河中两艘商船挤挤挨挨，"大小舸舰泊于河岸，未及解缆者无数，上下十余里樯杆如簇，盖天下船运之物，皆凑集于通州。不见潞

---

[1] 云亦编著：《大运河艺文录》，北京出版社，2018年，第193页。
[2] （乾隆）《通州志》卷一〇《艺文·疏议》。
[3] 斯当东：《英使谒见乾隆纪实》，上海书店出版社，1997年，第302页。
[4] 朴趾源：《热河日记》，载《燕行录全集》第54册，第105页。

河之舟楫,则不识帝都之壮也"[1]。正如王维珍《万舟骈集》所言:"骈阗水驿万艘屯,挽粟舟多人语喧。旗影轻飘羊口路,橹声摇过凤窠村。柁楼高助涛头响,沙岸圆留篙眼痕。南望津沽秋水阔,炊烟红叶拥黄昏。"[2]

八景之中的"高台丛树""二野孤峰"虽与运河并无直接关系,然而无论是"高台"抑或"孤峰"之势,与周边的运河相对耸峙,势必会增加各自景致之意趣。

图6-2 太液秋风

---

[1] (嘉靖)《通州志略》卷一《舆地志·景致》。
[2] (光绪)《通州志》卷一〇《艺文》。

实际上,"燕京八景"中也有着非常丰富的运河元素,如"玉泉垂虹""琼岛春阴""太液秋风",均与运河密切相关。玉泉山泉水是大运河北京段的重要水源,"玉泉垂虹"景观在金章宗时期便已出现,清代乾隆年间改为"玉泉趵突"。清代《宸垣识略》中记载:"玉泉山以泉名。泉出石罅,潴为池,广三丈许。水清而碧,细石流沙,绿藻紫荇,一一可辨。……玉泉山土纹隐起,作苍龙鳞,沙痕石隙,随地皆泉。山阳有巨穴,泉喷而上,淙淙有声,或名之'喷雪泉',有御书'玉泉趵突'四字,为燕京八景之一。"[1]明人在《玉泉垂虹》一诗中赞誉:"树杪潺湲落翠微,分明一道玉虹垂。天潢低映广寒殿,地脉潜通太液池。遥望直从云尽处,近听浑似雨来时。""琼岛春阴""太液秋风"的形成,与曾经作为运河终点的什刹海有关。历史时期永定河的一支干流由老山、八宝山山南摆回到山北,向东流经紫竹院及前后"三海"。汉代以后永定河继续向南摆动至今北京城南,此后继续向南,直至今天的位置。在永定河主道南下后,今什刹海、北海和中海的地方,在故道形成一片狭长水泊。从金代开始,随着北京城址不断变化,这一片水域也经历了从金代白莲潭到元代积水潭,再到明清什刹海的演变,"琼岛春阴""太液秋风"正是在这一过程中形成的。《日下旧闻考》载:"太液

---

[1] 吴长元:《宸垣识略》卷一四《郊垌三》。

池在城之右，东瞰琼华岛，而西、北、南三面极深广。芰荷菱芡，舒红卷翠，鱼跃鸟浮，上下天光，真胜境也。东南有仪天殿，中架长桥以通往来。又有土台，松桧苍苍然，天气清明，日光混漾，而波澜涟漪，清澈可爱，故曰太液晴波。"[1]

二、运河植柳

漕运时代运河既是水上交通线路，也是柳荫森森的绿色生态廊道。出于维护河堤安全的考虑，春秋战国之时就有绿化固堤的做法。《开河记》记载，隋炀帝大业年间开凿南北大运河时，"于河岸两堤奖励植柳"，"诏民间有柳一株，赏一缣，百姓竞植之"。相沿日久，运河两岸广植柳树，成为惯例。唐代白居易诗歌中的"大业年中炀天子，种柳成行夹流水，西自黄河东至淮，绿荫一千三百里"便是写照。而隋堤柳也成为文人寄托王朝兴衰之思的对象，唐朝胡曾写有《隋堤柳》："千里长河一旦开，亡隋风浪九天来。锦帆未落干戈起，惆怅龙舟更不回。"[2]

隋唐之后，运河沿线的植树绿化被纳入运河维护的制度体系中。《宋史·河渠志》有"严盗伐河卜榆柳之禁"的记载。金元时期都巡河官的职责之一就是"栽植柳榆"，

---

[1] 于敏中等：《日下旧闻考》卷八《形胜》，第121页。
[2] 戴兴华、戴秀秀：《隋唐运河汴河段漕运探考》，黄山书社，2015年，第13页。

另据《金史·刘玑传》，金世宗时户部员外郎刘玑曾建议于河堤种柳，可省每岁堤防之费。明代为了固护堤防，"自张家湾以及于瓜仪，循河两千余里，万历初植至七十余万株。后来者踵行之，则柳巷二千里"。吴仲在重开通惠河时，明确要求两岸"逐年种柳以护堤"。清政府对于河堤植柳、种苇、栽草有着明确严密的奖惩制度。康熙十五年（1676）规定河官种柳奖励标准"成活万株以上者，记录一次；二万株以上者，记录二次；三万株以上者，记录三次；四万株以上者，加一级，多者照数议叙"。各处河营，每兵一名，另每年种柳百株，不能如数栽植者，河营专汛之千总、把总均有处罚规定。[1]

各个历史时期的运河两岸河堤，大多用土夯筑或堆筑，两岸又有陆路御道，因此广泛种植柳树，不仅可有效保护河堤，也可供行路之人乘凉。《开河记》称："一则树根四散，鞠护河堤；二乃牵船之人，获其阴凉；三则牵舟之羊食其叶。"此外，榆、柳、麻等植被在汛期防洪时也发挥着重要作用。金代堤防已经广泛使用卷埽之法，柳树、榆树是制埽的主要材料，《河防通议》记载，卷埽等物料的主要组成就是杂梢，"即沿河采斫柳榆杂梢，或诱民输纳"。《通惠河志》也记载，运河沿线要多种麻和柳树。麻可以制绳，在漕船上很多地方都能用得上，比如纤

---

[1] （乾隆）《大清会典则例》卷一三三《工部·都水清吏司·河工四》。

绳。柳条可以编织成箩筐，在治理河道过程中供挑夫挑泥沙、挑石头用。如果遇到溃堤、溃坝，柳条就用来编成大筐，里面填塞石块，大量抛下便于固定，在治理决口等情况下很见成效。由此，自然生态与人文景观融合为运河营造了优美的自然景象，也对当下的生态文明有着积极启示。

如此，在历代王朝不断经营下，运河两岸绿柳成荫，绵延生长，成为沿线地方景观的重要组成元素。元明以来各地修地方志时往往评选"八景"，作为当地最具有地方特色的标志性景观。在运河流经通州、漷州（今漷县），明清八景中就有不少反映运河"绿道"的景观。比如明清时期通州著名的"柳荫龙舟"景观，在通州城北五里处原黄船坞，就是以柳树为主体。当地河水潆洄，岸柳掩映，明清时期既停泊皇帝、皇妃专用的御舟，也是皇家专用码头。由南方水运而来的皇室专用物资，在这里卸载，再经陆路、水路运往京城。两岸种植着许多柳树，每到春季，绿柳成荫，景色宜人。在许多关于"柳荫龙舟"的诗作中都描写了柳树，如王宣写有"御船连泊俯清漪，垂柳阴阴翠作闱"；尹澍之的"杨柳青青翠欲浮，堤边景缆系龙舟"；等等。清代通州知州王维珍也有"柳堤飞絮白满天，低荫龙舟景缆牵"等诗句。

与"柳荫龙舟"相对应的，是清代通州文昌阁十二景中的"柳岸渔舟"，时人描绘："雨晴两岸柳依依，晒网渔舟傍钓矶。醉卧船头弄横笛，夕阳飞絮满蓑衣。"[1]如果说"柳荫龙舟"反映的是京师特有的皇家文化，那么"柳岸渔舟"描绘的则是大运河作为"母亲河"对沿线风俗传统、生活方式的塑造，体现了运河的平民性，以及与沿线居民深刻的情感关联。

曾作为潞州八景之一的"春郊烟树"景观，位于潞县村东运河沿途和运河西岸榆林庄附近，也是以柳树为主体的地方标志景观，光绪《通州志》解释："指潞城外今堤工，植柳甚茂。"王维珍描绘该景观："树色界远郊，春光散晴晓。深处有人家，炊烟出林杪。"与他同时代的李庆良描绘："丛树发新绿，村居始觉春。人家聚鸡犬，庐舍护杉椿。桑梓同侪偶，枌榆立社亲。翛然城市远，中有太初民。"[2]炊烟袅袅，杨柳依依，运河给沿线城镇带来了独具一格的景致。

更为普遍的场景是，柳树等运河沿线植被作为景观元素融入地方景观的构建当中。如通州文昌阁十二景中"碧水环城"景观描绘当时通州城："绕郭荷三面，沿堤柳万株"；"平林烟树"有"古杉留野屋，垂柳护烟墩。林外青旗酒，桥边黄叶村"的描绘。此外，通州八景中的"二水会流"景观有"旧堤杨柳仍双埠，遥脉源泉飞两龙"描

---

[1] （光绪）《通州志》卷一〇《艺文》。
[2] （光绪）《通州志》卷一《封域志·古迹》。

绘，潞县八景中的"长堤回燕"景观则是"深院梨花雨，长堤柳絮风。才穿白云去，又入绿烟中"①。在文人的诗文当中，柳绿之景不仅有着极高的观赏价值，而且被赋予了独特的文化意蕴。

另外，芦苇作为护岸水生植被，也是运河景观的重要构成要素。文昌阁十二景之"风行芦荡"景观描绘："荻荡风多波縠圆，叶声如雨絮如烟。秋深夜月凉无影，两岸芦花一钓船。"运河沿线碧水绿岸，蓝绿交织的良好生态，吸引着沙鸥、白鹭等大量水鸟在运河沿线栖息，为当地营造出自然与人文交相辉映的美好图卷。

三、休闲娱乐

北京因地处北方，时有风沙，又因人口稠密，街道拥挤，尘沙飞扬之景常有发生。明清文集中常有关于北京风沙之烈的记述，如明袁中道在《游高梁桥记》写道："飙风自北来，尘埃蔽天，对面不见人，中目塞口，嚼之有声。"②明袁宏道《瓶史》亦言："京师风霾时作，空窗净几之上，每一吹号，飞埃寸余。"③而运河沿线山明水秀之处成为京城士人休闲放松的理想去处，从城外的西湖到近郊的高梁桥、二闸，以及城内的什刹海等处，均为当时久负

---

① （光绪）《通州志》卷一〇《艺文》。
② 袁中道：《袁小修小品》，文化艺术出版社，1996年，第60页。
③ 袁宏道等：《三袁随笔》，四川文艺出版社，1996年，第181页。

盛名的郊游胜地。

（一）临流泛舻西湖景

昆明湖，历史上也称"七里泊""瓮山泊""大泊湖""西湖"。昆明湖为京杭大运河提供水源，是大运河北段的重要组成部分。关于这片水域的最早记载，见于《元一统志》："燕城西北三十里，有玉泉自山而出，泓澄百顷，及其放乎长川，浑浩流转，莫知其涯。"[1]金朝曾在此建有行宫，并在湖边修建金水院，因此大湖又被称为"金湖""金海"。

元代有河道从西湖直通大都，这条连接大都和西湖的水上通道极为优美，大都人士尤其喜爱沿两旁河堤赏看万柳新绿。《析津志》载："西湖景，在县西南五十里，青龙桥社，玉泉山东，其湖广袤约一顷余。旧有桥梁、水阁、湖船、市肆，蒲荾莲芡，拟江浙西湖之盛，故名。"[2]大都的贵族官僚及文人墨客竞相游览西湖，元人有诗云："凤城西去玉泉头，杨柳堤长马上游。"[3]此外从玉泉山向西行，有寿安山，又名五华山，"春风今在五华山"当时已成为"都人四时游观之所"了。沿途所设的水闸地带，也都逐渐发展成为供百姓踏青和郊游的绝佳场所。

---

[1] 《元一统志》卷一。
[2] 《永乐大典》卷二二六三《昌平县西湖》。
[3] 马祖常：《石田集》卷二《西山》。

图6-3 万寿山和昆明湖

明永乐五年（1407），为疏浚西山水系，明朝开瓮山三闸——华家、牛栏、青龙，确定了明代西山水系的形态和规模。明代中期随着一系列园林的逐步建设，西湖成为民众京畿郊游、夏天避暑的最重要的风景区，时称"环湖十里为一郡之胜观"。《长安客话》记载："西湖去玉泉山不里许，即玉泉、龙泉所潴，盖此地最洼，受诸泉之委，汇为巨浸，土名大泊湖。环湖十余里，荷蒲菱芡，与夫沙禽水鸟，出没隐见于云影中，可称绝胜。"[①]特别是夏天荷花盛开的时节，西湖更是游人络绎："每至盛夏之月，芙蓉十里如锦，香风芬馥，士女骈阗，临流泛觞，最为胜处

---

① 蒋一葵：《长安客话》卷三《郊坰杂记》。

矣。"①但到明代后期，随着周边大量水田的开发，西湖水源不足导致湖面严重缩减，水色天光的景观意境不再。何景明《出游功德寺》诗中便有对世事变迁、景观兴废的感叹："昔闻功德寺，今出帝城西。晚日丹梯近，秋天翠巘齐。荷衰犹映水，树古曲盘堤。十里经行地，清沙送马蹄。"②

  清代西湖成为西山地区皇家园林的重要水源，加剧了西湖水量的减少。《万寿山昆明湖记》指出："夫河渠，国家之大事也。浮漕利涉灌田，使涨有受而旱无虞，其在导泄有方，而潴蓄不匮乎，是不宜听其淤泛滥而不治。"乾隆十四年（1749）开始对西湖进行大规模的整治。这一工程包括扩大昆明湖湖面，引西山泉水入园，疏浚元明瓮山泊故道等，最终形成了今日昆明湖之状。"因命就瓮山前，芟苇茭之丛杂，浚沙泥之隘塞，汇西湖之水，都为一区。经始之时，司事者咸以为新湖之廓与深两倍于旧，踟蹰虑水之不足。及湖成而水通，则汪洋㳽沆，较旧倍盛。……昔之城河水不盈尺，今则三尺矣。昔之海甸无水田，今则水田日辟矣。"③乾隆十五年（1750）将瓮山定名为万寿山，将西湖定名为昆明湖，并留有"何处燕山最畅情，无双风月属昆明"的诗句。

---

① 袁中道：《珂雪斋前集》卷一一《西山十记》。
② 孙承泽：《天府广记》卷四四《诗三》。
③ 于敏中等：《日下旧闻考》卷八四《国朝苑囿》。

民国时期昆明湖被称为"北平诸湖"之大者,朱偰《写故都昆明湖》载:"故都名胜,以颐和园为最;北平诸湖,亦以昆明湖为最大。"其中,对于南湖之美景写道:"过十七孔桥,即为南湖,实湖心一洲渚也。有广润灵雨祠,建于其上。北为涵虚堂,南为鉴远堂,后为云香阁,西为月波楼。……隔岸楼阁玲珑,烟岚缥缈,如对海上仙山,不复似在人间矣。"[1]

(二)高梁桥踏青

曾是永定河故道的高梁河,北起昆明湖南侧,经万寿寺、高梁桥到西直门,入北护城河;向东流至德胜门,注入积水潭,再经什刹海,流入北海、中南海,是老北京护城河和城内三海的主要水源。有诗作称:"天下名山护此邦,水经曾见驻高梁,一舫清浅出昌邑,几折萦回朝帝乡。"[2]高梁河两岸,绿水碧波,杨柳青青。高梁桥在西直门外以北半里余,是北京历史上著名的"闸桥"。金代就曾设闸以保障运河水源,元代郭守敬再次设闸修桥。桥跨玉河两旁,有一石桥建于明初,一说建于元至元二十九年(1292),高梁桥乃其旧称。明清以后高梁桥附近则以江南景致著称,是京师士人出城游赏的重要目的地。

---

[1] 朱偰:《写故都昆明湖》,《旅行杂志》1947年第21卷第5号。
[2] 云亦编著:《大运河艺文录》,北京出版社,2018年,第71页。

早在明代，高梁桥一带已经成为北京城居民春游踏青的常去之处。明代中后期京师人稠地狭，又多风沙，城市形成了比较浓厚的出游之风。虽然西山诸刹"金碧辉煌，楼观高耸，土木壮丽甲天下"①，但路途遥远，有车马之劳。而高梁桥在西直门外，出城即至，河水急而清，堤岸柳树垂青，颇具江南之色，于是成为京师一大出游胜地。晚明画家何白形容高梁桥一带"万柳蔽天，空阴荟蔚，如行十里青油步障中。下有溪流数道，线碧映带，曲折若穷，忽又无际。白鸥矫翼，黄鸟弄音，沽女当垆，饼师弛担……引领南望，又见佛庐朱阁，点缀远林落照间，益信辋川吴兴辈画品神妙耳"②。由于距离北京城较近，景色优美，"高梁桥疏柳沿溪，夹岸依依有江南之色"③。

在诸多文人笔记和诗作当中，袁宏道的《游高梁桥记》是文学史上的经典名篇。

> 高梁桥在西直门外，京师最胜地也。两水夹堤，垂杨十余里，流急而清，鱼之沉水底者，鳞鬣皆见。精蓝棋置，丹楼珠塔，窈窕绿树中。而西山之在几席者，朝夕设色以娱游人。当春盛时，城中士女云集，缙绅士大夫非甚不暇，未有不一

---

① 怀应聘：《冰斋文集》卷三《游西山记》。
② 《何白集》卷二七《书牍》。
③ 瞿兑之：《燕都览古诗话》，辽宁教育出版社，1996年，第66页。

至其地者也。①

明清时期，文人仕宦关于高梁桥的游记和诗作留存很多，如顾起元在《高梁桥》写道："路转柳桥曲，河连杏渚长。半天分树色，匝地起花香。"葛震甫在《清明日高梁桥看新柳》写道："喧喧出尘路，春向郭西寻。千树舞千态，一丝牵一心。"此外，沈季友《冬暮与异度高梁桥步至极乐寺》载："溪流曲曲树参差，精舍名园隐墓祠。恰似江南风日美，苏公堤上夕阳时。"震钧在《天咫偶闻》中载："西直门而西北，有如山阴道上，应接不暇。去城最近者，为高梁桥。明代最盛，清明踏青多在此地。今则建倚虹堂船坞，御驾幸园，于此登舟。沿河高楼多茶肆，夏日游人多有至者，而无复踏青之俗也。"②

民国年间，高梁桥一带仍然为北京重要的游览胜地，如《老北京旅行指南》这样描述高梁桥：

> 桥在西直门外迤北半里余，跨玉河两旁，有一石桥建于明初。玉河又名长河。一说建于元至元二十九年，高梁桥乃其旧称。玉泉山诸水，汇流至此，转入护城河。夹岸排植杨柳，风景如画，

---

① 《袁中郎全集》卷九《游高梁桥记》。
② 震钧：《天咫偶闻》卷九《郊坰》。

昔为泛舟胜地，因年久失浚，淤塞不畅。桥西有"倚虹堂"，清乾隆十六年所建。南岸有船坞，至民国某年，为官厅拆卖。清末慈禧后，常于此乘汽船幸颐和园。相传宋太宗伐幽州，与辽将战于高梁河，即系此地。该地近为平民消夏胜地，垂柳成荫，稻田荷池一望无际。每当一抹夕阳时，金光万道，景致尤佳。夏季游客甚众，而种种点缀，颇具乡村风味。有提笼架鸟者，有蹲坐河畔纳凉者，有于茶社中品茗者，亦有蔽荫树下席地高卧者。并有逸隐者流，般神屏息，手把鱼竿临风垂钓者。临时更有各种小贩，荟萃河畔，乘机牟利者。雨花轩茶社备有点心，虽非佳品，然当饥肠辘辘之际，亦美味也。民国二十四年六月一日起，该处添有游船，由高亮桥至石桥，船资仅铜元九大枚，往返倍之。入暑后，蝉鸣柳荫，不让江南风景。南方人士之客平者，尤多趋之。[①]

（三）什刹海游赏

什刹海由一水相连的前海、后海和西海（积水潭）共三部分组成，与西苑三海相呼应，又称"后三海"。什刹

---

① 马芷庠：《老北京旅行指南》，北京燕山出版社，1997年，第209页。

海水域，最早是古永定河下游的一处河湖湿地。金代以前，什刹海地区是古高梁河道上的一片带状相连的天然湖泊，湖面广阔，景色宜人。金朝沿其东南岸修建了规模宏大的皇家行宫——太宁宫（又称寿宁、寿安、万宁宫）。周围广布稻田菜地，颇有江南水乡之韵。自金代起，因湖中广植白莲而得名"白莲潭"；元代起被称为积水潭、什刹海，郭守敬开通惠河后，这里也成为京杭大运河的北端点。当时，沿大运河北上的船队可以通过通惠河直接进入大都城内，积水潭是当时航船的终点码头。

在各个历史时期，什刹海就以其湖光山色与文化气韵相映、天然野趣和市井风情交融的独特风韵，吸引着无数文人墨客和京城百姓，是京城著名的休闲览胜之处。众多风云人物或在什刹海留下足迹，或在诗作中写到什刹海，比如元代的赵孟頫，明代的李东阳、袁宗道、袁宏道、袁中道，清代的查慎行、纳兰成德、郑板桥、麟庆、曾朴，近代的齐白石、鲁迅、郭沫若、老舍、张大千、张伯驹、陈垣、梁漱溟等。这里至今保留着宋庆龄、郭沫若、梅兰芳、张之洞、梁漱溟、陈垣、张伯驹、老舍、萧军、溥杰等众多历史名人的故居。他们在此留下的经历、传说、轶事和历史遗迹等，给什刹海的水光山色增添了无穷的文化意蕴。

元代什刹海是大都文人墨客不定期雅集的地点。赏荷、观景，与友人雅集于湖畔的酒肆饭庄吟咏，为文人雅士所津津乐道。元代大书法家赵孟頫、蒙古诗人萨都剌、著名画家王冕以及众多官僚贵胄、艺术名家都曾在什刹海畔游览。明清两代什刹海,虽然不再是商业中心,但以"城中第一佳山水"引来无数骚人墨客于此聚会赏景。此后,许多勋臣贵族开始竞相在湖边修建寺庙府邸、庭院别墅。如明朝大将徐达的后人所修建的别墅太师圃、刘百川别墅、刘茂才花园、米万钟的漫园、苗君颖的湜园等。明代文坛领袖李东阳称赞什刹海为"城中第一佳山水"。盛夏时节,什刹海的景色最为优美,蒲荷掩映,凫鸟纷飞,屏山叠翠,晓青暮紫,极富诗情画意。完颜麟庆为荷花生日赋诗云:"朝衫脱却得清闲,良友相邀到此间。一片湖光依北郭,十分爽气借西山。同浮大白弃先醉,静袭香红俨闭关。好祝花中君子寿,称觥相对共开颜。"嘉庆年间文人得硕亭,来到位于前海西岸的天香楼上,曾写诗抒发自己观景的感受:"地安门外赏荷时,数里红莲映碧池。好是天香楼上座,酒阑人醉雨丝丝。"[1]

通过什刹海遥望西山,也是都人喜好的自然胜景。《日下旧闻考》记载:"银锭桥在北安门海子桥之北,此城中水际看西山第一绝胜处也。桥东西皆水,荷芰菰蒲,不掩沦漪之色。南望宫阙,北望琳宫碧落,西望城外千万

---

[1] 得硕亭:《京都竹枝词》,载《历代竹枝词选》,广西人民出版社,1987年,第167页。

峰，远体毕露，不似净业湖之逼且障目也。"①银锭桥与湖面以及远山构成了一幅绝美的中国画，也成为明清时期文士吟诵对象。如吴岩《沿银锭桥河堤作》诗载："短垣高柳接城隅，遮掩楼台入画图。大好西山衔落日，碧峰如障水亭孤。"②另在《西陂类稿·过银锭桥旧居诗》载："鼓楼西接后湖湾，银锭桥横夕照间。不尽沧波连太液，依然晴翠送遥山。"③此外，张亨嘉《游积水潭》载"银锭桥边偶

图6-4 石凡绘什刹海茶馆

① 于敏中等：《日下旧闻考》卷五四《城市》。
② 余棨昌：《故都变迁纪略》卷七《内城四》。
③ 陈宗蕃：《燕都丛考》，北京古籍出版社，1991年，第402页。

信步,苍然秋色来平芜"①等,均形象描绘了当时什刹海的美丽风光。

因为有相对广阔的水域,什刹海一带是适合社会各阶层休闲、游览的开放性公共空间。元代积水潭是漕船终点码头,因此海子北半部的沿岸是城中最繁华的商业中心之一。据《析津志》记载,钟鼓楼到海子的斜街上,分布着米市、面市、柴炭市、铁器市、绸缎市、皮帽市、珠宝市、鹅鸭市、果子市等各种集市,此外两岸还有饭铺、茶馆等各类店铺。明朝扩建皇城,将通惠河一段圈入皇城,使漕船无法再驶抵积水潭,昔日的码头荒废,岸边商业较前萧条。随着什刹海周边王府、寺庙的扎堆出现,酒楼、茶社等也兴盛起来。明清至民国时期这一带出现了很多著名的老字号,如柳泉居、烤肉季、庆云楼、会贤堂、庆和堂、集贤居、通河轩茶馆等。据清末《燕京岁时记》《天咫偶闻》等文献记载,在清同治、光绪以前,每年夏季因什刹海的荷花盛开,引得无数游人前来纳凉赏景,做小生意的也随之聚集,各色摊贩沿着河堤陆续排开。清人潘荣陛、富察敦崇等所著的《燕京岁时记》谈到此地时说:"什刹海,俗呼河沿,在地安门外迤西,荷花最盛,每至六月,士女云集……凡花开时……绿柳垂丝,红衣腻粉,

---

① 徐世昌:《晚晴簃诗汇》卷一七四《游积水潭》。

花光人面，掩映迷离。真不知人之为花，花之为人矣。"①

民国时期，什刹海地区形成的固定市场有鼓楼市场、新街口市场、德胜门市场（晓市）、荷花市场、果子市等，庙会则有北药王庙市场和护国寺市场。旧址位于西城区什刹海前海北沿18号的会贤堂，与京城著名的聚贤堂、福寿堂、天福堂、惠丰堂、福庆堂、同和堂、庆和堂并称"八大堂"。据《故都变迁记略》载："会贤堂在前海北河沿，清末，为贵官华族宴饮之地。每当夏日，设临时市场于湖畔，游人杂沓，车马如织。近数年来，已就衰矣。"②1916年，以前海长堤为中心，在每年的农历五月初一至七月十五（或延至八月初一）定期开办市场，由此荷花市场正式形成。市中除各色杂货小摊之外，还有小吃摊及杂耍摊等。据时人观察："平民化之荷花市场，已开始矣。依然如往年故例，席棚沿河而设，百戏杂陈，游人如蚁。于是乎会贤堂添卖清茶，南望红荇百亩，沿堤柳线摇风，洵夏日之佳境也。"③

每至冬日，什刹海滑冰也是故都的旧日风景之一。20世纪20—30年代，张恨水和瞿宣颖对于北平滑冰的风气和场景描述道："北平恃着天然冰场那样的广大而美丽，结冰的时期又那样的长久，所以滑冰之风一年一年的鼎盛。

---

① 《帝京岁时纪胜·燕京岁时记》，北京古籍出版社，1981年，第73页。
② 余荣昌：《故都变迁记略》卷七《内城四》。
③ 芦中人：《由荷花市场及其他》，《北京画报》1930年第91期。

欧化的士女，靓装俊侣，映着晶莹的电灯，掉臂游行于光明地上。"①什刹海被称为冬日北平"经济溜冰场"：

> 过了大雪以后，经济溜冰场，虽然没有请什么名闺剪彩，居然无声无臭的开了幕；这个经济溜冰场坐落在什刹海，就是夏季平民游览胜地的荷花市场，因为没有门票的缘故，所以用不着宣传，也大有人满之患。在这冰场上面，虽然没有钗光鬓影，但是一样有不少的摩登仕女光临；北海、中南海还没有开幕以前，热心于溜冰的仕女们只有到这里来暂时消遣，酒精聊胜于无，所以这小小的地区，远远望去，红男绿女，互相扶掖，刀光刺刺，乐也融融，居然盛极一时。②

（四）二闸泛舟

春夏时节，东便门外大通桥西运河二闸一带，是北京地区休闲郊游的好去处。清代文人雅士也曾选择在此举行上巳修禊古礼。嘉庆二十五年（1820）三月初三，兵部主事完颜麟庆邀友人游二闸，并仿东晋王羲之的兰亭会举行

---

① 铢庵：《北游录话（三）》，《宇宙风》，1936年第22期。
② 陈蝶生：《经济溜冰场：什刹海风景线》，《三六九画报》1942年第12期。

修禊之礼，请画师汪春泉等绘《二闸修禊图》，描绘了二闸一带"清流萦碧，杂树连青，间以公主山林，颇饶逸致"的景色，记录了十六人"挈胶槚载吟笔，修禊河干。于是或泛小舟，或循曲岸，或流觞而列坐水次，或踏青而径入山林，日永风和，川晴野媚，觉高情爽气，各任其天"[1]的古风画面。

泛舟之乐，则是都人夏季运河游览的野趣之一。明清时期的昆明湖、长河"例禁泛舟"，什刹海"仅有踏藕船，小不堪泛"，二闸"遂为游人荟萃之所"。这里"自五月朔至七月望，青帘画舫，酒肆歌台，令人疑在秦淮河上"。内城来的游人自朝阳门外登舟，至东便门易舟，至通惠闸；外城来的人则自东便门外登舟，"其舟或买之竟日，到处流连。或旦往夕还，一随人意。午饭必于闸上酒肆。小饮既酣，或征歌姬，或阅水嬉，豪者不难挥霍万钱。夕阳既下，箫鼓中流，连骑归来，争门竞入"，因此被称为"亦一小销金锅也"。震钧对二闸写道："即庆丰闸也。其水上源城河，下接通州白河。水不甚广，而船最多，皆粮艘、剥船也。由京至通，来往相属，行人亦赖之。冬月则有拖床，冰行尤便。"[2]

在二闸还有一项闻名遐迩的"童子摸钱"民俗。据记

---

[1] 完颜麟庆：《鸿雪因缘图记》第一集上册，北京古籍出版社，1984年，第174—175页。

[2] 震钧：《天咫偶闻》卷八《郊坰》。

载,距离二闸口七八丈远地方有明代老榆树一株,曲枝古拙,苍劲潇洒,这是二闸村幼童戏水以求游人赏玩之处。关于这项游艺活动的起始,据称是由于二闸一带的居民多以漕运为生,村中幼童皆为船户之子,大者十一二岁,小者五七龄,皆善水性,常为游人潜水捞物赚得赏钱,帮衬父母。有人这样描述:"闸下水深数仞,窥不及底,游者辄凭桥栏,下掷钱物,附近居民,窜入急流,取原物归,借博赏资。业此者多十龄左右之小儿,都人称之为'水虾子'。"[1] 有竹枝词描绘说:"几个儿童赤体蹲,身轻如鸟浪

图6-5 二闸热闹

---

[1] 李家瑞编:《北平风俗类征》,载《京华春梦录》,商务印书馆,1937年,第352页。

中翻。今朝乞得钱三倍，归与爷娘共笑言。"[1]1927年，沈从文先生游二闸，写下散文《游二闸》，对"那些赤精了身体，钻到水瀑下面去摸游客掷下铜子"[2]的戏水儿童，表达了深深的人文关切。

隆冬时节，运河各段河道全部冰封，这时运河上的交通工具就是冰床了。一些船夫为了生计，自制简易冰床在二闸、什刹海等处做起拖冰床生意。震钧《天咫偶闻》记载："二闸"一带"冬月则有拖床，冰行尤便。"[3]乘冰床者多是较富裕人家子弟或文人墨客，推冰床者多是当地船夫。一为赏冰雪，一为谋生计，两者的境遇天差地别。与士大夫雅游相比，富贵人家游览又是一番景象，满族民间文学子弟书《阔大奶奶逛二闸》以浅显易懂的文字，形象地描述了满族贵妇逛二闸的过程。[4]

北京大运河，为沿岸民间相关行业提供了广阔的发展空间。从二闸到高碑店，通惠河两侧垂柳成行、水波荡漾，运粮船和各种游船穿梭往来，游人络绎不绝，带动了本地区餐饮业和服务业的发展。二闸附近开设有诸多酒楼、茶肆、茶棚，其中以闸南的望东楼和闸北的望海楼最

---

[1] 汪述祖：《二闸竹枝词》，载《中华竹枝词》，北京古籍出版社，1997年。
[2] 《沈从文散文》，浙江文艺出版社，1999年，第109页。
[3] 震钧：《天咫偶闻》卷八《郊坰》。
[4] 北京民族古籍整理出版规划小组辑校：《清蒙古车王府藏子弟书》，国际文化出版公司，1994年，第111—112页。

为有名。望东楼有四间西房，三间北房，均为临水雅座，可凭栏望水。望东楼有一道镇堂美食"小鱼汤"，以河中特产小鲫鱼熬制而成，味极鲜美，驰名京畿，游人泛舟多于此上岸登楼品尝此汤，文人多有诗咏之。如得硕亭的《京都竹枝词》这样描绘："乘舟二闸欲幽探，食小鱼汤味亦甘。最是望东楼上好，桅樯烟雨似江南。"[1]望海楼，与望东楼隔岸相对，亦有四间西房，三间北房，游人可在此远观童子嬉水等。

河边也有很多芦席搭起的酒肆茶寮，俗称大花障之类的较为低档的茶肆。"花障"，亦称"花屏"，指用细竹搭捆成整齐的屏架，将各色花卉牵引缠绕其上，置于茶馆、饭馆的露天客座中。相对湖畔高档的酒楼饭馆，大花障这一类的茶馆环境虽好，但水及茶叶都不尽如人意："大通桥西堨下，旧有茶肆，乃一老卒所辟。并河有廊，颇具临流之胜。秋日苇花瑟瑟，令人生江湖之思。余数偕友过之，茗话送日。惜其水不及昆明，而茶尤不堪。"[2]有的茶馆也供应酒席，"临河茶棚甚多，以大花障为有名，肴酒俱备，价昂而不佳，以缺为贵也"[3]。

民国时期，二闸游赏活动仍旧十分盛行，马芷庠的《北平旅行指南》中对二闸亦有详细记载：

---

[1] 得硕亭：《草珠一串》。
[2] 震钧：《天咫偶闻》卷八《郊坰》。
[3] 崇彝：《道咸以来朝野杂记》，北京古籍出版社，1982年，第24页。

二闸在东便门外。元代定鼎燕京，辟通惠河于城东。自东便门迄通县，源流四十里，联络北运河，以利漕运。中间分设大通闸（即头闸）、通惠闸（即二闸）、高碑店闸、花闸、普济闸等共五闸。二闸其一也，闸距东便门五里许，头二闸间，水清翠，深处丈许，浅者约六尺余，阔逾十丈。夏季有游船可资代步。两岸芦苇掩映，垂柳疏杨，夹河森荫。岸旁村舍三五，点缀其间，风景绝佳。夕阳西下，渔舟唱晚，尤具林壑景象。清季游人极盛，两岸列肆，供客游憩。茶招酒帘飘荡于密树丛林间，别饶风味。酒肆初以大花障及望海楼声望最著。盛夏游人多时，肆主间设什不闲，八角鼓等游艺，以资招徕。惟改元后，游人渐稀。上苑开放，该处更形萧索矣。闸口悬瀑二三丈，激湍横飞，声澈遐迩，势极壮观。漕运未废时，当地居民十之九生活于水泊间。咸娴于泅泳，髫龄儿童，亦多乐此不疲。居恒戏水间，游人或掷钱物入水，辄能寻获。技艺精者，更能于树杪倒跃入水。客或试其技者，奖以金，即作种种表演，如坐水、踏水、夜叉献宝等，均足惊人。惟年来故都市面萧条，该处游人日鲜，望海楼早成废丘，大花障亦不详其处所，沧海桑田已非复旧况。而葱茏苍翠，景色依然。春夏之交，鹅鸭浮水中，

"白毛绿水,红掌青波",犹不失为故都遗韵,城居厌烦嚣者仍纷往游焉。闸南龙王庙,依然存在。沿岸有乐、张两姓别墅,园林布置,井井有条。园前岸上均架有游船,似久未入水者。闸东河北有清代之公主坟(俗呼佛手公主),坟前翁仲,颇为别致,服满洲装,项上挂有朝珠。[1]

元明清时期,人们对运河景观的塑造,不仅赋予其政治、军事、经济功能之外更深厚的文化性和社会性功能,也让运河从以往的行政体系走向特定的区域内部社会的建构。对于北京而言,运河不再是政治和经济的"生命线",而是深层次地嵌入地域文化内部当中,成为运河沿线地区生生不息的文脉源流。

---

[1] 马芷庠:《老北京旅行指南》,北京燕山出版社,1997年,第195—196页。

第七章　运河非遗

千年运河给北京带来了源源不断的财富，也给沿线地区带来了丰富的文化滋养。在漫长的历史发展进程中，北京地区逐步形成了众多与运河有关的曲艺和民俗活动，并与特定的节日交织，形成了丰富多彩的文化活动和文脉特征。据调查统计，目前大运河北京段流域内共有花丝镶嵌制作技艺等国家级非遗项目89项，通州运河船工号子等市级非遗项目220项[①]。这些非遗项目不仅构成了北京地区运河文化的重要内容，展现出北京人民丰富的民俗文化活动，更成为全线区域文脉的特殊构成和独特呈现。

一、主题诗词

元明清时期，通州作为漕船抵京前最重要的码头，过往的行旅客商围绕旅途、送别、郊游等各种文化活动创作

---

① 致公党北京市委：《推动大运河文化带非物质文化遗产可持续发展》，《北京观察》2023年第6期。

了大量的诗词。这些诗词文字优美、情感丰富，不仅展现了当时的自然环境及社会活动，更为北京地区留下了浩如烟海、光辉灿烂的文化遗产。

（一）离别主题

通州距北京四十里，是大运河上最大的交通中转站，从北京南下的文人大多要在通州登船，明清时期的文人送别亲友南下时，也往往选择通州城外的潞河之滨饯行，他们在此创作了大量送别之作，如唐顺之《潞河别林汝雨提学浙江》、王慎中《潞河客舍别蔡刑部道卿》、夏言《潞河留别刘千兵俊》、谢榛《春日潞河舟中饯别莫子良吴峻伯徐汝思袁履善赋得樽字》。曹学佺在《石仓历代诗选》中专以《潞河集》命名，大多数都为潞河送别诗。古代交通十分不便，故而离情别绪愈发强烈，以诗词的形式将这种情感展现出来，成为中国古代独有的文化传统，如李英《出京潞河别吴子福》："东风吹晓日，春水下江湖。潞渚劳君送，燕山别梦孤。轻烟笼翠柳，细雨洒平芜。解缆飘然去，前期万里途。"[1]诗中虽有对于友人的惜别情绪，但也可见诗人对于前途和未来的超脱和释然。

如果所送之人为被贬谪的官员，诗作中在离别之外更有一种同情和惋惜，如赵用贤《潞河留别张以孚张时左迁

---

[1] 李英：《李英集·历游集》卷上《出京潞河别吴子福》。

待补》:"相见复相别,潞河春水深。孤臣一掬泪,去国两乡心。古岸留冰气,寒沙宿夕阴。不堪频北望,离思日骎寻。"[1]道光二十八年(1848),奉政大夫、吏部考功司主事、湖南新化人王麓屏辞职归乡,曾国藩率湘籍京官和同年、好友数十人亲赴潞河送行,同人"画扁舟归养图,相率歌诗"赠别。

不过,在运河相关的诗词中,更多的还是情感基调较为乐观旷达,通篇以壮语送别的内容,如程敏政的《送庶吉士吴俨养疾南还》即属此类:"一舟遥出潞河浔,赐告南还喜不禁。吟望铜官秋展远,梦回天禄夜灯深。青年暂赋思归引,白日长萦恋阙心。屈指重来身更健,春风双佩入词林。"[2]还有名为留别,实为咏怀之作,如徐𤊹《潞河别曹能始》:"悲歌燕市筑,归兴潞河船。作客有何意,还山仍种田。穷猿投散木,饥鹘倦遥天。以我空囊故,怜君损俸钱。"[3]此诗当为作者下第后归乡之作,徐𤊹与曹学佺为同乡友人,曹学佺于万历二十三年(1595)中进士,而徐𤊹直至万历四十八年(1618)方中举,此后十余年屡次参加会试皆落第,二人的境遇截然不同,面对友人仕途的显达,诗中虽有离别愁绪,但更多的则是对于个人境遇的愤懑与不满。

---

[1] 赵用贤:《松石斋集》。
[2] 曹学佺:《石仓历代诗选》卷四五一《明诗次集四十八》。
[3] 徐𤊹:《幔亭集》。

（二）游赏主题

运河沿线杨柳依依、水波粼粼，对于较为干燥的北方地区而言，尤显其景致之优美。因此，各历史时期关于运河游赏的诗词可谓汗牛充栋。以吟诵西湖的诗作为例，明人王直《西湖》："玉泉东汇浸平沙，八月芙蓉尚有花。曲岛下通鲛女室，晴波深映梵王家。常时凫雁闻清呗，旧日鱼龙识翠华。堤下连云粳稻熟，江南风物未宜夸。"据载，湖滨旧有钓鱼台，武庙幸西山时曾钓于此。张循诗曰："西湖南望水烟开，曾见寅旃万骑来。自昔横汾酉胜迹，五云犹傍钓鱼台。"[1]此外，何御《广源闸望西山诗》："山水有佳趣，景象在朝暾。晨倚河堤望，旷然尽平原。春干寂已歇，秋容粲复繁。疏峰互对立，叠涧迅相奔。行人穿露薄，樵子出烟村。陟岭遂及巅，溯流得穷源。讵询世外乐，聊辟区中喧。"另有清代王士祯写有《西堤诗》："堤外春流界稻田，门边鸥鹭净娟娟。风烟里畔千条柳，十里清阴到玉泉。万树垂杨扫绿苔，桃花深映槿篱开。游人尽说西堤好，须及清明上巳来。"沈德潜有《西湖堤散步诗》："左带平田右带湖，晴虹一路绕菰蒲。波间柳影疏兼密，云际山谷有忽无。遗臭丰碑旧阉竖，煎茶古寺老浮屠。闲游宛似苏堤畔，欲向桥边问酒垆。"[2]

---

[1] 蒋一葵：《长安客话》卷三《郊坰杂记》。
[2] 吴长元：《宸垣识略》卷一四《郊坰三》。

作为园林与诗歌爱好者，乾隆皇帝多次乘船往返于昆明湖与西直门之间，由此也留下了大量题材丰富的御制诗。乾隆七年（1742）作有《西海泛舟》："岸柳遮阳景，湖风漾碧波。雨馀行处静，山翠望中多。笙响蝉鸣树，香薰擢拂荷。绿塍如错绣，倚咏兴如何。西山浓似染，倒影入清涟。畅此眺吟趣，何殊书画船。绿蒲依碧水，白鹭上青天。座里闻双橹，舟移别一川。"乾隆九年（1744）《秋日泛舟西海》："金飔漾兰渚，霞光射明川。两岸荻芦花，中流独放船。水气含微冷，棹破秋湖烟。一派空明景，与我相周旋。忆我临薰风，轻舠弄清涟。弹指九夏过，秋水连长天。击楫畅吟怀，鹭起横塘前。"乾隆十六年（1751）《昆明湖泛舟》："何处燕山最畅情，无双风月属昆明。侵

图 7-1 二闸游船旧景

肌水色夏无暑，快意天容雨正晴。倒影山当波底见，分流稻接垅边生。披襟清永饶真乐，不藉仙踪问石鲸。"①

此外，长河是清代帝后从内苑前往颐和园的水路通道，乾隆帝也曾作有多首诗词以描述长河沿线风物景观。乾隆十年（1745）作有《泛舟自西海至万寿寺》："堤柳汀蒲带涨痕，蝉声嘒不厌清喧。麦庄十里轻舟疾，似泛江南烟雨村。"②

高梁桥一带作为明清时期的游览胜地，留下的相关诗文数量更多。明人陶允嘉所作《高梁桥》一诗："小桥间跨绿生漪，一曲淙淙有令姿。流入深宫载红叶，几多临砌照蛾眉。"袁中道所作《高梁桥》一诗："觅寺休辞远，逢僧不厌多。一泓春水疾，十里柳风和。香雾迷车骑，花枝耀绮罗。半生尘土胃，涤浣赖清波。"何宇度有《高梁桥秋望》："一出郊关外，河山四望新。平堤欢驻马，秋水羡垂纶。桥以沙为岸，村依寺作邻。绿杨千万树，仿佛故园春。"③清人王士禛作有《小憩高梁桥》一诗："昔日高梁道，绮罗桥上春。依然挑菜渚，不见采兰人。新水生鱼䈿，轻丝漾掬尘。不妨成漫兴，青草正如茵。"④

---

① 孔祥利：《北京长河史万寿寺史》，荣宝斋出版社，2006年，第98页。
② 云亦编著：《大运河艺文录》，北京出版社，2018年，第54页。
③ 蒋一葵：《长安客话》卷三《郊坰杂记》。
④ 邵长蘅：《二家诗钞》，载《四库全书存目丛书补编》第36册，齐鲁书社，2001年，第593页。

（三）竹枝词与运河文化交流

运河运输的发展，加速了北京地区南北消费文化交融进程。清代竹枝词，围绕饮食消费等内容，形成了运河题材的竹枝词创作类别。仅以日常饮食而言，融合了各地饮食习惯和南北风味的北京饮食消费市场样样皆备，无论是南方的珍馐抑或是北方的佳肴，在此都能寻获，"吴侬只惯忆莼鲈，岂晓甘珍满帝都。入馔辽鱼飞白雪，盈尊羔酒滴红酥"[1]。漕运不仅提供了北京日常所需的大量粮食，随漕船北上而至的商货亦为京城带来了各类日用商品。据掌管北京进城货物税收的崇文门税关统计，清乾嘉年间每年税收高达30多万两，如以3%的税率推算，当时每年由外地贩运到北京的货物价值高达百万余两。另据乾隆五十二年（1787）的崇文门税关档案记载，当年南来漕船共有3400艘，所带土宜有茶叶、白糖、各色纸张、槟榔、白蜡、柏油、桐油、姜黄、鱼胶等商品共计20余种，这些商货均源源不断地流向了城内繁荣的商货市场中。[2]据统计，乾隆中期北京城内茶商字号数有100余家，到乾隆末年城内茶铺多达二三百家之多。[3]此外，纸行则多由福建商人开设，"延、邵二郡纸商，每岁由闽航海……得顺抵天

---

[1] 王鸿绪：《燕京杂咏》，载《中华竹枝词》，北京古籍出版社，1997年，第26页。
[2] 中国第一历史档案馆藏录副奏折：乾隆五十二年八月初九日绵恩奏折。
[3] 歙县会馆编：《重修歙县会馆录》，道光十四年刻本。

津",再由天津转由运河抵达京城,"岁之冬十月,售纸入都"①。京师人喜食槟榔,随身装备以随时嚼用,"槟榔名号聚都门,口袋盛紧系身"②。江南水产富饶,京师多偏爱,"水果不嫌南产贵,藕丝菱片拌冰盘"③。藕和菱等时鲜均为江南特产,在京师因鲜见而非普通居民所能享受。各地贩运商货北上京师的外地客商在京建有多座商业会馆,《颜料行会馆碑记》记载:"京师为天下首善地,货行会馆之多,不啻十百倍于天下各省,且正阳、崇文、宣武门外,货行会馆之多,又不啻十百倍于京师各门外。"④山西的颜料会馆,福建商人所建粤东会馆、河东会馆等,安徽商人所建歙县会馆、徽州会馆等,均为当时外商在京会商联谊之所。位于京师东南的天津滨河靠海,海产丰富,每至海鲜成熟季节,亦有商贩载货进京售卖,"一尾银丝色可怜,三津人到送冰鲜。尚嫌不及关东货,斗大鱼头几串钱"⑤。

清末随着中西方文化在北京地区的融汇,城市消费习

---

① 李华编:《明清以来北京工商会馆碑刻选编》,文物出版社,1980年,第99页。

② 学秋氏:《续都门竹枝词》,载《清代北京竹枝词(十三种)》,北京古籍出版社,1982年,第63页。

③ 佚名:《燕台口号一百首》,载《中华竹枝词》,北京古籍出版社,1997年,第116页。

④ 李华编:《明清以来北京工商会馆碑刻选编》,文物出版社,1980年,第7页。

⑤ 佚名:《燕台口号一百首》,载《中华竹枝词》,北京古籍出版社,1997年,第120页。

俗也为之一新，洋货大批量进驻北京市场，其受众由最初的上层贵族权绅逐渐扩大到普通民众。如洋灯，有竹枝词这样写道："纤纤寸木药硝粘，引得灯光胜火镰。莫怪淬奴夸利用，缘他工省价还廉。"①洋货以其方便、廉价渐为居民所喜爱。再如纸烟盛行后，京师人无论贫富争相吸食以趋时尚，"贫富人人抽纸烟，每天至少几铜元"。②其实，早在乾隆年间北京市场上即有洋货售卖，《都门竹枝词》中就有"三针洋表最时兴"③的记载，只是非属普通民众所能享用。直至清末，洋货则在城中普及开来，"画楼林立望重重，金碧辉煌瑞气浓。箫管歇余人静后，满街齐响自鸣钟"④。而洋药也渐为城中居民所接受，有竹枝词这样写道："近来洋药好生涯，都下新开数百家。莫道货真皆茂盛，欲图多利贵多赊。"⑤

---

① 李静山：《增补都门杂咏》，载《中华竹枝词》，北京古籍出版社，1997年，第234页。

② 忧患生：《京华百二竹枝词》，载《中华竹枝词》，北京古籍出版社，1997年，第285页。

③ 杨米人：《都门竹枝词》，载《清代北京竹枝词（十三种）》，北京古籍出版社，1982年，第19页。

④ 杨静亭：《都门杂咏》，载《中华竹枝词》，北京古籍出版社，1997年，第187页。

⑤ 李静山：《增补都门杂咏》，载《中华竹枝词》，北京古籍出版社，1997年，第234页。

（四）运河传说

北京地区的运河传说，数量众多，题材丰富，涉及河道来源、工程修浚、寺庙塔林等，如关于河道的，有萧太后运粮河的传说；关于寺庙的，有通州燃灯塔、小圣庙的传说等；关于运河人物的，有《吴仲建闸遇鲁班》《曹雪芹家室传说》等；关于运河桥闸的，有八里桥、马驹桥传说等。如关于萧太后河的来历，民间有两个流传较广的传说：

> 一说是当年萧太后率大军征讨北宋，路过今北京城郊野的时候，手下众将士口渴难耐，萧太后勒马扬鞭一指，前面即出现了一条清澈甘洌的河，众将士欢呼雀跃，痛饮解渴，此河遂被称为萧太后河。这一传说的神话色彩较为浓厚，而另一传说则更接地气，说当年萧太后率军征战北宋时，长期在今天的北京城附近安营扎寨，曾经一度面临缺水的境地，于是就派人四处去找水，最终找到了一条无名的河流，河水清澈甘洌，萧太后喝后十分高兴，就问起手下这条河的名字，当听说这是条无名河的时候，就下旨以她的名号来命名。[①]

此外，关于通州永顺镇小圣庙村，当地流传着漕运时

[①] 官士刚：《萧太后河的前世今生》，《北京青年报》2016年7月4日。

代"小圣显佑漕运"的传说。

  据说很久很久以前,小圣庙是一个地主家的庄园,那时不叫小圣庙,叫"王家园",由于这家信奉神仙,在庄园里修了一座供神的庙,后又叫"小庙庄"。有一次,给皇上运粮的船队刚到小庙庄附近,突然船队像触了礁似的打横,怎么摇也走不了,有一个船夫看见河里有一个头上长了一个角,似龙模样的东西,身上骑着一个稀奇古怪的人。这个消息从前传到后,船夫和押船的官吏大为吃惊。当时船上运的全是皇粮,谁也不敢耽搁,官吏赶紧派人报告了当地官府,官府马上找了几个木匠和泥瓦匠,就按船夫看见的模样,用木头当骨,用泥作肉,塑出了古怪人骑独角龙的形象供到小庙里,还举行了隆重的烧香上供仪式。从这以后,船队一路过这儿,就得烧香上供,这个稀奇古怪的人被称作"小圣爷"。[①]

  实际上,流传于北京城内及通州城的运河传说数量十分众多,从文本的生成,到流传的模式、途径等,不仅体现了枕河而居的运河民众对于和顺安稳生活的祈愿,更

---

① 郑建山等:《大运河的传说》,文化艺术出版社,2004年,第33页。

显示出运河对于北京地区的文化影响。题材多样、内容丰富的运河传说，不仅给北京地区留下了丰富的历史文化遗存，更深刻影响着运河沿线区域的文化特质。

二、曲艺民俗

（一）运河号子

北京悠久的运河历史，与地方历史发展进程相互交融，并深刻地浸润到地方文脉之中。在运河沿线的很多地区，民间曾出现过大量的口传文化，有着强调格律和韵脚，形式简短、音节和谐、内容多样的特点，与运河人家日常生活、劳动生产息息相关。通州运河船工号子即是其一，呈现出北京运河区域的人文特点与风俗民情。

通州运河号子是北京市通州地区独有的一种在运河漕运中使用的劳动号子。[1]北运河上的船工号子，是运河船工为统一劳动步调，提升劳动气势以便提高劳动效率而创作的。漕船上的船工们分为舵手、纤夫、闲人、揽头等几个工种。舵手即把握方向、驾驶漕船的掌舵人。纤夫即船上最普遍的纤夫，由于拉纤劳动时每个纤夫都要唱号子，所以他们也被称为"号工"。揽头是漕船上的"一把手"，负责船上的大小事务。而"闲人"并不是份清闲差事，船

---

[1] 毛巧晖：《北运河民俗志》第2卷，中国戏剧出版社，2020年，第67页。

工中流传有一句俗话"闲人不闲",恰恰说明这份差事并不是任谁都能胜任的。闲人如同漕船上的"万金油",什么活儿都懂一点,以便在其他船工因种种原因缺位时顶上去。漕船的主人一般年纪较大、经验丰富,会被推举为"揽头",也被称为"船头",负责船上指派任务、分配酬劳、调解矛盾、指挥操船等大小事务。揽头并不欺压其他船工,在运货分红时也不会夺利,只是按贡献领取自己的分成。此外,揽头一般都需要谙熟水性,了解航运的种种细节,承担更多责任,为年轻船工提供力所能及的帮助和指导。因此,揽头也往往是运河号子的领号人。[1]

图7-2 19世纪60年代东便门驳船景象

---

[1] 毛巧晖:《北运河民俗志》第2卷,中国戏剧出版社,2020年,第69页。

通州运河船工号子种类众多，有起锚号（开船前撤去跳板，即将起锚时喊的号子）、揽头冲船号（用篙把船头揽正，顺篙撑船，把船冲到深水处时喊的号子）、摇橹号（船行到深处，顺水摇橹时喊的号子）、出仓号（卸货或者装货的时候喊的号子）、立桅号（逆水行船前，立起桅杆时喊的号子）、跑篷号（升起篷布时喊的号子，船工忌讳"帆"字，把帆叫作"篷"）、闯滩号（指船搁浅时，船工下水推船时的号子）、拉纤号（纤夫拉纤时喊的号子）、绞关号（指休船期将船绞关上岸，推绞关时喊的号子）、闲号（是船将到码头或者干完活后，喊号者为引来岸边人们的呼应而唱的号子）。除起锚号为齐唱外，其余均为一领众和。从唱法上看，运河号子或粗犷简朴，或苍凉雄劲，节奏或紧凑稳健，或平稳柔和，或紧张激烈，或简洁明快，或悠长较慢。此外，运河船号的唱词多用儿化音和具有通州地方特色的衬字、衬词，京味与通州味浓厚；又因为运河船号最初多从南方漕运船工所学，所以曲调中南腔明显，是漕运文化交流在通州民间播种的一粒种子，经千年传承，在运河人生产生活的世界里深深地扎下根来。2006年，通州运河船工号子入选首批北京市级"非遗"传承目录。

在通州号子重要的传承点新建村，还生活着赵庆福等标志性的传承人。据他们回忆：

从通州往南走的时候船工们跑着篷就走了，路程倒也轻松些。可是回来的时候逆水，逆水必须得拉纤。拉纤是个十分单调的工作，从天津拉到北京一般得花一个星期。这河两边都是光脚踩出来的野道，河两边全是荆棘呀，扎脚，刮衣服，走过去呀那个腿上身上全是一条一条的，有时候甚至能生生挂掉一条肉。然而船工必须把船拉纤拉上来。这时候就需要看领号的本事了：领号的必须得熟悉航道、水情，熟知哪里有浅滩、旋涡等潜在危险。比如说拉纤号，从开始"开船喽"提醒大家背上纤，有头纤、二纤、三纤，还有尾纤，这几个拉纤的一般是六个人以上，他们就合"喔呀喔"，一步一步地就拉走了。到拐弯的时候提示，说如果船搁浅了，领号人就要知道暂停，指挥大伙都下来推船，有时甚至还要抬船，所以号子里也有一个"抬船号"，领号人唱起来大家又开始抬船。等抬完船，领号人说一声可以走了，船工们才能拉纤重新上路。等到漕船回通州的码头和小港口，领号人又要领"出仓号""缴关号"，还要时不时唱两句"闲号"放松心情。因为卸船的时候工作辛苦而单调，船工为了卸货，要生生用肩膀扛起重达150斤甚至200斤的麻包。有了号了，大家一起使劲，靠着惯性，货物一会儿就能卸完，相对来说轻松不少。①

苍劲有力的劳动号子，不仅给当时从事漕运劳作的民众以力量和期望，更形成了独有的民俗文化。此外，运河号子也会根据不同的水文特征、地势条件和工作程序作出相应变化，进而与不同地区的文化相互融汇，呈现出异曲同工之妙。

（二）时调小曲

二闸沿岸，搭有很多野台子，当时从事民间戏曲表演的男女艺人在此经营，形式如梆子、蹦蹦戏、大鼓、莲花落、二黄等时调小曲。《旧京风俗志》记载："二闸在东便门外，大约每年六月初一至七月十五日，游人极为繁盛。七月十五日后，天气渐凉，游人即逐渐减少矣。闸口之东约半里许，有森林数处，营业者借树林支搭席棚，围以花帐（障），临时售茶。其第一处名大花杖，第二处名花杖，数十年前，游人极多，生意甚盛。该处又邀女子多名，演唱大鼓，时调小曲，及二黄小戏，遂更热闹。"②《二闸竹枝词》中有"雏莺乳燕不知名，开口欣然座客迎。一曲清

---

① 毛巧晖：《北运河民俗志》，中国戏剧出版社，2020年，第69—70页。
② 旧吾：《旧京风俗志》，民国十七年稿本。

歌金一饼，游人念尔亦苍生"的描写[①]，当时很多民众十分喜爱这种民间曲艺，甚至很多贵族也会来到这里"征歌点曲，一掷千金"，场景十分热闹。

从闸口往西，有永隆落子馆，这里主要以演唱鼓曲书词为主，所唱者如《孤村打鸟》《夜宿花亭》《十里长亭饯别》等。落子，俗称蹦蹦戏、落子戏、莲花落，是一种秧歌类型的传统民间舞蹈，也指各种曲艺杂耍，主要流传于沧州、通州、天津等运河沿岸。落子的唱词浅显易懂，形式自由活泼，民间生活气息浓郁，为群众所喜闻乐见。莲花落是传统时期较为常见的一种乞讨说唱，表现形式为艺人打着竹板，即兴现编现说现唱，多是吉祥话、祝福词。蹦蹦戏，相对来说唱腔较为原始，扮相粗犷，板式明了流畅，形式简洁；伴奏分文武场，文场有板胡、笛子等，武场有单皮、云板等；内容多根据小说、鼓书段子、民间故事，编排一些生活小戏、习俗与逸闻趣事，具有广泛的民众基础和鲜明的运河文化特色，在通州地区非常盛行。

庆丰闸南岸有永兴八角鼓，流行于北京地区的满族子弟中，相传是清初定鼎北京时的"凯歌之词"，后来成了三弦、岔曲、快书等系列演唱形式的总称。所唱词句，春夏秋冬、风花雪月、才子佳人、渔樵耕读、琴棋书画，无

[①] 汪述祖：《二闸竹枝词》，载《中华竹枝词》，北京古籍出版社，1997年，第217页。

所不有。满族民间文学子弟书中的《阔大奶奶逛二闸》曾被改编成快书，形象地描绘了满族贵妇逛二闸的整个过程。此外，二闸地区还有表演十不闲、八角鼓、变戏法、说快书等。在庙会举办期间，当地人还约请香会助兴，表演扭秧歌、踩高跷、少狮嬉水等。民国时期金继德在《城东旧事》中回忆"通惠河上的二闸"，文中写道：

> 自东便门往东至通县的通惠河上，建有多座水闸，其目的是调节水位，保持各段河水之深度，以利漕运。大通桥东之庆丰闸，又名二闸，是通惠河上比较有名的一座闸。我年轻时听老人们讲，清代故都人士，每当盛夏，常以结伴游二闸为乐，有小舟可以代步。头闸和二闸之间，水深及丈，至浅处亦逾六尺，河面宽十余丈。两岸高槐疏柳，芦苇掩映，有二三村庄点缀其间，构成了水乡田园之景。每逢五六月间，游人乘船旅行，可见船头鱼跃，可闻林中蝉噪。最令人感兴趣的，是纤夫的歌声。在有的船上，有人立于船头，唱散曲，歌风雨归舟及欧阳修之秋声赋。游人在船上听歌观景，更觉赏心悦目。[①]

[①] 金继德：《城东旧事》，载北京市政协文史资料委员会编：《北京文史资料精选》（朝阳卷），北京出版社，2006年，第66页。

图7-3 民国时期的东便门庙会

（三）运河洗浴

农历三月初三是我国传统的上巳节，亦是祓禊的日子，也称"春浴节"。上巳节是攘灾避祸、祈福求神的节日，洗浴则是上巳节最重要的节日内容。这一天无论是皇帝妃嫔，还是民间百姓，都要隆重地洁面修身，清洁身心，以求吉福降临。上巳节当天，皇宫内的妃嫔会到内园的迎祥亭漾碧池修禊，完毕后则会在此设宴，称"爽心宴"。池水旁有一潭称"香泉潭"，上巳节当日会将潭中香水注入漾碧池中，再放入温玉、红石马等物以供妃嫔在沐浴之后戏耍，谓之"水上迎祥之乐"。民间在上巳节则以形式多样的户外活动来代替传统的以洗涤为主要内容的节日习俗。三月的北京，正是春意融融、柳绿花荣的季节。按辽俗，在上巳节这一天要射兔。兔是用木雕制而成，人们分作两路骑马射之，最先射中的则是胜者，输者则必须下马跪进胜者酒，胜者在马上解酒饮用。到了元代，上巳节演变为"脱穷日"，在这一天人们都来到郊区水渠边游玩。此外，人们还将柳条或者秸秆做成圆圈的形状，从头上套入，再从脚下脱掉，最后将圆圈扔到水中，这便是"脱穷"了。明清之后，这些传统的节日活动逐渐消亡，上巳节则进一步演变为春游踏青的日子了。另外，传说三月初三还是王母娘娘的生日，这一天各路神仙都会赶赴瑶池为王母庆祝寿诞。北京旧俗则是在这一天来到东便门附近的蟠桃宫，沿运河附近洗涤踏青等。

（四）开漕节

"河冰初解水如天，万里南来第一船。"枕河而居的运河居民，以朴素并热烈的活动来表达对于河道和生活的祈祷，也是运河民间文化的特有内容。通州运河开槽节始于明代，相传源于吴仲在漕运粮船抵达通州后举行的祭坝和祭祀仪式，这也是通州特有的运河民俗活动。因明清时期漕船抵达通州的时间大致在每年的农历三月初，开河之后第一帮粮船到达通州之后，则会择日举行春祭活动，这便是最早的开漕节。届时，户部漕运官员以及通州地方官、各省工商会馆商人、民众都会齐聚通州城的运河边上，共同举行规模宏大的庆祝活动。开漕节的举行，也意味着新一年漕运活动的开始。

> 每临开漕节，朝廷户部侍郎、巡仓御史、巡漕御史、漕运总督、坐粮厅主事等中央掌漕官员和通州地方官吏以及各省在通工商会馆同通州市民、关厢乡民乃至北京民众数万齐集通州城东运河西岸，共庆首批粮帮运船到达，北起大运河北端第一楼——大光楼，河上帆樯蔽天，舳舻蔽水，堤防上摩肩接踵，水泄不通。①

开漕节仪式开始，首先在石坝码头处的爆竹高架上，燃放"万头鞭"，震天动地。接着举行走会表演，开路（舞叉）狮子、少林、小车、高跷、大鼓、吵子、旱船、竹马、龙灯、中幡、石锁等数十档花会，依序向南打场献技，鼓乐喧天，歌舞动人。沿途商铺施茶献果，贾船挪银捐物，

---

① 周良：《通州漕运》，文化艺术出版社，2004年，第168页。

繁闹堪冠京师各处庙会。各档花会及观众浩浩荡荡，来到城南里处的运河岸边小圣庙进香。小圣庙建于元代，重修于明代，面东向河，二进院落，供奉河神。但民间庙宇道、释混杂，此庙虽是道教庙宇，但也祭祀佛教中的观音菩萨，以求双重保佑航运平安，因此香火颇盛。庙内僧人为趁机多获供品银钱，待到开漕节，特意将山门紧闭，欲进庙内进香，必须叫开山门。然众档花会中只有高跷会角色中有一位行者（亦称陀头）是出家人，于是请这个角色上前叫门。此人扯嗓高叫"豆——来！"后，庙内僧人方开门，列队迎请官员及众会首进香。"豆"是古代的食器，形似高足盘，或有盖，用来盛放食物，新石器时代就有陶制的，商、周有铜制的，是重要的礼器之一。僧人听得门外供品已到，马上开门迎接。官员及众会首上香完毕，则宣布开漕节仪式结束。"清代仍袭此制，直至光绪二十七年（1901）北运河停漕方止。"[①]

（五）传统技艺

花丝镶嵌制作技艺又称"细金工艺"，在中国已有3000多年的历史。它源于商周，盛于汉唐，至明代已达到很高的艺术水平，发展到清代，花丝镶嵌制作技艺集历代

---

① 胡梦飞：《中国运河文化遗产概论》，黄河水利出版社，2020年，第240页。

技艺之大成，并逐步走向专业化生产。新中国成立后，北京传统花丝镶嵌行业得以恢复和发展。从新中国成立初期的作坊、店铺到社会主义改造时期的合作社，再到1958年几家合作社合并成立北京花丝镶嵌厂，行业逐渐走向工业化道路。2008年，花丝镶嵌制作技艺被列入第二批中国非物质文化遗产保护名录。

汤氏面塑艺术，起源于通州，是运河文化孕育出的民间文化。北京通州"面人汤"面塑形成于清末，以家族式传承为主，兼有师徒传承。创始人汤子博先生（1882—1971）博采众长，将民间面人由"签举式"改为"托板式"，进而创出核桃面塑、浮雕面塑、悬塑面人和制钱面塑等多种形式；题材也拓展得极为广泛，有书卷人物、戏曲人物、仙佛人物等；以大量成功的作品确立了"面人汤"面塑流派的地位。第二代传人汤凤国的作品继承发展了"面人汤"艺术，使之发扬光大，实现了面塑从民间步入高雅艺术殿堂的跨越。面塑的制作手法较多，如揉、延、展、搓、拨、挑、按、捏等。1996年，联合国教科文组织授予汤凤国先生"国际级民间美术大师"称号。

通州区漷县镇张庄村运河龙灯距今已有170多年的历史。过去每逢年节或遇灾害，人们都要舞动龙灯，祈福迎祥以求神灵保佑。而今的运河龙灯表演，则成为群众娱乐健身、营造喜庆气氛的文化娱乐活动。张庄龙灯的表演形式多样，主要的伴奏乐器有大鼓、钹、铙、镲和筛（吊筛）。和其他地方相比，张庄龙灯融会了南北龙灯的特点，形成其独特的风格：别处龙头多为圆形，而张庄村龙灯用的是蓝色双龙，龙头是方口的，且方口大张。蓝色代表"水"，带有鲜明的运河文化特色；而方口大张，有动态感，使龙的造型更加完美。在表演套路上，过去曾有30多套，现在谢文荣等3位老艺人已整理出13套，如龙翻身、双跳龙把、钻黄瓜架等，各种表演招式无不贯穿其中。

　　流传于运河沿岸的非遗技艺、传说、曲艺等，将运河这一核心文化元素包含其中，并呈现出不断融入地方政治、经济、社会和文化发展进程的发展特点。时至今日，这些形式多样、内容丰富的非遗文化，不仅成为当地文化内涵的重要组成部分，也成为运河沿线区域文脉延续的主要依托。

第八章　文化内涵

春秋战国时期，诸侯国之间征伐不断的战争催生了大运河的开凿，并在中国历史发展进程中发挥了重要作用。秦汉以降，在大统一王朝国家形态下，运河成为政治中心与经济中心的重要连接通道，在维系国家统一的进程中发挥了重要作用。作为运河最重要的功能，漕运不仅可以实现远距离调集粮食和物资的目标，而且可以带动区域之间的资源调配和经济发展。通过运河，中央政府的政令得以顺利到达地方，由此强化了中央对地方的有效控制。运河更是一条流动的文化通道，不同地域之间的文化在此交流融汇，深刻地影响了沿河地区的文化发展。历史上，大运河的开凿和运行，有效地保障了国家的统一，促进了南北之间的经济、文化交流，被誉为政治之河、经济之河和文化之河。

一、军国大事，漕运为先

运河在中国历史发展进程中扮演着重要角色，许多重大政治和军事事件都与运河有关。因此，历代王朝均将运河治理作为国家之重务。正如宋人张方平言："今日之势，国依兵而立，兵以食为命，食以漕运为本，漕运以河渠为主……今仰食于官廪者，不惟三军，至于京师士庶以亿万计，太半待饱于军糈之余，故国家于漕事至急至重。"①

早在春秋时期大国争霸的历史格局中，吴王夫差就在今扬州附近开挖邗沟，率兵北上伐齐。邗沟的开凿也被视为京杭大运河的开端，运河也开始在中国历史发展进程中发挥作用。战国时期的魏国则修建了一条连接郑州和商丘之间的运河——鸿沟，大大便利了魏国的农业发展和商业贸易。

秦王嬴政开凿灵渠后，军需补给得到有效保障，使得疆域扩展到岭南地区。曹操在统一北方的历史进程中亦得益于运河交通的保障。隋炀帝于大业元年（605）开凿了从洛阳到清江（今江苏淮安）、长约1000公里的通济渠，沟通了黄河与淮河；大业四年（608）开凿永济渠，从洛阳经山东临清至河北涿郡（今北京西南隅）；大业六年（610）开凿江苏镇江至浙江杭州、长约400公里的江南运河。四条运河首尾相接，形成了一条以洛阳为中心，南通余杭，北达涿郡，纵贯南北的水运通道。继之而起的唐朝，则全面继承了隋代的运河系统。

---

① 《续资治通鉴长编》卷二六九，熙宁八年十月壬辰。

在中国历史发展进程中，大运河的开通和运行有效改善了都城与其他地区之间的交通条件，强化了区域之间的紧密联系，在维护国家统一等方面发挥了至关重要的作用。例如，梁启超曾经这样评价京杭大运河的历史作用："自运河既通以后，而南北一统之基础，遂以大定。此后千余年间，分裂者不过百年耳。"[1]

隋唐之前，北京及华北地区的运河开凿史，实际上就是一部为进兵北方开辟水上通道的历史。曹操、隋炀帝开凿的平虏渠、泉州渠、永济渠等工程，都是以军事扩张为目的、用来运粮运兵的水上通道。辽金时期，作为陪都的辽南京与作为都城的金中都，都把完善运河交通水利系统作为站稳燕京并据此进军中原的重要基础。到了元明清时期，北京作为统一政权的国家都城，运河对巩固北京的政治地位、维持国家统一格局并有效控制广袤的南方地区，发挥了越来越突出的作用。

从地理位置与山川形势而言，北京自有其优越性所在，正如金代名臣梁襄所言："燕都地处雄要，北倚山险，南压区夏，若坐堂隍俯视庭宇。本地所生，人马勇劲。亡辽虽小，止以得燕，故能控制南北，坐致宋币。燕盖京都之选首也。"[2] 但是，北京作为都城，也有其天然不利的条

---

[1] 梁启超：《中国地理大势论》，载《中国现代学术经典·梁启超卷》，河北教育出版社，1996年，第704页。
[2] 《金史》卷九六《梁襄传》。

件，那就是当地主要以旱作农业为主，产量不高，无法完全供应都城的消费需求。因此，没有大运河的物资供给，北京的都城地位便没有最基本的保障。金海陵王迁都燕京之后，每年需要从河北、山东等地调运大量粮食及物资供给都城。在当时的历史条件下，水运是比陆运更为方便快捷和省力的途径。金代曾开通闸河连接通州和中都，而漕运也是元明清三代开凿、疏浚运河河道的主要出发点。自此，京杭大运河与京城构成的经济系统，成为王朝最重要的支撑体系之一。或者说，以经济支撑为基础，进而达到军事和政治的稳固，是大运河对于京师乃至整个王朝的重大意义。

忽必烈定都北京后，漕运的终端自此由洛阳转到偏于东北一隅的大都。元初最初实施海运，但因风浪等原因，时常有船只倾覆等情况发生。于是，在著名水利专家郭守敬的主持下，元世祖忽必烈下令开凿了连接通州与大都城的通惠河，在中间采用水闸调节水位，这样一来，漕船可经由通惠河直接驶入大都城内，积水潭也成了新的运河终点码头。郭守敬引昌平白浮泉和玉泉山的泉水到瓮山泊，沿高粱河经和义门北注积水潭。《元史》载："海子岸上接龙王堂，以石甃其四周。海子，一名积水潭，聚西北诸泉之水，流行入都城而汇于此，汪洋如海，都人因名焉。"[1]

---

[1]《元史》卷六四《河渠志一·海子岸》。

元代京杭大运河的畅通,实现了北方政治中心与富庶的南方地区的连接,并最终奠定了大运河的基本走向及规模,实现了在中国境内以一条人工开挖的长距离河道连接海河、黄河、淮河、长江、钱塘江五大水系的地理格局。明人丘濬对此予以高度评价:"运东南粟以实京师,在汉唐宋皆然。然汉唐都关中,宋都汴梁,所漕之河皆因天地自然之势,中间虽或少假人力,然多因其势而微用人为以济之。非若会通一河,前代所未有,而元人始创为之,非有所因也。"[1]

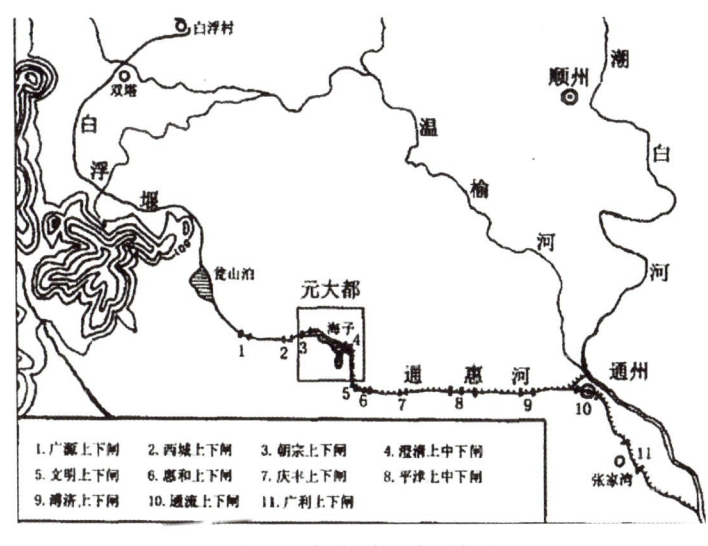

图8-1 白浮堰与通惠河略图

———
[1] 《大学衍义补》卷三四《漕运之宜下》。

漕运畅通对于维系首都经济命脉与社会稳定的巨大作用，在运道淤塞或遭逢战乱的非常时期体现得尤为充分。例如，明成化六年（1470）六月，北京地区发生严重水灾，城内居民饥饿无着，四方流民大量拥入。九月得到奏报："京城比来米价腾踊，民艰于食，乞丐盈路。询其所由，盖因漕运军士途中靡费粮米，至京则籴买以足其数，遂使米价日增而民食愈缺。"①针对这种状况，朝廷把赈灾不力的顺天府尹等人降职停俸，将官仓储备粮投入市场以平抑物价，严刑禁止奸贪之徒高价转卖牟利，并且放归国子监部分生员，逐出数以万计的云游僧人，借以减少京城人口对粮米的消耗。②

大运河对北京的政治意义，更在于它大大增强了朝廷政令的通达程度以及对全国的控制能力。正是依托于大运河，国家具备了一条强化南北联系、及时掌控南方社会动态的通道。明成化七年（1471）十月，奉命视察疏浚通惠河事宜的官员杨鼎、乔毅奏报，运河水路的畅通不仅便于漕粮顺利到达北京，也为朝廷控御天下提供了通道："天下百官之朝觐，四方外夷之贡献，其行李方物皆得直抵都城下卸。此事举行实天意畅快，人心欢悦，是以壮观我圣朝京师万万年太平之气象也。"③

---

① 《明宪宗实录》卷八三，成化六年九月辛卯。
② 孙冬虎：《运河文化带：自然与人文的交响》，《前线》2017年第8期。
③ 《明宪宗实录》卷九七，成化七年十月丙戌。

到了清代，为了强化对南方地区的控制，康熙帝和乾隆帝沿运河曾多次南巡。南巡路线跨越直隶、山东、江苏、浙江四省，往返水陆里程3000余公里，每次历时都在100多天。为了笼络江南士人，康熙十八年（1679）、乾隆元年（1736）曾分别举行博学鸿儒科与博学鸿词科。

京杭大运河自开凿之后，就一直处于中央政权的直接控制下，并建立了一套十分完整的管理体制。从官员体系而言，管理运河的官员由中央直接任命，日常的维护和管理由官兵负责，运输船舶为准军事编制。同时，为了保障大运河和漕运体制的安全，历代都建立了以河工和漕运为主体的官员机构，并将其纳入中国古代官僚行政体系当中。在河道管理方面，元代运河管理趋于完善，中央设有都水监作为最高水利管理机构，统领全国水务，后都水监先后并入工部、大司农寺和中书省。明成化七年（1471），任命王恕以刑部左侍郎的身份总督河道，确立了运河管理的总体架构，并在历次河道治理中发挥了重要作用。在漕运管理方面，中央初置京畿都漕运司，以漕运使士之，后废漕运使，置漕运府总兵官。景泰年间设漕运总督，与总兵同理漕政，均以淮安为衙属，分别负责瓜洲至淮河段、淮河至天津段事务。另外，明代共有运军127600人、运船11700只，专职从事漕粮运输工作。清代设有河道总督，专门掌管黄河与运河的治理工作。河道总督同各省总督一样，有所属军队，名为"河标"。河道总督之下，设"管河道"

若干,分管直隶、山东、江苏、河南诸省河务。凡运河沿线各闸,均置闸官看守,司闸启闭等事均有相当严格的管理制度。①

从中国历史发展整体进程来看,运河的畅通,关系着国家政局稳定、经济发展以及社会的安定等重大问题,是国家兴衰的风向标。值得关注的是,在政治稳定时期,无论是漕粮的运输效率,还是漕河的管理程度,都得到了极大的提高。一旦运河改道或淤塞,不仅会严重威胁到赖以为生的皇室、官员以及普通百姓的日常供给,而且会造成都城社会秩序的失衡,甚至导致社会混乱。康熙帝曾言:"朕听政以来,以三藩及河务、漕运为三大事,夙夜勤念,曾书而悬之宫中柱上,至今尚存。倘河务不得其人,一时漕运有误,关系非轻。"②

漕运与交通的发达构成了增强区域联系以及文化认同的纽带,由此大大强化了北京的政治、经济以及文化中心地位。大运河建成后,每年经由运河自南而北输送的漕粮,从最初的几十万石逐渐增至明清时的四五百万石。明代规定,漕船除运载固定的漕粮外,每船可携带一定数量的"土宜"随船售卖。明代规定每船可搭载"土宜十石",清代增至150石,土特产的种类亦随之不断增多。

---

① 倪玉平:《大运河是国家治理能力的重要体现》,《北京社会科学》2022年第10期,第33—36页。
② 《清圣祖实录》卷一五四,康熙三十一年二月辛巳。

二、四方之土，连为一体

元代京杭大运河自贯通以来，不仅成为沟通都城与中国境内各大经济区的大动脉，而且成为中国南北经济联系的重要纽带。元明清时期，大运河不仅每年为北京运进数百万石粮食，还把南方的其他物资如木材、铜铅、日用百货等商品，源源不断地贩运到北京，有效供给了都城的日用所需。元代《危太朴集》记载元大都商贸盛况言："四方之土，远者万里，近者数百里，航川舆陆，自东西南北而至者，莫有为之限隔。"[1] 元大都作为世界闻名的商业贸易中心，城内商业店铺、戏馆酒楼鳞次栉比，十分繁华。马可·波罗写道：

> 凡是世界各地最有价值的东西也都会集中在这个城里，尤其是印度的商品，如宝石、珍珠、药材和香料。契丹各省和帝国其他地方，凡有值钱的东西也都要运到这里，以满足来京都经商而住在附近的商人的需要。这里出售的商品数量比其他任何地方都要多，因为仅马车和驴马运载生丝到这里的，每天就不下千次，我们使用的金丝织物和其他各种丝织物也在这里大量的生产。在

---

[1] 危素：《危太朴集》卷九《送夏仲序》。

都城的附近有许多城墙围绕的市镇。这里的居民大多依靠京都为生，出售他们所生产的物品，来换取自己所需的东西。①

大都商市中，粮食买卖是最兴盛的贸易之一。至元二十九年（1292）正月，主持监察工作的御史台上奏称："大都里每年百姓食用的粮食，多一半是客人从迤南御河里搬将这里来卖有。来的多呵贱，来的少呵贵有。如今街下有来的米，比已前贵有。这米贵了的缘故，官船搬运官粮诸物呵，船户每倚着官司气力，'坏了官船也'么道，却夺要了客人每的船只。与了钞，放了，不与钞呵，教百姓每船运官物。更有气力的人每行呵，客人每根底阻当。"②积水潭是京杭大运河的终点码头，这里也成为北京最繁华的商业区之一，河道中舳舻蔽水，两岸市肆林立，十分热闹。

明永乐年间为迁都而进行的都城营建工程，主要借助大运河运输宫殿营造所需之大木、砖石等材料。如从临清等地烧造完成的砖石一般是搭载漕船运送到京。永乐三年（1405）规定，"每百料船，带砖二十个，沙砖三十个"③。永乐九年（1411）疏浚会通河后，运河往来船只增加，水

---

① 《马可波罗行纪》，河北人民出版社，1999年，第134页。
② 《通制条格》卷二七《杂令·拘滞车船》。
③ 《大明会典》卷一九〇《工部十·物料》。

路成为运输砖石的首选,粮船携带砖石之数也不断增加。中国古代建筑多以木结构建筑为主,明北京的宫殿营建所选用的木材更为讲究,这些木材多从四川、湖广、山西、云南等地采伐运输而来,被称为"皇木采办"。南方大木一般走水路运送到北京,沿途路程十分遥远,"出三峡,道江淮,涉淮泗,以输于北"①,其"越历江湖,逶迤万里,由蜀抵京,恒以岁计"。据记载,"楠木一株,长七丈、围圆一丈二三尺者,用拽运夫五百名,其余按丈减用。沿路安塘,十里一塘,看路径长短安设。一塘送一塘,到大江"。运木所费工役十分繁重,据时人记载,"计木一株,山林仅十余金,拽运辄至七八百人,耽延辄至八九月,盘费辄至一二千两之上"②。运解时,督木同知将放出木头赴督木道交割,80株扎一大筏,召募水手放筏,每筏用水手10名、夫40名,差官押运到京。万历年间记载,从四川采木,从开始采伐到运送至京一般要费时达5年。木材在水道运解过程中,如遇洪灾或者其他状况则多有飘落等情况:"京城皇极门且成,而金柱明梁非围尺极大者不中,时川木采办,在在告困。适通惠河道工部侍郎陆澹园,以天津至海两岸平沙葭苇之地,有历朝大楠木漂没者,悉为搜发,至一千有奇。其中梁柱围尺者一百五十有七,约省

---

① 吕毖:《明朝小史》卷三《永乐》。
② (雍正)《四川通志》卷一六《食货·木政》。

金钱二百余万。"①

明代京城每年从各地采鲜以供宫廷消费。王世贞《弘治宫词》记载:"五月鲥鱼白似银,传餐颁及后宫人。踌躇欲罢冰鲜递,太庙年年有荐新。"②浙江海门每年进贡鳓鱼,岁贡99尾;明初江阴侯家向朝廷进贡鲚鱼。每年农历二月初二,宫中喜食鲊鱼,主要由湖广等地贡纳,起初仅为2500斤,后增至3万斤。正德年间巡按直隶御使奏称,宣城县岁贡雪梨40斤,解送南京礼部供太庙例用。当时原无进京之役,但现在每年以4500斤解礼部,转进内府,分赐各衙门食用。③各地时鲜珍品每至上市时节,经由运河北上京城。对此《酌中志》"饮食好尚纪略"记载:

> 滇南之鸡𡎺,五台之天花羊肚菜、鸡腿银盘等麻菇,东海之石花海白菜、龙须、海带、鹿角、紫菜,江南乌笋、糟笋、香蕈,辽东之松子,蓟北之黄花、金针,都中之土药、土豆,南都之苔菜,武当之鹰嘴笋、黄精、黑精,北山之榛、栗、梨、枣、核桃、黄连茶、芽木兰、蕨菜、蔓菁。④

---

① 于敏中等:《日下旧闻考》卷三四《宫室》。
② 王世贞:《弘治宫词》,载朱权等编:《明宫词》,北京古籍出版社,1987年,第11页。
③ 《明世宗实录》卷九,正德十六年十二月癸未。
④ 刘若愚:《酌中记》卷二〇《饮食好尚纪略》。

明代北京作为中国的政治中心以及最大的消费中心，来自全国各地的商货纷纷汇聚于此，城内市场贸易十分繁荣。由于帝王都会的性质，大量官员豪贵居住在此，带动了城市奢侈性消费风气的形成。张瀚在《松窗梦语》中写道："自古帝王都会，易于侈靡。燕自胜国及我朝皆建都焉，沿习既深，渐染成俗，故今侈靡特甚。余尝数游燕中，睹百货充溢，宝藏丰盈，服御鲜华，器用精巧，宫室壮丽，此皆百工所呈能而献技，巨室所罗致而取盈。盖四方之货，不产于燕而毕聚于燕。其物值既贵，故东南之人不远数千里乐于趋赴者，为重糈也。"[1]从皇室贵族所用的高档商品到普通民众的日用消费品，均可在京城的市场中购

图8-2 御制通州石道碑文

---

[1] 张瀚：《松窗梦语》卷四《百工纪》。

得。明清时期，北京也吸引了全国各地甚至还有远赴重洋的商人到此贸易。为联结乡谊，他们在此也纷纷建立了各省商业会馆。

清代运河中流通的商品数量已经远远超过了漕粮，京城东门外的朝阳门大道是通州至京城的主要通道，每日来往行旅车辆络绎不绝。雍正年间《御制通州石道碑文》载："自朝阳门至通州四十里，为国东门孔道。凡正供输将，匪颁诏糈，由通州达京师者，悉遵是路。潞河为万国朝宗之地，四海九州岁致百货，千樯万艘，辐辏云集。商贾行旅，梯山航海而至者，车毂织络，相望于道。盖苍庾之都会，而水陆之冲逵也。"[①]清代京城市场的消费品十分众多，当时规定漕船可携带一定数量的土宜随船发卖，在清代档案中记载，随船携带的土宜品类均为当时京城的日用所需，如食物、纸张、瓷器、糖、醋、油、酒、杂货、竹木器等项。乾隆五十二年（1787）档案记载，当年南来漕船共有3400艘，所带土宜有茶叶、白糖、各色纸张、槟榔、白蜡、柏油、桐油、姜黄、鱼胶等商品计有20余种。此外，从江浙地区来的茶叶也是当时主要的商品，清代茶叶在运输过程中，每逢在各省过关输税需一律"截角"，如运至京城售卖则要"戮去中间"。乾隆二十三年（1758）、

[①] 于敏中等：《日下旧闻考》卷八八《郊坰》。

二十四年（1759），浙江行销顺天茶引，共计1.9万余道。①另据统计，乾隆中期北京城内茶商字号数有100余家，到乾隆末年城内茶铺多达二三百家。纸张、槟榔等则主要由福建运来。相关档案记载：京师"延、邵二郡纸商，每岁由闽航海……得顺抵天津"，于"岁之冬十月，售纸入都"②。

康熙二十年（1681）时，北京地区人口已有164万余人。到了18世纪，北京城市人口进一步增加。法国年鉴学派大师布罗代尔认为北京城市人口远远超过当时欧洲最大的城市伦敦。他引用马加良恩斯神父的话："这座城市居民数量之多，我不敢说出确数，说了也无法相信。旧城和新城的每条街巷，无论大小，无论位于中心还是僻处一隅，莫不住满了人。各处人群之拥挤，我们欧洲只有集市上和宗教游行时的盛况差堪比拟。1793年北京的面积远不如伦敦，但人口是伦敦人口的二到三倍。"③清代每年还要通过大运河往北京输送大量的铜、木材、瓷器及丝织品。利玛窦曾说："无数为朝廷运送物品的船只来到北京……所以人们说北京什么也不生产，但什么也不缺少。"④清代

---

① 《清朝文献通考》卷二〇《征榷五》。
② 李华编：《明清以来北京工商会馆碑刻选编》，文物出版社，1980年，第99页。
③ 费尔南·布罗代尔：《15至18世纪的物质文明、经济和资本主义》第1卷，生活·读书·新知三联书店，2002年，第664页。
④ 《利玛窦中国札记》，中华书局，2010年，第327页。

北京汇聚了各地商人，汇兑银号、皮货、干果诸铺皆为山西人所开，而绸缎、粮食、饭庄皆为山东人所开。时人称："京师为天下首善地，货行会馆之多，不啻十百倍于天下各省，且正阳、崇文、宣武门外，货行会馆之多，又不啻十百倍于京师各门外。"

贯穿南北的京杭运河不仅使得沿线各经济区互联互通，而且整合了传统时代中国的资源禀赋，推动了各区域之间资源调剂和经济往来，推动了中国传统经济的发展。元大都城中"万方之珍怪货宝，璆琳琅玕，珊瑚珠玑，翡翠玳瑁，象犀之品，江南吴越之髹漆刻镂，荆楚之金锡，齐鲁之柔纩纤缟，昆仑波斯之童奴，冀之名马，皆焜煌可喜，驰人心神"①。当时各地的珠玉宝器，均可在大都城中寻获，甚至外国商货也很常见。明代北京"因帝都所在，万国梯航鳞次毕集，然市肆贸迁皆四方之货，奔走射利皆五方之民"②。清代北京是全国最大的消费城市，也是国内商业的贸易交换中心，"致天下之民，聚天下之货，熙熙攘攘，骈阗辐辏"③。漕运与交通的发达构成了增强区域联系以及文化认同的纽带，这也是历史上的北京城作为政治中心的优势所在。

大运河的巨大经济价值，体现在运河交通不仅为沿

---

① 马祖常：《石田文集》卷九《李氏寿桂堂诗序》。
② 谢肇淛：《五杂俎》卷三《地部一》。
③ （光绪）《顺天府志》京师志十一《关榷》。

岸城市的兴起提供了契机，也为其进一步发展创造了条件。元代京杭大运河贯通之后，沿河地区迅速崛起，如通州、天津、临清等运河城镇迅速发展。明永乐二十一年（1423），山东巡抚陈济称："淮安、济宁、东昌、临清、德州、直沽，商贩所聚。今都北平，百货倍往时。"①以北京为中心的运河的开凿和贯通，无疑对运河沿线地区的发展有着重要作用。明清时期天津便从北京外围的一处军事卫所，迅速成长为运河沿线上一个重要的商业城市，晚清时期更是得益于海陆交汇而成为北方地区最重要的国际贸易港口城市。实际上，在航海时代来临之前，中国传统城市往往因运河而生，依运河而存，运河兴则兴，运河衰则衰。而京杭大运河发挥轴心作用和中心集聚作用，不仅带动了运河沿线城市的崛起和发展，在更广阔的范围，以水陆相接的方式，将中国南北地区、中国与周边国家和地区连接起来。

三、因地制宜，天人合一

大运河的开凿是人类历史上的超大规模水利工程的奇迹。中国自然地势呈西高东低，境内自然条件十分复杂，因此人工开凿运河面临着诸多困难。为保障都城粮食调集，中国人民巧妙利用沿线江河湖泊等多样的水资源条

---

① （嘉靖）《续文献通考》卷一八《征榷考·征商》。

件，经过持续的建设，最终完成了长达3000多里的大运河的修浚，实现了世界上最长的水资源时空调度，在中国历史发展进程中发挥了重要作用。

北京地区属海河流域，区域内有永定河、潮白河、北运河、拒马河和泃河五大河流，且有着丰富的地下水资源，水运条件较为优越。北京地区很早就有利用境内水道输送粮食的记载。早在东汉初年，上谷郡太守王霸建议"委输可从温水漕，以省陆转输之劳"，被刘秀采纳之后"事皆施行"①。学界认为，温水即今温榆河或古永定河的某条河道，这也是北京地区利用河道输送军粮的最早记载。东汉末年曹操为征乌丸而开凿平虏渠和泉州渠，以更短的渠道沟通天然河流输送军需，北京地区才有了真正意义上的运河。曹军的运粮船得以自黄河北岸沿着漳水、清河、滹沱河向东北行进，再通过潞河、鲍丘水抵达幽州，这条河道的疏浚，为后来的隋唐大运河打下了初步基础。此后北齐河清三年（564），幽州刺史斛律羡曾将高梁水向北引入易荆水，再向东汇入潞水，"因以灌田，边储岁积，转漕用省，公私获利焉"②。

隋朝开凿永济渠直达涿郡，幽州成为中原政权经略北方的重要军事据点。永济渠的开通，一方面缩短了南北交

---

① 《后汉书》卷二〇《王霸传》。
② 《北齐书》卷一七《斛律羡传》。

通路线，另一方面也大大增加了漕运规模和运力。大业七年（611），为征讨高句丽，诏总征天下兵130万人，无问远近俱会于涿郡。七月"发江淮以南民夫及船，运黎阳及洛口诸仓米至涿郡，舳舻相次千余里"[1]。永济渠的开通，使得北京与江淮地区建立了稳定的水路交通，自此北京不再是孤悬塞外的僻壤之地，其在中国政治军事版图中的重要地位开始显现。唐朝初年在重要的边地设立五大总管府，北京便是其中之一。

辽朝曾利用永定河故道开挖"萧太后运粮河"。光绪《顺天府志》记载："饮羊河在通州城南，与牧羊台近，或曰即萧后运粮河。久涸，惟地洼，河形犹存，夏则积潦成流。（按：窝头河即萧后运粮河也，然则饮羊河亦即窝头故道。）"[2]虽然无法具体得知其运输状况，但它无疑是直接连通北京城和南北大运河工程的肇始之举。金朝正式定都燕京，改称中都。从此，北京成为北部中国的首都，不但城市格局、宫殿、苑囿具备了都城的规模，人口和居民消费也大幅增加，漕运所承载的规模已非前朝可比，特别需要开凿一条水量丰富的人工运河，使漕粮可直抵中都城里。卢沟河是当时流经北京地区的最大河流，因此成为开凿运河所需水源的首选。金世宗大定十一年（1171），决定

---

[1]《资治通鉴》卷一八一《隋纪五》。
[2]（光绪）《顺天府志》河渠志二《水道三》。

导引卢沟河沟通中都，自金口导至京城北入壕，而东至通州之北，入潞水，这就是历史上有名的金口河。它自金口引河水向东南至玉渊潭，转东南汇入金中都北护城河，再由此直达通州。

元朝定都北京，作为全国统一王朝的都城，大都城的物资需求日益庞大，其粮赋供给几乎全部仰仗江南。元朝在隋唐大运河的基础上，进一步裁弯取直，先后开凿了济州河、会通河，使其直达淮河与原山阳渎接通，自此漕船可抵达通州。但通州与大都城之间只能由陆路转运，不仅运力有限，而且耗费巨大。如遇下雨泥泞、道路不平等情况，更是不胜其累。元朝杰出的水利专家郭守敬，通过对北京地区水资源及地形的详细勘察，主持了通惠河工程。他先是导引昌平白浮泉水西行，从上游绕过沙河、清河谷地，循西山麓转而东南，沿着平缓的坡降，汇集沿途泉流，聚入瓮山泊；再从瓮山泊扩浚长河、高梁河至和义门水关入大都城，汇入积水潭；又从万宁桥下沿皇城东墙外南下出丽正门东水关，东南流至文明门外，与金代的闸河故道相接，抵达通州。至元二十九年（1292）春开工、次年秋天告成的通惠河，从昌平白浮泉一带引水接济漕运，由大都文明门至通州，沿河修建11组24座水闸以调节水位、形成梯级航道。针对北运河季节性变化较大的特点，郭守敬建议："通州以南，于蔺榆河口径直开引，由蒙村、跳梁务至杨村还河,以避浮鸡甸盘浅风浪远转之患。"[1]在当时世界最先进的水利技术支撑下,江南漕船可以直接驶入大都城内,积水潭上呈现出"舳舻蔽水"的鼎盛场面。通惠河的建成,则标志着京杭大运河的全面开通。这条南起浙江杭州,穿越钱塘江、长江、淮河、黄河、海河五大水系,直达北京的运河,全长1700多公里,成为元明清三朝定都北京的生命线。

图8-3 《京杭大运河道里图卷》(局部)

明朝定都北京之后,最初采用海陆并进的方式输送漕

---
[1] 《元史》卷一六四《郭守敬传》。

粮。永乐年间疏通会通河之后，罢除海运转以河运，每年运京漕粮达到四五百万石。为维持漕运通畅，明朝政府除了重点治理通惠河、会通河以及利用黄河下游河段外，还在北运河和南运河多处河道开挖减水河。①明朝为向驻扎密云地区军队输送粮饷，新开密云河道，并于嘉靖年间实施"遏潮壮白"工程，使潮河与白河合流处上移。另外，明朝对北运河的治理重在清淤，因每至汛期河道水底皆沙，船舶运行十分艰难，"殊无策治之"。对此，"惟用兜杓数千具治河，官夫遇浅即浚。此外运舟各携四五具，二三百舟即可得千余具，合力以浚，顷刻而通，盘剥大省矣"。针对北运河自河西务至通州段因河道水浅最难行船，明朝一方面挑浚河道，另一方面将用挖出的沙土用以加固河道堤防，可谓一举两得。刘天和在《问水集》中说："运河数千里，惟白河堤防大坏，历观河底、两岸，率皆淤沙，以故易于冲决迁改，与中州黄河略同。"②万历三十一年（1603），朝廷对白河堤防进行大规模修筑，当时按照工部建议，"挑通州至天津白河，深四尺五寸，所挑沙土即筑堤两岸"③。此外，为不断加固运河两岸堤防，嘉靖年间刘天和提出了植柳之议："治堤宜远、宜坚、宜植六柳，诸法亦略同。"所

---

① 李俊丽：《天津漕运研究（1368～1840）》，南开大学博士学位论文，2009年，第63页。
② 刘天和：《问水集》卷一《运河》。
③ 《明史》卷八六《河渠四》。

谓"六柳",即卧柳、低柳、编柳、深柳、漫柳、高柳等,不仅在平时可以作为护堤之用,在面临河水漫溢时更可有效防止堤土冲入河道。[①]此外,朱国盛也曾提出《六柳议》的成效:"而堤有借之以固土者,其惟植柳乎?柳易长之物也,根株纠结,既足以护堤身,条干扶疏复可以供埽料,堤之宜植柳也明矣。"[②]

清代对于河道治理活动也十分频繁。康熙年间曾在大通桥下加筑桥闸用以控制水势,乾隆年间开发京西水利,收集西山玉泉诸水以增加河道航运能力。清朝治理运河突出成绩是开挖减河。因海河水系的北运河、南运河、永定河、大清河、子牙河等河流最后汇于天津,由海河一道入海,雨水集中在夏秋季节,各河流洪峰几乎同期抵达海河;又因海河是半日潮河流,潮水顶托,洪水长期不退,故不仅海河下游经常面临水势短时间集中的危险,对于上游也存在巨大威胁。基于这种情况,清朝治河者渐渐认识到,保护运河并防止溃堤发生的最好办法就是宣泄南北运河,并分途入海,也称"釜底抽薪"之策[③]。此外,乾隆年间还曾经在北运河支汊、漫滩、横浅之处"照束水坝之法,束水归槽",实行层层截障,其方法是"用通仓变

---

① 刘天和:《问水集》卷一《运河》。
② 朱国盛:《南河志》卷一〇《杂议》。
③ 王长松:《近代海河河道治理与天津港口空间转移的过程研究》,北京大学博士论文。

价旧米袋,囊沙紧扎,三路层铺坝外,水大时听其漫坝畅行"①。实际上针对河道淤积、河水漫溢等情况,明清政府始终在不断调整治理措施。

为保障运河河道畅通,元明清三代不断改进运河疏浚技术、蓄水引水技术、维护技术,并创造出水柜、水坝、闸堰等运河水利设施,开创了翻坝技术及引水工程、清江口运河枢纽工程等水利工程。大运河和运河体系就是2500年来在经由无数次规划、开挖、疏浚等技术摸索,并在不同时期、分段区域运河的基础上建立起来的伟大工程。而中国古代人民在长达2000多年的工程治理经验中所创造的洪水宣泄、水量节制、水位调节等技术,成为大运河珍贵的历史文化遗产。

四、兼容并包,多元共生

京杭大运河的贯通,缩短了南北地域之间的距离,运河中输送的粮食、物资和各类商品,促进了中国传统时期商品经济的发展,也有效地维持了都城的稳定和繁荣。与此同时,运河北部连接国家都城,大运河不仅流淌着丰厚的物质财富,也浸润着丰富的文化内涵。大运河南部连接富庶的江南城市,通过这条南北贯通的河道,实现了南北文化的交流融通,带动了运河沿线地域之间的文化融

---

① 《清高宗实录》卷二六〇,乾隆十一年三月上辛巳。

合、共生，推动了中华传统文化格局的形成和发展。作为一条贯通南北、连接我国政治中心与经济中心的轴线，河道沿岸孕育了众多举世闻名的文化名胜和独具特色的文化习俗，运河也因而成为文化的载体和中华文明的象征与表征。经过数千年发展和积淀而形成的运河文化，以庞大的、跨流域的复合水利工程为载体，并由社会、经济和自然环境等因素综合作用而成，成为中华历史文化中极具特色的一个文化体系。

大运河是中国地域文化交流的大动脉。中国幅员辽阔，地域文化差异明显，大运河自南而北跨越浙江、江苏、安徽、山东、河北、天津，最后抵达北京，融汇了吴越文化、荆楚文化、齐鲁文化以及燕赵文化的精髓，兼容并包地形成了独特的京师文化。运河的开通，使南北方的物产、技艺、习俗、文化在这条流动文化廊道中碰撞、交融。北京作为全国的政治和文化中心，被誉为"天下总汇"，无论长城内外、珠江黑水，举凡"天生地产，鬼宝神爱，人造物化，山奇海怪，不求而自至，不集而自萃"[1]。北京的皇宫殿宇、寺庙坛观、皇家园林更是广泛吸收借鉴了全国各地的营造精粹。北京皇家园囿在继承传统园林文化的基础上，大量地吸收江南园林的诗画意境和造园手法，既保留了北方园林的苍茫气概，又体现了江南水

---

[1] 李修生主编：《全元文》第46册，江苏古籍出版社，1999年，第134页。

乡的幽雅别致。元明清时期，许多自南方来京的仕宦贵族在京城周边地区建造了大量的私家园林，很大程度上也是依赖京杭大运河便利的运输条件，他们可将南方的造林艺术、材料乃至生活方式、环境元素移植北京。不同地域的文化元素，在作为文化中心的京师汇聚融合，不断形成新的文化形态，持续影响着中国大一统文化的形成和发展。

大运河是人才流通的重要通道。北京作为首都，是全国文人学士荟萃之地。北京作为元明清的首都，是全国各地举人的会试之地，既是人才选拔中心，也是高素质人才聚集中心。元朝科举取士，会试及殿试两项均在大都举行，这里成为全国范围内最高层次的人才培养与选拔地点。明代北京的国子监是在元代国子监的基础上扩建的，是全国规模最大、规格最高的教育机构，学生总数达上万人。清乾隆年间，北京应试的各省举人有6000多人，保障了国家对于人才的选拔和培育。乾隆三十八年（1773）二月，清政府在北京正式设立四库全书馆，参与《四库全书》纂修的学者前后有数千人之多，将当时的著名学者囊括其中，当时很多学者溯运河北上来京参与了这项文化工程。此外，当时还有很多游幕士人"莫不望国都而奔走，以希遇合"[1]，或参加考试进入仕途，或入官僚幕府作为幕僚，或参与文人聚会，带动了人才的流动和交往。明

---

[1] 叶梦珠：《阅世编》卷四《士风》。

代著名文学家李东阳、曲作家刘效祖等，清代曹雪芹等也长期在北京居住往来，这对他们以后的创作也产生了深远影响。

大运河促进了全国范围内的学术交流与文学创作。著名理学家赵复以太极书院为阵地，从事讲学、著述，加速了理学在北京的传播。明代在北京重录《永乐大典》，在皇城设有皇家档案馆——皇史宬；程朱理学和阳明心学的广泛传播也促进了明代学术的繁荣。清代北京的传统学术更加兴盛，从《明史》纂修到《清一统志》，从《古今图书集成》到《四库全书》，从历朝实录到《大清会典》、各种方略，都推动了清代学术文化的繁荣与发展。北京作为学术中心，不独嘉惠多士，且将昭示方来。元明清时期因各种原因往返京城的文人士子不计其数，他们在漫长的旅途中也创作了诸多与运河相关的游记、诗词。元代诗人宋褧写有《杨柳词》，描述了京城河边送别友人的情景，诗曰："齐化门东醉别时，主人折赠最高枝。船开酒醒潞河远，回头烟树漫参差。"[1] 元代著名诗人傅与砺曾作诗描写运河之旅："买得吴船系柳根，潞河新雨过黄昏。都门只隔烟中树，一夜寻君苦梦魂。"[2] 明代文学家袁中道，在万历三十七年（1609）从家乡湖北公安县进京参加次年的会

---

[1] 丘良任等主编：《中华竹枝词全编》，北京出版社，2007年，第69页。
[2] 杨匡和：《傅与砺诗集校注》，云南大学出版社，2015年，第303页。

试。他的运河之旅从扬州的邵伯镇开始，沿着大运河经高邮、宝应、怀安、宿迁等一路北上。途中以及在京期间，广泛游览运河沿岸以及北京内外的自然风光与风景名胜，给世人留下了大量珍贵的游记和著述。

大运河是中外文化交流融通的重要媒介。明清时期的京杭大运河连接着中国与世界，这条通道也成为西方人观察中国社会与文明的窗口。元代以来，中国与世界的联系日益紧密，络绎不绝的使团、商队，从欧洲、非洲、中亚、西亚、南亚以及日本、朝鲜等地纷至沓来。明代后期，大量西方传教士来华，如利玛窦、南怀仁、汤若望、庞迪我、熊三拔、龙华民等，他们长期居住在北京，推动了中外之间的文化交流。万历年间利玛窦从南京坐船沿大运河来到北京，他将沿途见闻辑录成《利玛窦中国札记》。另有朝鲜使节崔溥，他自杭州一路北上到达北京，回到朝鲜后写下了《漂海录》，被称为是"摹写中原之巨笔"。清代，荷兰使臣约翰·尼霍夫、英国使臣乔治·马戛尔尼、乔治·托马斯·斯当东、威廉·皮特·阿美士德等人均曾经由运河往返两国，大运河之行给他们留下了深刻印象。清顺治十三年（1656）五月二十一日，荷兰使团由扬州沿运河北上，途经运河沿岸众多城镇，于同年七月十七日到达北京。约翰·尼霍夫在《荷使初访中国记》中对这些城镇的名胜古迹、风土民情等做了详细记载。乾隆五十八年（1793），英国国王乔治三世派遣特使出使中国，先后两次经过京杭大运河。这些著作成为今天研究中外关系及大运河的重要史料。元明清时期，大运河在中外文化交流格局中，不仅发挥着连接陆上丝绸之路和海上丝绸之路的重要作用，更将中国推向了世界文化交流的进程中。

图8-4 通州古镇

大运河带动了沿线地区民俗文化的传播与交流。运河所具有的流动性和开放性特征，带来了物资和人口的大量流动，由此加快了各地区风情、民俗、语言等文化的融会互通。同时，运河沿线密布的诸多因河而兴盛的城镇，成为地域文化之间联系、交汇的节点，带动彼此打破地域限制和语言隔阂，逐渐融入大一统文化格局当中。金末元初，随着北曲杂剧的形成，燕京也成为这一新兴艺术较早的流传地。元大都是元曲中心，关汉卿、马致远都曾在此居住过，由此推动元杂剧的勃兴和繁荣，出现了中国戏曲史上第一个黄金时代。清代皇室喜爱戏曲，凡皇帝、太后祝寿以及皇室喜庆，都要举行庆典演出。乾隆年间规定民间戏班入都参加"万寿盛典"，这些不同地域的戏曲文化汇聚北京，不仅繁荣了清代北京的曲艺文化，而且由于互相交融，形成了新的戏剧形式——京剧，一经形成便风靡京城乃至全国。明清时期运河地区的民俗文化的发展也出现了南北趋同的发展趋势。随着闽粤与京津等地商品贸易的发展，起源于福建、传播于江浙的天妃信仰沿着运河向北传播，清代山东、京津等地运河城镇大都建有天妃宫。同样，北方的神灵也经由大运河传播到南方，并受到当地人的尊崇。如金龙四大王信仰在山东济宁一带兴起后，沿运河迅速向南北传播，不仅"北方河道多祀真武及金龙四大王"，"江淮一带至潞河，无不有金龙四大王庙"[1]。另外，由运河带来的曲艺、京剧等文学艺术，与漕运有关的花会、庙会、放河灯、舞龙、高跷、运河号子、民谣等非物质文化遗产，对北京文化的形成和发展也产生了巨大作用。而这些民间习俗信仰和戏曲无不带有浓厚的运河文化元素，并且深刻地嵌入运河城镇的文脉当中，成为地区特色的文化内涵。

---

[1] 王云：《明清时期山东运河区域社会变迁》，人民出版社，2006年，第283页。

参考资料

一、古籍

司马迁:《史记》,中华书局标点本。

班固:《汉书》,中华书局标点本。

荀悦:《汉纪》,中华书局标点本。

陈寿:《三国志》,中华书局标点本。

范晔:《后汉书》,中华书局标点本。

房玄龄等:《晋书》,中华书局标点本。

令狐德棻:《周书》,中华书局标点本。

魏征等:《隋书》,中华书局标点本。

李延寿:《北史》,中华书局标点本。

长孙无忌等:《唐律疏议》,中华书局,1985年。

杜佑:《通典》,中华书局,1988年。

刘昫等:《旧唐书》,中华书局标点本。

欧阳修等:《新唐书》,中华书局标点本。

薛居正等:《旧五代史》,中华书局标点本。

司马光等:《资治通鉴》,中华书局标点本。

王溥:《唐会要》,中华书局,1998年。

郑樵:《通志》,中华书局,1987年。

李焘:《续资治通鉴长编》,文渊阁四库全书本。

脱脱等:《金史》,中华书局标点本。

脱脱等:《辽史》,中华书局标点本。

脱脱等:《宋史》,中华书局标点本。

马端临:《文献通考》,浙江古籍出版社影印本,1988年。

宋濂等:《元史》,中华书局标点本。

申时行等:《大明会典》,明万历十五年内府刻本。

《明实录》,台北"中央研究院"历史语言研究所影印本,1962年。

张廷玉等:《明史》,中华书局标点本。

蒋良骐:《东华录》,中华书局1980年。

《清实录》,中华书局,1985—1987年影印本。

《大清会典》、《大清会典事例》,中华书局,1991年影印本。

二、方志文集

郦道元:《水经注》,中华书局,2001年。

《十三经注疏》,中华书局,1980年。

宇文懋昭:《大金国志》,中华书局,1986年。

洪皓:《松漠纪闻》,国学文库本。

徐梦莘:《三朝北盟会编》,文渊阁四库全书本。

苏辙:《栾城集》,文渊阁四库全书本。

李心传：《建炎以来系年要录》，中华书局，1956年。

李心传：《建炎以来朝野杂记》，中华书局，1956年。

虞集：《道园学古录》，文渊阁四库全书本。

赵孟頫：《松雪斋集》，文渊阁四库全书本。

李贽：《续藏书》，文渊阁四库全书本。

顾炎武：《日知录》，岳麓书社，1994年。

顾炎武：《昌平山水记》，北京古籍出版社，1980年。

李贤等：《明一统志》，国家图书馆出版社，2009年。

于慎行：《谷山笔麈》，中华书局，1984年。

沈德符：《万历野获编》，中华书局，1959年。

顾祖禹：《读史方舆纪要》，中华书局，2005年。

于敏中等：《日下旧闻考》，北京古籍出版社，1981年。

《光绪顺天府志》，北京古籍出版社，1987年。

吴廷燮等：《北京市志稿》，北京燕山出版社，1998年。

《清一统志》，浙江古籍出版社，2000年。

[康熙]《通州志》，清康熙三十六年刻本。

[康熙]《怀柔县新志》，1935年重印本。

[光绪]《畿辅通志》，上海古籍出版社，1991年。

吴仲：《通惠河志》，《四库全书存目丛书》本，齐鲁书社，1996年。

魏源：《海国图志》，中州出版社，1999年。

吴振棫：《养吉斋丛录》，北京古籍出版社，1983年。

赵翼：《檐曝杂记》，文渊阁四库全书本。

刘献廷：《广阳杂记》，文渊阁四库全书本。

谷应泰：《明史纪事本末》，中华书局，1970年。

恽毓鼎：《恽毓鼎澄斋日记》，浙江古籍出版社，2004年。

赵翼：《廿二史札记》，中华书局，1984年。

钱大昕：《廿二史考异》，商务印书馆，1937年。

李慈铭：《越缦堂日记补》，商务印书馆，1936年。

潘荣陛：《帝京岁时纪胜》，北京古籍出版社，1981年。

沈榜：《宛署杂记》，北京古籍出版社，1980年。

蒋一葵：《长安客话》，北京古籍出版社，1982年。

震钧：《天咫偶闻》，北京古籍出版社，1982年。

孙殿起：《琉璃厂小志》，北京古籍出版社，1982年。

刘侗、于奕正：《帝京景物略》，北京古籍出版社，1983年。

吴长元：《宸垣识略》，北京古籍出版社，1983年。

史玄：《旧京遗事》，北京古籍出版社，1986年。

陈宗蕃：《燕都丛考》，北京古籍出版社，1991年。

三、近代图书

白眉初：《中国人文地理》，建设图书馆，1928年。

娄学熙：《北平市工商业概况》，北平市社会局印行，1932年。

味橄（钱歌川）：《北平夜话》，中华书局，1936年。

张次溪编：《天桥一览》，中华印书局，1936年。

马芷庠编著、张恨水审定：《北平旅行指南》，经济新闻社，1937年。

李家瑞:《北平风俗类征》,上海商务印书馆,1937年。

雷梦水等编:《中华竹枝词》,北京古籍出版社,1997年。

《天津水灾摄影》,《东方杂志》1917年第14卷第11期。

佚名:《请造林场防水患》,《实业旬报》1919年第1卷第2/3期。

佚名:《永定河务局改组章程》,《河务季报》1920年第2期。

李仪祉:《森林与水功之关系》,《河海月刊》1921年第3卷第6期。

顺直水利委员会:《顺直河道治本计划报告书》,1925年铅印本。

中华民国建设委员会编译委员会:《中华民国建设委员会组织法》,《建设》1928年第1期。

朱延平:《对于永定河改道之我见》,《华北水利月刊》1928年第1卷第2期。

华北水利委员会:《华北水利委员会会议规则》,《华北水利月刊》1928年第1卷第1期。

李仪祉:《永定河改道之商榷》《华北水利月刊》,1928年第1卷第1期。

徐世大:《永定河下游之整理》,《华北水利月刊》1932年第5卷第9、10期。

华北水利委员会:《永定河治本计划》,1933年铅印本。

徐世大:《四十年来之华北水利》,《北洋理工季刊》1936年第2期。

四、今人著述

［瑞典］奥斯伍尔德·喜仁龙：《北京的城墙和城门》，许永全译，北京燕山出版社，1985年。

北京市档案馆、中国人民大学档案系文献编纂学教研室编：《北京电车公司档案史料》，北京燕山出版社，1988年。

汤仲鑫等编著：《海河流域旱涝冷暖史料分析》，气象出版社，1990年。

曹子西主编：《北京通史》，中国书店，1994年。

白寿彝主编：《中国通史》，上海人民出版社，1989年。

北京图书馆金石组编：《北京图书馆藏中国历代石刻拓片汇编》，中州古籍出版社，1990年。

尹钧科、于德源、吴文涛：《北京历史自然灾害研究》，中国环境科学出版社，1997年。

罗琨等：《中国军事通史》，军事科学出版社，1998年。

史明正著：《走向近代化的北京城——城市建设与社会变革》，王业龙、周卫红译，杨立文校，北京大学出版社，1995年。

韩光辉：《北京历史人口地理》，北京大学出版社，1996年。

姜德明编：《北京乎：现代作家笔下的北京（1919—1949）》，三联书店，1997年。

北京市档案馆编：《北平历届市政府市政会议决议录》，中国档案出版社，1998年。

苏天钧主编：《北京考古集成》，北京出版社，2000年。

侯仁之、唐晓峰《北京城市历史地理》，北京燕山出版社，2000年。

[法国]沙海昂注、冯承钧译：《马可波罗行纪》，上海书店出版社，2001年。

尹钧科：《北京郊区村落发展史》，北京大学出版社，2001年。

赵园：《北京：城与人》，北京大学出版社，2002年。

北京市文物局编：《北京辽金史迹图志》(上)，北京燕山出版社，2003年。

尹钧科编：《侯仁之讲北京》，北京出版社，2003年。

周良等编：《大运河的传说》，文化艺术出版社，2004年。

李孝悌编：《中国的城市生活》，台湾联经出版事业股份有限公司，2005年。

尹钧科、吴文涛：《历史上的永定河与北京》，北京燕山出版社，2005年。

陈乐人主编：《二十世纪北京城市建设史料集》，新华出版社，2007年。

赵晓阳编译：《北京研究外文文献题录》，北京图书馆出版社，2007年。

王亚男：《1900—1949年北京的城市规划与建设研究》，东南大学出版社，2008年。

孙冬虎：《北京近千年生态环境变迁研究》，北京燕山出版社，2008年。

于德源：《北京灾害史》，同心出版社，2008年。

北京辽金城垣博物馆编：《元代北京史迹图志》，北京燕山出版社，2009年。

岳升阳主编：《侯仁之与北京地图》，北京科学技术出版社，2011年。

李家瑞：《北平风俗类征》，北京出版社，2010年。

倪锡瑛：《北平》，民国史料工程都市地理小丛书，南京出版社，2011年。

张远：《近代平津沪的城市京剧女演员（1900—1937）》，山西出版集团，2011年。

林传甲著，杨镰、张颐青整理：《大中华京兆地理志》，中国青年出版社，2012年。

于璞：《北京考古史·辽代卷》，上海古籍出版社，2013年。

何瑜主编：《清代三山五园史事编年》，中国大百科全书出版社，2014年。

孙冬虎、许辉：《北京交通史》，人民出版社，2014年。

孙冬虎、许辉：《北京历史人文地理纲要》，中国社会科学出版社，2015年。

苑利、顾军：《北京非物质文化遗产传承人口述史》，首都师范大学出版社，2015年。

刘森林：《大运河环境人居历史》，上海大学出版社，2015年。

胡梦飞：《明清时期山东运河区域民间信仰研究》，社会科学文献出版社，2019年。

郑民德：《明清运河漕运仓储与区域社会研究》，人民出版社，

2020年。

王玉朋：《明清山东运河区域社会生态变迁研究》，中国社会科学出版社，2022年。

孙秀萍、赵希涛：《北京平原永定河古河道》，《科学通报》1982年第16期。

孙仲明：《历史时期水系变迁的遥感分析方法》，《中原地理研究》1984年第1期。

王会昌：《河北平原的古代湖泊》，《地理集刊》第18号，1986年。

韩光辉：《辽金元时期北京地区人口地理研究》，《北京大学学报》（哲学社会科学版）1990年第5期。

张修桂：《海河流域平原水系演变的历史过程》，《历史地理》1993年第00期。

习五一：《民国时期北京社会风俗的变迁》，《北京社会科学》，1993年第1期。

果鸿孝：《清末民初北京的工商业》，《北京社会科学》，1993年第2期。

《1948年北平各类商号一览》，《北京档案史料》，1996年第6期。

王建革：《清浊分流：环境变迁与清代大清河下游治水特点》，《清史研究》2001年第2期。

叶向阳：《英国游记中的北京形象：历史的勾勒及流变》，汪介之、唐建清编：《跨文化语境中的比较文学：国际比较文学学术研讨会论文选》，译林出版社，2004年。

杜丽红:《南京国民政府时期北平的交通管理》,《北京社会科学》,2004年第2期。

董玥:《国家视角与本土文化——民国文学中的北京》,陈平原,王德威:《北京:都市想象与文化记忆》,北京大学出版社2005年。

习五一:《近代北京的庙会集市》,《北京档案史料》,2005年第4期。

石超艺:《明以降滹沱河平原段河道变迁研究》,《中国历史地理论丛》2005年第3期。

李少兵:《1912—1937年北京城墙的变迁:城市角色、市民认知与文化存废》,《历史档案》,2006年第3期。

孙刚选编:《民国时期香厂新世界商场筹建与修缮史料》,《北京档案史料》,2006年第4期。

杜丽红:《近代北京公共卫生行政的建立》,中山大学历史系博士后出站报告,2007年。

吴文涛:《历史上永定河筑堤的环境效应初探》,《中国历史地理论丛》2007年第4期。

刘季人:《旧都文物整理委员会及修缮文物纪实》,《北京档案史料》,2008年第2期。

刘季人整理:《行政院北平文物整理委员会及修缮文物纪实》,《北京档案史料》,2008年第3期。

鹿璐、梅佳整理:《二十世纪三十年代北平旧都文物整理计划实施意见及文物整理情形》,《北京档案史料》,2008年第4期。

宋亚文:《民国时期京津都市休闲文化述略》,《近代中国与文物》,2008年第3期。

王煦、李在全:《二十世纪二、三十年代北京民间市政建议和计划》,《北京档案史料》,2008年第3期。

姜省:《区域·社会·空间·文化——近代中国城市史研究的主要问题》,《城市问题》,2008年第11期。

鱼跃:《民国初年北京香厂新市区规划的背景原因研究》,《首都师范大学学报》,2009年第1期。

陈蕴茜:《空间维度下的中国城市史研究》,《学术月刊》,2009年第10期。

邱仲麟:《水窝子:北京的供水业者与民生用水(1368—1937)》,李孝悌编:《中国的城市生活》,联经出版事业股份有限公司2009年。

孙英杰:《玉河历史文化风貌保护项目之实施》,《北京规划建设》2010年第2期。

孙慧羽:《华南圭与北平水环境治理(1928—1929)》,《北京社会科学》2011年第3期。

邓辉、罗潇:《历史时期分布在北京平原上的泉水与湖泊》,《地理科学》2011年第11期。

石超艺:《历史时期大清河南系的变迁研究——兼谈与白洋淀湖群的演变关系》,《中国历史地理论丛》,2012年第2期。

高换婷:《光绪年间治理永定河档案》,《历史档案》2012年第3期。

龚秀英:《北京永定河三处水利工程遗址的调查研究》,《北京水务》2013年第4期。

郑永华:《论通州运河文化的开发与利用》,《中国名城,》2013年第9期。

吴文涛:《昆明湖水系变迁及其对北京城市发展的意义》,《北京社会科学》2014年第4期。赵云田:《康熙帝京畿治河》,《明清论丛》2015年第1期。

马亚玲、万金红、叶瑜等:《1917年海河流域洪涝灾害过程重建》,《古地理学报》2015年第6期。

王勇、史小军:《明代诗歌所见运河景象及其文学意蕴》,《学术交流》2016年第1期。

孙冬虎:《控御海内的北京水陆交通》,《前线》2017年第5期。

吴文涛:《萧太后河历史探源及相关文献辨析》,北京市社会科学院历史研究所:《北京史学论丛》(2016),中国社会科学出版社2017年。

朱永杰,王亚男:《运河对北京城市空间结构的影响研究——兼论运河文化带保护和建设策略》,《城市发展研究》2019年第26期。

唐晓峰:《运河渠道与历史上北京区域性的变迁》,《北京社会科学》2022年第10期。

王建伟:《运河与北京政治中心地位的确立和巩固》,《北京社会科学》2022年第10期。

孙冬虎:《京杭运河沿线地名文化遗产的形成轨迹》,《北京社会科学》,2023年第3期。

五、图片来源

黄盛璋：《曹操主持开凿的运河及其贡献》，《历史研究》1982年第6期。

［清］麟庆：《鸿雪因缘图记》，北京古籍出版社，1984年。

高松凡：《历史上北京城市场变迁及其区位研究》，《地理学报》1989年第2期。

侯仁之：《北京历史地图集·人文社会卷》，文津出版社，2013年。

吴文涛：《北京水利史》，人民出版社，2013年。

卞修跃主编：《西方的中国影像》，黄山出版社，2016年。

吴文涛：《萧太后河历史探源及相关文献辨析》，《北京史学论丛（2016）》，中国社会科学出版社，2017年。

喜仁龙：《遗失在西方的中国史·老北京皇城写真全图》，广东人民出版社，2017年。

李孝聪编著：《中国运河志·图志》，江苏凤凰科学技术出版社，2019年。

陈喜波：《漕运时代北运河治理与变迁》，商务印书馆，2018年。

陈宇里、谢茜主编：《中国航海史话》，上海交通大学出版社，2021年。

中国国家博物馆、故宫博物院、首都图书馆、"首都之窗"网站